인문의 힘 시리즈②

인문의 마음으로 세상을 읽다

염 철 현

머리말

'인문학'이란 인간의 동선을 좇아 인간이 가진 오감(五感)으로 보고 듣고 느끼고 깨닫는 일련의 과정에서 비롯된 결과물이라는 생각으로 인문(人文)에 오감을 결합하여 시리즈를 출간하기로 계획하였다. 그러나 2022년 5월 〈인문의 힘 시리즈 ①〉《인문의 눈으로 세상을 보다》가 출간되고 얼마 지나지 않아 안면마비(구안와사) 증상이 나타났다. 인문의 본질과 근본 가치를 파고들며 인간의 행동에 대한 근본적인 이유를 캐묻는 공부를 하고 글을 쓰는 사람이 정작 나 자신을 소홀히 대한 결과였다. 과로, 스트레스, 비숙면이 주원인인 마비 증세는 출간을 준비하는 과정에 따른 몸과 마음의 무리가 한 몫을 했을 것이다. 그동안 나를 소홀히 대하고 내 자신에게 좀 더 많은 사랑과 관심을 쏟지 못한 것에 대해 많은 반성을 했다. 자신을 돌보지 못하고 사랑할 줄 모르는 인문학도라면 '인간이란 무엇인가? 왜 그렇게 생각하고 행동하는가? 그리고 삶의 의미란 무엇인가?' 등 인간과 관련된 근본적인 질문에 대한 해답을 얻기 위해 필요한 기본 소양이 부족하지 않나 하는 부끄러운 생각도 들었다. 아픔은 성숙을 견인한다고 하지 않던가. 이번 〈인문의 힘 시리즈

②《인문의 마음으로 세상을 읽다》의 출간을 준비하는 과정에서는 컨디션을 조절하면서 몸과 마음을 잘 돌아보며 운신(運身)하고 있다.

우리 건축문화에는 상량식(上樑式)이라는 의식이 있다. 상량식은 건물이 거의 완성된 단계에서 대들보 위에 대공을 세운 후 마룻대(상량)를 올리고 공사와 관련된 기록과 축원문이 적힌 상량문을 봉안하는 의식이다. 머리말을 쓰는 것도 건물의 상량식과 비슷하지 않나 싶다. 글쓴이가 책의 내용을 마무리 지으면서 집필 동기 혹은 과정 등을 독자들에게 알리는 의식이라는 생각 때문이다.

이번에 출간된 〈인문의 힘 시리즈 ②〉는 총 3부 34개의 주제로 구성되었다. 제1부 '사랑 그리고 희생' 편에서는 특별한 형제애, 모성애, 민족애, 인류애 등 인간이 같은 인간에 대해, 조국과 민족에 대해, 그리고 인류를 위해 실천한 가슴 뭉클한 사랑과 희생에 대해 성찰해 보았다. 제2부 '이기심과 탐욕' 편에서는 전쟁, 영토쟁탈, 기후변화, 역사왜곡, 제노사이드, 인종차별 등 인간의 과도한 이기심과 욕심이 빚어낸 부끄럽고 추악한 역사적 사실에 대한 동선을 좇아가 보았다. 제3부 '희망 그리고 미래' 편에서는 교육의 새로운 지향점, 역사분쟁의 해결 사례, 융합학문의 대안으로서 열대학 연구, 인종통합을 위한 노력, 지도자의 리더십, 화양연화(花樣年華) 등 인간의 노력으로 희망찬 미래를 열어갈 사례들에 대한 이야기를 담았다. 다양한 주제들로 수놓아진 〈인문의 힘 시리즈 ②〉가 인간이 과거를 진지하게 성찰하고 현재를 직시하면서 지속가능한 미래로 발을 내딛는 데 필요한 사유와 실천의 징검다리가 되었으면 하는 바람이다.

'말로 지은 원한은 백 년을 가고, 글로 지은 원한은 만 년을 간다'라는 말이 있다. 글의 생명이 영원하다는 비유일 것이다. 처음 인문학을 쓸 때는 뭔지도 잘 모르고 겁도 없이 달려들었지만, 지금은 글을 쓰면 쓸수록 과연 나의 글이 인간의 동선을 제대로 좇은 결과인가에 대해 진지하게 되묻게 된다. 그러면서 다산 정약용의 당호(堂号) 여유당(与猶堂)을 생각한다. 노자의 도덕경에 나오는 말로 "신중하기(与)는 겨울에 내를 건너는 듯하고, 삼가기(猶)는 사방의 이웃을 두려워하듯 한다"는 뜻이라고 한다. 다산이 의미하는 여유(与猶)는 당시 혼란한 정쟁(政争)에서 개인의 처세 방식을 함축하고 있다고 하지만, 글을 쓰는 사람 역시 표현에 신중해야 하고 자기 글에 대해 두려움을 가질 필요가 있다는 시사를 받을 수 있었다. 내가 쓴 글이 훗날 날선 검이 되어 누군가의 원한을 살 수 있을지도 모를 일이기 때문이다. 그러니 한 글자 한 문단이라도 철저히 검증하고 나만의 고집과 오기를 내려놓고 중립적인 자세를 견지하고자 했다.

인문학에 관한 글을 쓰면 쓸수록 소재가 떨어질 것이라는 우려가 있지만 반드시 그렇지만은 않은 것 같다. 인문학은 인류가 걸어온 동선의 역사만큼이나 다양하고 풍부한 주제들이 도처에 산재해 있다. 몇 해 전 올랐던 산과 어제 올랐던 산에 대한 느낌은 사뭇 다르다. 산은 변함없이 그대로인데 인간의 생각은 꼭대기에서 부는 바람처럼 변화무쌍하다. 인간의 감정은 깊고 넓은 심연이다. 앞으로도 저자는 여건이 허락하는 한 부지런히 소재를 발굴하고 인문의 의미를 찾아낼 것이다. 저자의 인문학을 '오감(五感) 인문학'이라고 불러도 좋을 듯싶다. 이 책을 통해 오감 인문학에서 추구하는 '인문의 힘'이 모두의 삶에 녹아들어 인문의 마음으로 자신을 성찰하며 세상을 더 깊고 넓게 읽을 수 있기를 기대한다. 저자의 새로운 도전을 수용하고 독자들에게 인문의 힘과 가치를 보급, 확산시키는 데 열과 성을 다하는 『박영story』와 편집자 여러분께 진심으로 감사의 인사를 드린다. 이 책이 부디 인간의 오감을 깨어있게 하는 마중물로 쓰이길 바란다.

2023년 1월
북촌 화정관에서
염철현 드림

차례

제3부 | 희망 그리고 미래

제1부

사랑 그리고 희생

부러운 형제
① 정약전과 정약용의 가슴 시린 우애

저자는 초등학교 6학년 때 전남 화순에서 광주로 전학하여 유학생활을 시작했다. 부모님은 농사를 주업으로 하면서 6남매를 키우고 공부시켰다. 늦게 공부에 흥미를 갖게 된 저자는 도시 학교에서 공부하고 싶었다. 더 솔직하게 말하면 농촌에서 일하는 것이 너무 힘들어 공부를 핑계로 도시로 도피를 하고 싶었다. 마침 두 형이 광주에서 대학과 고등학교를 다니고 있었다. 그때에는 이촌향도(離村向都), 즉 농촌을 떠나 도회지로 이주하는 현상이 큰 사회적 문제가 됨에 따라 당국에서는 시골 학생의 도시 학교 전학을 제한하는 움직임도 있었다. 저자는 운 좋게 큰형의 노력으로 광주의 초등학교로 전학할 수 있었다.

저자가 바라던 대로 도시로 전학을 한 것까지는 좋았지만 삼형제가 고달픈 자취생활을 하였다. 고향에서 생활하면 몸은 힘이 들어도 어머니가 해주신 따뜻한 밥을 먹으면서 학교생활을 할 수 있었을 텐데 하는 후회도 들었지만, 저자가 선택한 결정이니 내색을 하거나 불편을 드러낼 수도 없는 일이었다. 저자는 주로 방청소와 밥을 짓고 작은형은 빨래 당번이었다. 큰형은 ROTC 후보생으로 학교 공부와 군사훈련을 하기에도 바빴다. 가끔 큰형은 늦은 밤에 친구들을 데려왔고 통금으로 여러 명이 좁은 방에서 잠을 잤다. 형 친구들이 늦은 밤에 들이닥치면 저자는 선잠을 깬 눈을 비비며 라면을 끓이거나 당시 대유행이었던 보름달 빵을 사오곤 했다. 형 친구들은 어린 동생을 귀엽게 생각하여 아껴주었고 어쩌다 흥이 돌면 시(詩)를 지어보라고 시키기도 했다. 저자가 시집을 끼고 사는 것은 그때 큰형 친구들이 반강제적으로 시킨 시작(詩作)의 영향이 컸으리라 생각한다.

저자의 뇌리 속에 강렬하게 남아있는 추억이 있다. 매주 한 번 고향에서 쌀이며 반찬을 가져오는데 목요일에 쌀이 떨어졌다. 넉넉하지 않은 살림이었고 지금처럼 햇반과 같은 간편식도 없던 시절이라, 형 친구들이 오면 식량 조달에 문제가 생기곤 했다. 자취생에게 식량이 떨어지는 것은 큰일이었다. 평소 영양보충을 잘하지 못하는 터에 제때 밥이라도 잘 챙겨 먹어야 하기 때문이다. 어느 날 저녁밥을 먹으려고 하는데 형들 밥은 없고 달랑 한 공기만 밥상에 놓여있었다. "형들은 먹지 않아요?" "우리는 먼저 먹었다." 나는 그런 줄만 알았다. 나중에 알고 보니 쌀이 떨어져 동생에게만 밥을 먹게 했던 것이다. 그 주에는 형 친구들이 많이 와서 쌀도 떨어지고 라면조차 살 돈이 없었을 것이다.

저자는 돈독한 형제의 우애를 자랑하면서 살아왔다. 어릴 적부터 어려운 시절을 함께 한 형제의 마음속에 서로에 대한 배려와 사랑을 소중히 간직하고 있기 때문일 것이다. 경쟁에서 이리저리 치이는 각박한 세상에 형제의 우애야말로 삶의 의미와 가치를 부여하는 엄청난 에너지원이다. 저자가 자랑하던 형제애도 손암 정약전과 다산 정약용의 형제애를 알게 되면 꼬리를 내리고 만다. 조선 후기 촉망받던 가문이 멸문 지화를 당하고 형극의 길을 걸어가야 했던 손암과 다산의 형제애는 이 세상에 우애란 무엇이고 사람은 무엇으로 사는가에 대한 근원적인 물음에 답이 된다.

손암 정약전(1758~1816)과 다산 정약용(1762~1836) 형제를 이해하기 위해서는 둘의 가계(家系)를 살펴봐야 한다. 형제의 조상은 8대가 연속하여 홍문관을 배출한 명망 높은 사대부였다. 홍문관은 옥당(玉堂)이라고도 부르며, 조선 시대 홍문관직을 역임하였던 사람들을 기록한 인명록인 옥당선생안(玉堂先生案)이 따로 있을 정도로 실력이 출중하고 인품이 빼어난 인물들이 뽑힌다. 아버지는 진주목사를 지낸 정재원(1730~1792)이고 모계는 해남 윤씨로 고산(孤山) 윤선도(1587~1671)의 후손이며, 조선의 유명한 서화가인 공재(恭齋) 윤두서(1668~1715)의 손녀이다. 아버지 정재원은 첫 부인 의령 남씨와 사이에 큰아들 약현을 낳았고, 둘째 부인인 고산의 5대 손녀인 윤소온 씨 사이에 약전, 약종, 약용 3형제와 딸 한 명을 낳았다. 형제의 가문은 반듯한 권문세가로 대대로 많은 학자를 배출하였으며 정치적으로는 남인계열에 속했다. 붕당은 조선 후기로 갈수록 정치 영역뿐 아니라 사회 관습에 커다란 영향을 미쳐 혼인도 같은 정파 간에 이루어졌다.

손암(巽庵, 섬으로 들어간 사람이라는 뜻)과 다산의 집안은 정조의 죽음과 천주교 박해로 인해 폐족의 구렁텅이로 떨어지고 만다. 얽힌 사연을 살펴보자. 첫째 약현의 딸은 황사영(1775~1801)과 결혼하였다. 황사영은 1801년 신유박해가 시작되자 한양을 벗어나 숨어 지내다 체포됐다. 조선은 그의 가족을 노비 신분으로 강등하여 귀양 보내고 집은 우물로 만들었다. 또 형제의 누님은 조선인 최초로 중국에서 천주교 영세를 받았던 이승훈(1756~1801)에게 출가하였다. 조선 후기 본격적인 천주교 보급과 전파와 관련하여 핵심적 역할을 담당했던 황사영과 이승훈은 손암과 다산의 조카사위로 그리고 처남 매부 간의 혈연으로 엮였다.

형제의 외가 역시 조선 후기 천주교 순교와 관련이 깊다. 조선에서 천주교도라는 이유로 순교한 최초의 인물은 윤지충(1759~1791)과 그의 외종형 권상연이다. 특히 윤지충은 손암과 다산의 외사촌으로 진산사건(1791년)의 주인공이다. 진산사건은 전라도 진산에서 윤지충이 어머니 권 씨가 세상을 떠나자 폐제분주(廢祭焚主), 즉 제사를 폐지하고 신주를 불태운 사건이었다. 조선은 유학의 원리가 통치이념이고 유학의 핵심은 충과 효다. 이 사건은 유학의 핵심 원리인 충과 효를 송두리째 부정하는 역모에 버금가는 충격적인 사건이었다.

조선 후기 천주교 신앙에서 가장 민감한 사안이었던 제사 문제를 짚고 가자. 1583년 예수회 선교사 마테오 리치(1552~1610)가 중국에서 선교활동을 할 때만 해도 선교사들은 동양의 전통사상과 융합하는 방식으로 신앙 보급을 했다. 도미니크파와 프란체스코파가 들어오면서 사정이 달라졌다. 두 교파는 교황에게 전통사상과 융합하는 방식의 예수회 선교 방식을 금지하도록 요청했다. 교단에서도 논쟁을 거듭한 끝에 18세기 초중반 교황은 동양에서 조상의 제사를 엄금시켰다. 교황은 중국 내 예수회의 전교 활동을 금지시켰고, 예수회 본부를 해산시키는 극약 처방을 내리기까지 했다(이덕일, 2015).

조선에 천주교가 전파된 초창기만 해도 천주교 신앙과 제사는 대립적 관계가 아니었다고 한다. 조선 천주교는 초창기 성직자가 부재한 상태에서 중요한 교리 문제가 생길 때마다 북경에 사람을 보내 유권해석을 구하였다. 나무장수 출신 윤유일은 유권해석을 구하기 위해 북경에 드나들었는데, 1790년 북경에서 돌아와서는 "천주교에서는 조상 제사를 금한다"라는 사실을 신자들에 알렸다(허경진, 2016: 261-263). 조선의 천주교인들은 제사를 금지한다는 로마 교황청의 공식적 견해를 들었을 때 발칵 뒤집혀졌다.

조선에서 천주교 신앙이 정치적 사건으로 비화한 데는 세 가지 요인이 있었다. 첫째, 조선 성리학의 교조화였다. 노론이 집권하면서 성리학 외의 모든 사상체계를 사문난적(斯文亂賊)으로 규정하였다. '사문'이란 유학을 가리키며, 사문난적은 유학의 도리를 어지럽히는 역적이라는 뜻이다. 둘째, 천주교 신앙인의 대다수가 남인이었다. 노론은 정조가 남인을 중용하려 하자 천주교를 빌미로 남인들을 실각시키려 했다. 셋째, 로마 교황청의 경직된 교리 해석 때문이었다. 특히 제사와 장례 문제에 대한 교황청의 경직된 해석과 강요는 노론뿐 아니라 대다수 조선인에게 거부감을 주었다(이덕일, 2015: 120-124 재인용).

이런 상황에서 윤지충이 제사를 폐하고 신주를 불사른 사건은 조선 사회를 발칵 뒤집어 놓을 정도로 그 충격은 컸다. 윤지충은 어떻게 천주교 신앙을 받아들이게 되었을까. 윤지충은 다산을 통해 천주학을 접하고 교리를 독학하면서 궁금한 점은 정약종으로부터 배웠다. 1787년 정약전을 대부로 삼고 이승훈에게 세례를 받아 교인이 되었다. 1789년에는 북경에 가서 견진성사를 받고 귀국하였다. 그의 신앙의 깊이를 알 수 있다. 윤지충은 끝까지 배교하지 않고 순교했다. 우리나라 천주교에서는 윤지충과 권상연을 최초의 순교자로 기록하고 있지만 엄밀히 말하면 김범우가 두 순교자보다 먼저 순교했다고 보아야 한다는 주장도 있다. 김범우(1751~1786)는 현장에서 사형되지 않았을 뿐이지 배교를 거부하고 유배 중에 장형으로 생긴 상처의 악화로 1년 만에 사망하였기 때문이다(천주교에서는 현장에서 순교하지 않는 경우에는 '순교자'가 아니라 '증거자'라는 용어를 사용한다).

2014년 8월 한국을 방문한 프란치스코 교황은 한국 천주교 순교자 124위에 대한 시복 선언을 할 때, 윤지충을 124위 중 첫 번째 복자로 서품 하였다. 김범우가 살던 명례방(현재 명동)에 명동성당이 세워졌고, 윤지충 바오로와 권상연 야고보가 순교당한 자리에는 전주 전동성당이 세워졌다. 그들이 뿌린 성스러운 피는 수많은 천주교 신앙인의 중심지로 태어나게 하는 밑거름이 되었다.

최근 밝혀진 연구에 따르면 우리나라의 초창기 천주교 전파에 산파역을 담당했던 중국인 주문모(周文謨, 1752~1801) 신부를 탈출시킨 사람은 다름 아닌 정약용이라고 주장한다. 정약용은 궁궐에서 한영익이 주문모 신부가 숨어있는 곳을 밀고한 사실을 듣고 주 신부가 숨어 있는 은신처로 달려가 그에게 피하라고 알려줘 화를 면하게 했다고 한다. 새롭게 밝혀진 흥미로운 사실이 아닐 수 없다. 정약용은 천주신앙을 배교한 것으로 알려졌지만 그가 신앙을 완전히 놓은 것은 아니었다는 것을 추정할 수 있다(정민, 2022). 주문모 신부는 누구인가? 그는 세례명이 야고보로 우리나라 교회 역사상 최초로 조선에 입국한 외국인 기독교 선교사이다. 주 신부는 1795년 1월에 한양에 잠입하여 6년간 선교활동을 하다 신유박해(1801년) 때 검거되어 새남터에서 순교하였다. 주 신부는 청나라로 피신하려고 황해도 황주로 갔으나 사태가 좋지 않자 한양으로 돌아와 의금부에 '내가 당신들이 찾는 천주교 신부'라며 자수하였다고 한다.

손암과 다산의 본가와 외가 모두 조선 후기 천주교 도입, 전파, 박해와 깊은 관련을 맺고 있다. 또한 형제의 가문은 정치적으로 남인 계열에 속하였기 때문에 정조 이후 노론 계열로부터 정치적 탄압과 박해를 받을 수밖에 없는 상황에 직면하게 되었다. 정조 대에는 남인들이 국왕의 비호 아래 일정 세력을 형성할 수 있었고, 천주교 또한 강력한 탄압에서 벗어났지만 정조 사후 남인 계열의 사대부와 천주교는 타도와 배척의 대상이 되고 말았다. 형제의 집안에도 먹구름이 낄 것이라는 예상은 불을 보듯 뻔했다.

형제의 집안은 풍비박산이 났다. 형제의 큰형 약현의 딸과 결혼한 황사영은 백서사건으로 순교하고 가솔들은 모두 노비로 강등되었다. 형제의 누이와 결혼한 이승훈은 신유박해(1801년) 때 참수당했다. 손암의 동생이자 다산의 바로 윗형 약종은 형제 가운데 신앙이 가장 단단하고 교리에도 밝았다. 이런 이야기가 있다. 의금부 포졸들이 약종을 체포하러 남양주 집에 들이닥치는데 약종이 길거리에서 포졸들을 만났다. 약종은 포졸들에게 자기를 체포하러 가느냐고 묻고 순순히 포박을 당했다. 자기의 목숨을 천주에게 내맡긴 신앙인이었다. 약종의 순교 장면은 남달랐다. 백정이 칼로 한 번 치니 머리와 목이 반쯤 끊어졌다. 약종은 벌떡 일어나 앉더니 수갑이 채워진 손으로 천주교인의 의식인 십자성호를 그리고 다시 엎어졌다고 한다(최보식, 2010: 312). 손암과 다산도 체포를 피할 수 없었다. 둘은 한때 천주를 받아들였지만 배교한 전력이 있었다. 노론 정치세력은 약전과 약용의 배교 사실을 알면서도 물고 늘어졌다. 이들을 보호할 국왕 정조도 없었다. 형제의 목숨을 구한 사람은 약종이었다. 국문 과정에서 약종은 형제가 배교했던 증빙 편지를 제시하였다. 노론도 형제를 사형시킬 만한 결정적 증거도 없었다. 둘은 목숨을 건졌고 손암은 전라도 신지도로, 다산은 경상도 장기로 유배를 가게 되었다.

손암과 다산이 유배를 살던 중 조카사위 황사영의 백서(帛書) 사건이 터졌다. 황사영은 신유박해(1801년)를 피해 충청도 제천 배론(舟論, 지형이 배 밑바닥 모양을 닮아 붙여진 이름이다)의 굴속에 숨어 지내면서 명주천에 13,311자의 밀서를 작성하여 중국 북경의 구베아 주교에게 보내려고 했다. 백서의 내용에는 청나라 황제의 명으로 조선이 서양인 선교사를 받아들이도록 강요해주기를 요청했고, 더 나아가 서양의 군대를 동원해 조선에서 신앙의 자유를 허락하도록 협박해주기를 희망했다. 조선에서 포교와 신앙의 자유를 위해 외세를 불러들이겠다는 충격적인 사건이었다.

형제는 다시 국문을 당하였는데 이번에도 결정적 증거 부족으로 참형을 면하고 유배형에 처해졌다. 손암은 흑산도로 다산은 강진으로 유배를 떠나게 되었다. 형제는 1801년 11월 5일 한양 감옥에서 나와 11월 21일 나주읍에서 북쪽으로 2km 지점에 위치한 밤남정[밤나무 정자 거리 율정(栗亭)의 약칭]이라는 삼거리 주막촌에 도착한다(저자는 율정에 현지 답사를 가보았다. 형제의 이야기는 찾아볼 수가 없고 그 자리에는 손으로 쓴 듯한 '율정점'이라는 안내판이 땅에 박혀 있어 씁쓸함이 컸다. 일본 유학생 도로로 키가 쓴 《삼남대로 답사기》(2002년)에는 돌비석이 있었는데 그마저 없어지고 다세대 원룸 건물이 들어섰다). 밤남정은 나주 금성산 바로 아래에 위치하는데 당시에는 교통 요지로 이곳에서 강진과 목포로 갈라졌다. 다음 날이면 손암은 뱃길을 이용하여 흑산도로 가고, 다산은 영산강을 건너고 월출산을 넘어 강진으로 가야 한다. 약전 형님과의 이별을 노래한 동생 약용의 시가 전해지고 있다. 〈율정별(栗亭別)〉의 일부를 인용한다.

초가 주막 새벽 등불 푸르스름 꺼지려는데
일어나 샛별 보니 이별할 일 참담해라
두 눈만 말똥말똥 둘이 다 할 말 잃어
애써 목청 다듬으나 오열이 터지네
흑산도 아득한 곳 하늘뿐인데
그대는 어찌하여 그 속으로 가시나요 (중략)
내가 장기 고을 있을 때에는
낮이나 밤이나 강진 바라보며
날개 죽지 활짝 펴고 푸른 바다 뛰어넘어
바다 가운데서 저 형님 보려 했는데 (중략)
또 마치 바보스러운 아이가
망령되이 무지개 붙잡으려 하는 셈이니
서쪽 언덕 바로 앞에
아침 무지개 분명히 보이나
애가 쫓아가면 무지개는 더욱 멀어져
또 저 서쪽 언덕 쫓아가도 다시 서쪽이라오(박석무, 2019: 375-376 재인용).

우애가 남다른 형제가 이별을 앞두고 눈만 말똥말똥 뜨고 바라보면서 감정을 자제하지만 결국엔 울음바다가 되었을 것이다. 이별을 재촉하는 샛별은 왜 그렇게도 일찍 나타나는지… 동생은 형을 밤낮으로 그리워했으며, 그 그리움이 얼마나 간절했으면 언덕에 무지개가 헛보일 정도였을까 싶다. 다산의 문학적 감수성이 탁월하다. 다산에게 형 손암은 넓은 도량, 깊은 학문, 밝은 식견을 가져 자신과 비교할 수 없는 분이었다(박석무, 2019: 381). 다산에게 형님 약전은 형제이면서 지우(知友)이며 스승이었다. 유배 중에도 다산은 형과 편지를 주고받으며 서로를 위로하고 격려하였다. 다산은 자신의 저술을 형에게 보내 감수를 받은 다음에 책 끈을 묶었다. 다산이 조선 후기 최고의 지식인으로 우뚝 솟을 수 있었던 것은 손암이 있었기 때문이다. 우리나라 최초의 해양생물 백과사전이라는 평가를 받는 《자산어보(玆山魚譜)》 역시 손암과 다산의 제자들이 협업으로 완성한 걸작이다. 교통과 통신이 발달하지 못했던 조선 후기 유배형을 살던 형제가 만든 휴먼드라마다.

다산은 형이 보고 싶어 견디기 어려울 때는 강진 보은산('우이산'으로도 불림)에 올라가 흑산도의 우이도를 바라보며 형님 생각에 잠겼다. 형은 혹시나 동생이 육지에서 멀리 떨어진 흑산도까지 오는 것을 걱정하여 육지와 가까운 우이도로 옮겨 생활하기도 했다. 그러나 율정에서 생이별은 영원한 이별이 되고 말았다. 형제는 유배 중에 서로의 마음을 편지로 달랜다. 어느 날 다산은 형에게 시를 보냈다. '손암에게 받들어 올리다(奉簡巽菴)'라는 시의 일부를 옮겨본다.

　　살아서는 미워할 밤남정 주막
　　문 앞에는 두 갈래의 길이 갈렸네

본디 같은 뿌리에서 태어났건만

지는 꽃잎에서 흩날려 버렸네…(박석무, 2019: 378).

생이별을 원망하며 슬퍼하는 동생에게 보내는 형의 답시다.

남쪽으로 오던 길 아직도 사랑하는 것은

율정의 갈래 길로 이어지기 때문이네

갈기 늘어진 말 함께 타고 열흘 올 때에

우리는 참으로 한 송이 꽃이었지…

가슴 시린 아름다운 형제애다. 동생은 한 뿌리에서 자라나 꽃을 피운 '형제꽃'이 세찬 바람에 낙화(落花)되어 뿔뿔이 흩날렸다고 애석해 하지만 형은 한 송이 꽃이었다고 한다. 형은 동생을 다독이고 위무한다. 동생은 형제꽃의 이파리가 바람에 흩날려 버렸다고 하지만, 형은 말을 타고 나주까지 함께 내려오면서 지낸 그 시간의 추억이 너무나 소중한 꽃이라고 말한다. 다산은 1818년 8월 해배(解配)되어 남양주로 돌아가는 길에 율정점에 이르러 〈회율정별리(懷栗亭別離)〉라는 시를 남긴다. 18년 전 형님 약전과 율정점에서 이별한 뒤 두 번 다시 보지 못했던 형에 대한 절절한 그리움과 한을 노래했다.

언젠가 다시 만날 것이라 말하지 말게나

밤남정에서 헤어진 뒤 영원히 보지 못했지

편지로 학문 주고받았지만 그리움 사그라지지 않아

무심한 하늘이여, 어찌 이리 심한 한을 주시었나이까(홍찬선, 2015).

다산은 너무나 사랑했고 존경했던 형 손암을 영원히 보지 못하게 된 것을 하늘의 무심함 탓으로 돌린다. 형에 대한 사무친 그리움은 한(恨)의 응어리로 남아 가슴을 후벼 판다. 다산 정약용과 손암 정약전이 남긴 절절한 형제애는 '사람의 관계는 하늘이 내리고, 그 관계에 대한 책임은 사람에게 있다'라는 말을 실감나게 한다. 다산과 손암 두 형제가 남긴 아름다운 우정과 진정 어린 사랑은 현대인들에게 커다란 유산이 될 것이다. 다산과 손암의 형제애를 본(本)으로 삼아 저자 역시 형제간의 관계를 더 단단하게 동여매야겠다.

한 가지만 덧붙이자. 다산과 손암은 저자의 고향 화순과도 인연의 흔적을 남겨놓았다. 형제는 1777년(정조 1년) 전라도 화순 현감으로 부임한 아버지를 따라 화순으로 내려갔다. 형제는 화순읍에서 북쪽으로 2km쯤 떨어져 있는 사찰 동림사에서 공부하고 토론하면서 청운의 꿈을 키웠다. 다산은 이곳에서 산문 '동림사독서기'를 썼고, 화순 만연사 입구에 세워진 '다산 정약용 선생 동림사 독서기비'가 기념비로 남아 있다(동림사와 만연사는 인접하여 있었는데 동림사는 오래전에 폐사되었다). 저자는 다산과 손암을 평생학습자의 본보기라고 생각한다. 형제는 언제 어디서나 공부의 끈을 놓지 않았으며, 배움으로 자신을 변화시키고 더 나은 세상을 만들려고 했다. 저자의 고향에서 소년기의 한때를 보낸 형제를 생각하면 애틋함과 친밀함이 더 커지게 되는 것은 인지상정의 마음일 것이다.

📖　김만선. (2008). 《유배》. 갤리온.
　　김재홍·송연. (2005). 《옛길을 가다》. 한얼미디어.

김 훈. (2011). 《흑산》. 학고재.

도로로키. (2002). 《삼남대로 답사기》. 성지문화사.

박석무. (2019). 《다산 정약용 평전》. 민음사.

윤동환. (2005). 《다산 정약용》. (사)다산기념사업회.

이덕일. (2015). 《정약용과 그의 형제들 1》. 다산북스.

이태원. (2004). 《현산어보를 찾아서》. 청어람미디어.

정약용. (1994). 《다산시문집 4, 5권》. 양홍렬 옮김. 한국고전번역원.

정 민. (2011). 《삶을 바꾼 만남》. 문학동네.

_____. (2022). 《서학, 조선을 관통하다》. 김영사.

최보식. (2010). 《매혹》. Human & Books.

허경진. (2016). 《조선의 중인들》. 알에이치코리아.

박석무. (2014). 《월간중앙》. 〈정약전·약용 형제 혈루(血淚)의 정〉. 3월 17일.

박철환. (2013). 《나주신문》. 〈율정점이 어디라고?〉. 7월 1일.

장복동. (2013). 《광주드림》. 〈'폐족'의 고난 속 학문을 꽃 피우다〉. 2월 12일.

홍찬선. (2015). 《다산연구소》. 〈율정별리를 생각하니 가슴이 먹먹해집니다〉. 9월 2일.

김범우. 〈한민족백과사전〉.

〈자산어보〉. (2021). 영화.

부러운 형제
② 이회영과 다섯 형제

1910년 일본이 조선을 강제병합하자 많은 조선인은 조국을 등지고 해외로 이주해갔다. 나라를 빼앗긴 백성들이 삶의 터전을 스스로 포기하고 타국으로 옮겨갔다. 억장이 무너지고 피눈물나는 슬픈 망명이다. 어떤 이는 일제가 지배하는 식민지에서 손주를 보지 않겠다고 이주한 경우도 있었다. 이들 중에는 조국을 기필코 되찾겠다는 다물(多勿, 고향 땅을 회복한다는 뜻의 고구려어)의 신념으로 똘똘 뭉친 망명객들도 있었다. 이 망명객들 중에는 가문 전체의 재산을 처분하고 삶의 터전을 만주로 옮겨간 사람들이 있었다. 이회영(1867~1932)을 비롯한 다섯 형제와 그들의 가족 40여 명이다. 동서양을 통틀어 나라를 잃은 민족이 강제 추방되거나 이주되는 경우는 보았지만, 자발적으로 가문 모두가 집단으로 이주하는 경우는 흔치 않은 사례일 것이다.

　여섯 형제(이건영, 석영, 철영, 회영, 시영, 호영)는 조선 선조 대 임진왜란을 극복하는 데 공이 큰 백사(白沙) 이항복(1556~1618)의 후손으로 명동성당 앞 YMCA 자리에 살았다. 삼한갑족의 명문가였다. 형제가 재산을 처분해 마련한 자금은 40만 원 정도였다. 2013년 기준으로 약 2조 원에 해당하는 거금이다. 이 자금은 우리나라 최초의 독립군 양성학교인 신흥무관학교의 설립과 운영에 필요한 경비뿐 아니라 독립운동가들의 활동 밑천으로도 사용되었다(이주홍, 2018). 형제가 소유한 전답은 일시에 제값을 받고 팔 수가 없었다. 일제의 감시가 심해 헐값에 받고 판 재산이 그 정도였으니 정상적으로 값을 받았으면 훨씬 큰 재산이었을 것이다. 빼앗긴 나라에서는 형제에게 많은 재산도 의미가 없었다. 나라를 되찾는 일이 급선무였다. 만주로의 집단이주를 주도한 사람은 넷째 이회영이었다. 그는 이렇게 형제를 설득했다고 한다. "일제와 싸우는 것은 대한 민족된 신분이며, 또 왜적과 혈투하시던 백사 공의 후손된 도리라고 생각한다. 여러 형님들과 아우님들은 나의 뜻을 따라주시기를 바란다." 대단한 형제에 대단한 결기다.

나라가 강제 합병된 뒤 조선인들은 여러 가지 방법으로 독립운동에 참여했다. 도산 안창호(1878~1938)는 독립운동에 대한 정의를 매우 포괄적으로 내리고 있다. "독립운동이란 군사운동, 외교운동, 재정운동, 문화운동, 식산(殖産)운동, 통일운동 등 여섯 가지 운동을 종합한 명사이다."(주요한, 2015) 이 여섯 가지의 운동 중 한 가지라도 빠지면 독립을 쟁취하기 어렵다고 주장한다. 실제 활발한 활동으로 이어진 독립운동의 방법은 크게 두 가지로 요약할 수 있다. 하나는 군사를 길러 일본군을 조선 반도에서 몰아내는 것이고, 다른 하나는 교육으로 후세를 길러 독립하는 것이다. 두 가지가 양자택일의 방법이라면, 군사를 기르면서 교육으로 미래를 준비하는 양자결합의 방법도 있었다. 이회영과 형제는 이 양자결합의 방법, 즉 교육사업과 무장투쟁을 택했고 그것은 서

간도의 신흥무관학교의 개교로 이어졌다. 신흥무관학교는 신민회의 신(新)과 다시 일어나는 구국투쟁이라는 뜻의 흥(興)을 붙여지었다고 한다(이덕일, 2017). 신흥무관학교는 1911년부터 10년간 3,500명의 졸업생을 배출했다. 졸업생들은 봉오동과 청산리전투에서 활약했을 뿐 아니라 훗날 광복군 중심인물로 활동했다. 조선식산은행과 동양척식회사에 폭탄을 투척했던 나석주, 영화 〈밀정〉(2016년)의 모티브가 된 의열단장 김원봉, 한국광복군 총사령관을 역임한 지청천 등 독립운동가들이 신흥무관학교 출신이다.

모든 재산을 조국의 독립운동에 쾌척한 후 빈손이 된 형제는 가난과 질병으로 큰 고초를 겪었다. 첫째 건영은 만주 땅에서 얻은 질병으로 광복 전 일찍 타계하였고, 둘째 석영은 조선 10대 갑부 소리를 들으며 신흥무관학교 운영자금의 대부분을 감당하였으나 전 재산과 함께 두 아들마저 독립 전선에서 전사하여 대(代)가 끊어진 채 중국 상하이의 빈민가에서 국수와 비지로 연명하다가 영양실조로 외롭게 별세하였다. 셋째 철영은 만주에서 독립운동을 하다가 풍토병으로 광복 전에 사망하였다. 그리고 형제들의 정신적 지주 역할을 하던 넷째 회영은 독립운동 지도자로 활동하다가 왜경에 체포되어 1932년 11월 17일 뤼순 감옥에서 재판도 없이 모진 고문을 받다가 순국하였다. 다섯째 시영은 임시정부 시절부터 같이한 김구 선생과 함께 귀국하여 대한민국 초대 부통령을 역임하였고 신흥대학(현 경희대학교)을 설립한 후 1953년 한국전쟁 중에 별세하였다. 여섯째 호영은 만주에서 의병으로 활약하던 중 일본군의 습격으로 가족 전체가 함께 몰살당하여 시신도 찾지 못했다고 한다(이주홍, 2018). 도산 안창호의 말은 마치 조국의 독립을 위해 모든 것을 희생한 여섯 형제를 두고 한 말인 것 같다. "오늘의 대한 사람은 사(死)하나, 생(生)하나, 성하나, 패하나 독립운동을 끝까지 계속하기로 결심할 것이요. 이것이 대한 사람 된 자의 천직이요 의무외다."(주요한, 2015: 694 재인용) 안창호의 말과 여섯 형제의 행동은 한 치의 어긋남이 없다.

여섯 형제 중 유일하게 광복의 기쁨을 누린 이는 이시영이었다. 이시영과 관련하여 이런 에피소드가 있다. 형제는 만주 이주를 위해 재산을 처분했지만, 일본의 감시망에 발각될 것을 염려하여 여섯 형제가 태어난 명동의 99칸 저택은 처분하지 않았다. 강점기에 총독부에 접수되어 해방 후 적산(敵産, 1945년 8·15 광복 이전까지 한국 내에 있던 일제나 일본인 소유의 재산을 광복 후에 이르는 말)으로 있었는데, 정부 수립 후 이승만 대통령이 이시영 부통령에게 명동의 생가터와 재산을 환원하겠다고 제안하였으나, 이시영 선생이 "한번 민족에 바친 것이니 되받을 수 없다"며 사양했다고 한다(이주홍, 2018). 형제 중 유일하게 살아남은 이시영도 다른 형제들의 유지를 끝까지 지켰고 재산에 초연했다. 이시영은 광복된 조국에서 초대 부통령에 당선됐지만, 국민방위군사건과 거창 양민학살 사건을 거치면서 이승만 정부에 실망해 부통령직에서 사퇴한다. 그가 초지일관으로 지향하는 삶이 무엇인가를 짐작케 한다.

후손과 후대는 여섯 형제의 조국애와 애국정신을 기리고 추모하고 있다. 서울 명동 YWCA 옆 거리 한쪽에는 형제의 생가터임을 알리는 표지석과 이회영 흉상이 있다. 서울시에서는 2021년 남산예장공원에 〈이회영 기념관〉을 개관하고 여섯 형제의 독립에 대한 염원과 애국정신을 기리고 있다. 기념관은 신흥무관학교 개교일인 6월 10일에 맞춰 개관되었다고 한다. 조선의 최대 갑부였지만 나라를 빼앗기고 이국땅에서 영양실조로 굶어 죽은 이석영을 기리는 기념관은 경기 남양주시에서 조성한 〈이석영 광장 및 역사박물관 Remember 1910〉이라는 역사체험관으로 명명되었다. 이석영은 수도권 일대에 882만㎡의 땅을 가지고 있었는데, 그중 남양주 땅이 833만㎡를 차지했다. 이회영이 다섯 형제와 전 가족에게 만주로 이주해 독립운동에 헌신하자고 설득하였다면, 이석영은 거금을 모아 만주로 이주하여 독립운동을 할 수 있는 재정을 책임졌다(박정호, 2021). 지자체에서 다양한 역사문화콘텐츠를 발굴, 조성하는 데 적극적으로 노력하고 있지만, 남양주시에서 조선 최대 갑부 이석영의 땅이 남양주에 있었고 그 땅의 매각대금이 독립운동의 초석이 되었다는 점에 주목하여 그의 이름을 딴 광장을 조성한 것은 탁월한 아이디어라고 생각한다.

여섯 형제가 기득권을 포기하고 자신들이 가진 모든 것을 조국의 독립운동을 위해 쾌척한 것은 단순한 사건이 아니다. 월남 이상재는 여섯 형제의 집단이주 소식을 듣고 이렇게 평가했다. "동서 역사상 나라가 망한 때 나라를 떠난 충신 의사가 수백, 수천에 그치지 않는다. 그러나 우당 일가족처럼 6형제와 가족 40여 명이 한마음으로 결의하고 나라를 떠난 일은 전무후무한 것이다. 장하다! 우당 형제는 참으로 그 형에 그 동생이라 할 만하다. 여섯 형제의 절의는 참으로 백세청풍(百世淸風)이 될 것이니 우리 동포의 가장 좋은 모범이 되리라."(이덕일, 2017: 65) 노블레스 오블리주의 모델이 되고도 남는 일이다.

저자는 여섯 형제의 자발적 재산 헌납과 독립투쟁을 보면서 오귀스트 로댕(1840~1917)이 프랑스 칼레시의 부탁으로 조각한 6인의 조각상을 떠올리게 된다. 영국과 프랑스 사이에 벌어진 백년전쟁(1337~1453)에서 영국의 에드워드 3세는 항복할 뜻을 밝힌 칼레의 성주에게 시민의 목숨을 보장하는 조건으로 대표 6명이 맨발에 속옷만 걸치고 목에 밧줄을 감은 채 성 밖으로 걸어 나와 성문 열쇠를 바치길 원했다. 칼레에서 가장 부자로 알려진 외스타슈 드 생피에르가 가장 먼저 자원했다. 뒤이어 시장, 법관 등 칼레시에서 가장 높은 지위와 신분을 지닌 노블레스가 솔선수범으로 뒤따랐다(염철현, 2021: 291-292). 6명의 용기와 헌신은 노블레스 오블리주의 시초가 되었다고 한다. 이회영을 비롯한 형제들이 보여준 헌신과 희생은 우리나라를 넘어 세계사적으로도 노블레스 오블리주의 본보기라고 할 것이다.

김홍식. (2007). 《세계의 모든 지식》. 서해문집.

염철현. (2021). 《현대인의 인문학》. 고려대학교 출판문화원.

이덕일. (2017). 《이회영과 젊은 그들》. 역사의 아침.

주요한. (2015). 《안도산전서》. 흥산단출판부.

박정호. (2021). 《중앙일보》. 〈이석영·회영 6형제가 남긴 뜻〉. 4월 1일.

박초롱. (2017). 《연합뉴스》. 〈서울 명문家 이회영 6형제 발자취로 돌아보는 독립운동〉. 8월 2일.

이주홍. (2018). 《경향신문》. 〈이회영 선생 6형제의 삶, 그 거룩한 유산〉. 8월 12일.

〈밀정〉. (2016). 영화.

아! 어머니
사랑과 희생의 아이콘

어머니로부터 태어나지 않은 사람은 없다. 예수도 부처도 공자도 모두 어머니로부터 태어났다. 어머니의 자궁을 뜻하는 영어 단어 'womb'은 히브리어의 '자비'에 해당한다. 어머니가 출산할 때 자비를 베풀지 않으면 아이는 세상 밖으로 나오지 못한다. 어머니와 자식은 자비의 끈으로 묶여 있다. 생명의 탄생은 어머니의 자비와 아이의 배려가 합작하여 만든 기적이다. 어머니는 자비를 베풀어 자궁문을 열고 준비하고 있는데 아이가 아직 나올 준비가 되지 않았든지 머리가 아니고 손이 자궁문을 향해 있다면 어머니와 아이의 생명은 위험해질 수 있다. 오늘날에야 개복수술을 통해 산모와 아이를 살릴 수 있지만 그렇지 않은 경우가 많았던 시절이 있었다.

저자 역시 어머니의 자비로 태어났다. 어머니를 떠올리면 세 가지의 강렬한 기억이 남아 있다. 첫째, 어머니는 교육열이 대단하셨다. 그 어려운 보릿고개를 견디면서 3남 3녀를 공부시켰다. 남자들은 대학을 졸업했지만 여자들은 중학교나 고등학교만을 졸업했다. 누나들과 여동생에게 평생 마음의 빚을 지고 있는 셈이다. 누나와 누이가 갖고 있을 배움의 한을 생각하면 고개가 떨궈진다. 유교적 전통과 남존여비 사상이 지배적이었던 시대에 부모님 의식의 한계였고 경제력도 뒷받침이 되어 주지 못했다. 부모님은 제한된 가정의 경제력을 어디에 투자할 것인가를 결정할 때 여자보단 남자에게 우선순위를 두었을 것이다.

한 번은 이런 적이 있었다. 아버지의 사업이 어려워져 가계가 곤란을 겪었다. 저자는 고등학교 등록금을 제때 내지 못해 학교에서 독촉을 받곤 했다. 등록금을 내지 않으면 퇴학처분을 내릴 수밖에 없다는 담임교사의 최후통첩을 들었다. 어머니는 지인에게 돈을 빌려 등록금을 마련하였지만 아버지는 다른 용도로 사용하고 싶어 하셨다. 부모님은 등록금 용처를 놓고 티격태격했고 급기야 어머니는 하얀 손수건으로 싼 등록금을 담장 너머로 던졌다. 담장 너머에 있던 나는 잽싸게 받아 기차역으로 냅다 달렸다. 어머니는 피처였고 저자는 캐처였다. 아버지는 저자가 고등학교를 졸업하면 곧바로 취업해서 돈을 벌었으면 했다. 일명 '지게대학'에 입학하는 것이다. 교육문제에 관한 한 어머니는 아버지의 의견과 달랐다. 어머니의 지론은 공부란 때가 있는 법이고 힘들어도 자식을 가르쳐야 한다는 확고한 신념을 가지고 계셨다.

둘째, 어머니는 자애로울 때와 엄격할 때를 분별하셨다. 베이비붐 세대가 초등학교에 입학하던 6, 70년대의 초등학교는 콩나물 교실에서 2부제 수업을 하는 것이 일반적인 풍경이었다. 학교와 교사는 학생 개개인에게 교육적 관심을 가지고 돌볼 수 있는 환경이 아니었다. 오늘날의 맞춤형 교육은 언감생심이었다. 저자는 학교 공부에 재미를 느끼지 못했다. 숙제도 제대로 하지 못하고 읽고 쓰고 셈하는 3R's를 잘하지 못하니 툭하면 매를 맞거나 벌로 화장실 청소를 하는 것이 일쑤였다. 고문관인 셈이었다. 학교에 가기 싫었고 무서웠다. 집에서 싸준 도시락을 가지고 학교로 가는 대신 산이나 시냇가로 갔다. 몇 날 며칠 학교에 가지 않고 양지바른 산에서 시간을 보내거나 시냇가에서 자맥질을 하였다. 이른바 땡땡이를 쳤다.

어느 날 집에서 사달이 났다. 보자기로 싼 책 보따리가 장롱 밑에서 나왔다. 어머니가 바느질하시다가 장롱 밑 공간으로 굴러들어간 실패를 찾기 위해 긴 자를 밀어 넣었는데 저자의 책 보따리가 나왔다. 땡땡이가 탄로 나는 순간이었다. 그렇게 자애롭고 인자하시던 어머니가 매를 들었다. 저자는 어머니로부터 처음이자 마지막으로 매를 맞았다. 어머니는 종아리에 피가 나도록 때리셨고 끼니를 거르게 했다. 아버지는 더 혼이 나야 한다고 하시면서 집 앞 산에 있는 아름드리 소나무에 묶어놓았다. 밤이 깊어졌을 때 나무 위에 둥지를 튼 부엉이가 측은하게 저자를 쳐다보았다. 몇 시간이 지난 뒤 형제들이 새끼를 풀고 집으로 데려갔다. 다음 날 아침에 일어났더니 종아리에 안티프라민이 잔뜩 묻어있었다. 잠든 아들의 종아리에 약을 발라주셨던 어머니의 가슴은 얼마나 미어졌을까.

셋째, 어머니는 부지런하시고 정신력이 강하셨다. 어머니는 체구가 작고 체중도 많이 나가지 않았다. 농촌에서 논 농사는 남자들이 주로 맡고 밭 농사는 여자들이 도맡았다. 여름철 밭의 잡풀을 매는 일은 가장 어렵고 힘든 작업이었다. 오늘날에는 햇볕을 차단하는 비닐을 깔고 파종을 하거나 강력한 제초제를 사용하여 일손을 덜고 있지만 그렇지 않은 시절에는 일일이 손으로 잡초를 제거해야만 했다. 저자는 주중에는 광주에서 자취를 하면서 학교에 다니다 토요일마다 시골집으로 왔다. 지금이야 자취 생활하는 데 필요한 주거환경이 잘 갖춰져 있지만, 당시에는 반찬과 식량 등을 고향에서 조달해야 했다. 고향은 자취생활을 위한 보급기지인 셈이었다.

해가 긴 여름에 토요일 오전 수업을 마치고 부모님 집에 가면 어머니는 밭에서 일을 하고 계셨다. 아들의 입장에서 어머니에게 뭐가 필요할까를 생각한 끝에 주전자에 설탕을 탄 시원한 물을 담아 밭으로 가져갔다. 시골에는 변변한 냉장고나 얼음도 없을 때였다. 어머니는 아들이 가져다준 시원한 설탕물을 맛있게 드셨다. 여름철 오후 4, 5시경이면 갈증도 생기고 당도 떨어질 때다 보니 단물이 필요했을 것이다. 당시 저자는 그런 인체 과학에 대해서는 잘 몰랐고 막연하게나마 그럴 것이라고 생각했다. 땡볕에 아이스크림이 당기듯 어머니도 단 것을 좋아하실 것이라고 생각했다. 나중에 어머니는 그 설탕물을 마시고 기운을 냈다고 회고하셨다. 탈진 상태가 될 때까지도 호미를 놓지 않으셨던 것이다. 어머니는 아무리 힘이 들어도 낮잠을 주무시지 않았다. 새벽부터 밤늦게까지 몸을 움직이셨다. 집은 항상 반짝반짝했고 우리 집을 찾아오는 손님들에게 융숭하게 대접했다. 마실을 다니지 않으셨고 명절에나 마을 친척집에서 이야기꽃을 피우셨다.

누구든 어머니의 사랑과 희생에 대해 특별한 생각을 가지고 있을 것이다. 사랑과 희생은 병렬 관계다. 사랑 없이 희생할 수 없으며, 희생을 동반하지 않은 사랑이 어디 있겠는가. 어머니의 이마에 깊게 패인 주름살과 손발에 돌덩이처럼 단단한 굳은살을 보라. 어머니의 부드럽던 발과 손은 딱딱한 거북등처럼 굳은살투성이가 되었다. 마치 울퉁불퉁한

자갈길 같다. 잦은 마찰로 어머니의 손바닥에 생긴 두껍고 단단한 살은 손금을 볼 수 없을 정도다. 여자로서 어머니도 고운 피부에 젊게 보이고 싶은 것은 인지상정일 것이다. 인간다움을 위한 기본 욕구를 포기하면서까지 누군가를 위해 희생하는 존재가 어디 있더란 말인가. 긴 설명이 필요 없을 정도다. 어머니의 주름살과 굳은살은 그분이 어떻게 살아왔는가를 말해준다.

어머니의 희생과 사랑을 노래나 시로 표현한 곡들이 있다. 양주동 작시, 이흥렬 작곡의 〈어머니의 마음〉은 어머니의 사랑과 희생을 기리는 대표적인 노래다. "낳실 제 괴로움 다 잊으시고/ 기르실 제 밤낮으로 애쓰는 마음/ 진자리 마른자리 갈아 뉘시며/ 손발이 다 닳도록 고생하시네/ 하늘 아래 그 무엇이 넓다 하리오/ 어머님의 희생은 가이없어라." 자식이라면 누구나 공감되는 애절하고 가슴을 후벼 파는 노래가 아닐 수 없다. 이 땅의 어머니는 자식을 낳고 기르면서 손발이 다 닳도록 고생한다. 어머니의 희생과 사랑을 비유할 것은 하늘 아래에서는 찾기 어려울 정도다. 이를 두고 지고지순하다고 하던가. 어버이날 자식들이 이 곡을 부를 때 어머니도 자식도 눈물을 흘린다. 그 눈물에는 사랑과 희생에 대한 감사와 기억해줘서 고맙다는 감사가 중첩되어 있을 것이다. 틀림없이 노래 부르는 중간에 목이 막힌다.

윤춘병 작사, 박재훈 작곡의 〈어머님 은혜〉도 많은 사람이 즐겨 부르는 노래다. "높고 높은 하늘이라 말들 하지만/ 나는 나는 높은 게 또 하나 있지/ 낳으시고 기르시는 어머님 은혜/ 푸른 하늘 그보다도 높은 것 같아." 세상 사람들은 가장 높은 것에 비유할 때는 하늘을 기준으로 삼고 가장 넓은 것은 땅으로 기준을 삼는다. 사랑하는 연인들도 서로의 사랑을 확인할 때, "하늘만큼 땅만큼"이라고 한다. 어머니의 사랑과 희생의 은혜는 하늘보다 더 높고 땅보다 더 넓다.

시인 정한모(1923~1991)는 그의 시 〈어머니〉에서 "어머니는/ 눈물로/ 진주를 만드신다/ 그 동그란 광택(光澤)의 씨를/ 아들들의 가슴에/ 심어 주신다"라고 노래했다. 어머니의 희생과 헌신 그리고 사랑에는 눈물을 동반한다. 어디 자식을 키우는 것이 어머니 마음먹은 대로 되겠는가. 어머니는 자신이 낳은 자식이지만 키우는 것은 마음대로 되지 않는다. 보름달이 얼굴을 내비치는 날이면 여지없이 정화수를 떠놓고 천지신명에게 자식이 잘 되게 해 달라고 빌고 또 빈다. 자식은 잘되면 자신이 잘해서 잘된 것으로 생각하지만, 실은 어머니의 기도와 눈물이 자식의 가슴에 심어준 광택의 씨가 자라 진주가 된 것이다. 양식 진주가 인공적으로 조개 속에 진주핵을 집어넣어 기르는 것이라면, 어머니의 진주는 오랫동안 눈물의 광택 씨를 자식의 가슴에 심어놓은 결과물에 다름 아니다.

저자는 고애자(孤哀子)다. 아버지를 여의면 고자(孤子)가 되고, 어머니를 여의면 애자(哀子)가 된다. 어버이가 없으니 얼마나 외롭고 슬프겠는가. 양친을 모두 잃고 보니 외로움이 무엇이고 슬픔이 무엇인가를 조금이라도 더 알 것 같다. 부모가 계신 그곳이 고향인 줄도 알았다. 저자는 부모님이 물려주신 값없는 유산으로 살고 있다. 물질은 써버리면 없어지지만 정신은 온전히 이어진다. 저자는 다시 태어나도 같은 부모님에게 태어나고 싶다. 조지프 러디어드 키플링(1865~1936)은 이렇게 말했다. "신은 어디에든 존재할 수 없기 때문에 어머니를 두었다." 바쁜 신은 자신을 닮은 천사를 이 땅에 내려 보냈고 그 천사는 바로 우리들의 어머니다.

　부모님은 사고가 난 뒤에 열어보는 블랙박스와 같은 존재라고 하던가. 블랙박스는 사후에 문제의 원인 규명을 위해 열어보는 기계장치다. 우리는 부모님이 돌아가시고 난 뒤야 부모님의 블랙박스를 열어보게 된다. 그 블랙박스에 무엇이 들어있을까. 시인 랭 리아브는 "우리가 이 세상을 떠날 때 소유했던 것들과 기억들을 두고 간다. 우리가 가져갈 수 있는 유일한 것은 사랑뿐이다. 그것만이 한 생에서 다음 생으로 우리가 가지고 가는 모든 것이다"라고 했다. 저자도 언젠가 세상과 이별할 때 가지고 가는 것은 어버이의 사랑일 것이다. 저자 역시 자식들에게 바람이 있다면 저자의 사랑을 기억하는 것이다. 해가 갈수록 그 사랑의 파동이 더 커지는 것은 저자만이 아닐 것이다.

📖 류시화. (2020). 《마음 챙김의 시》. 수오서재.
　　박돈규. (2022). 《조선일보》. 〈뒤늦게 열어본 '아버지'라는 블랙박스〉. 5월 7일.

교황 프란치스코
예수의 언어를 말하고 실천하는 성직자

2022년 2월 24일 러시아의 우크라이나 침공을 놓고 교계의 입장 차이가 드러나고 있다. 로마 가톨릭교의 수장인 제266대 교황 프란치스코(재위 2013~)는 러시아 정교회 수장인 키릴 총대주교(재위 2009~)에게 "푸틴의 복사(服事) 노릇이나 하며, 우크라이나 침공을 정당화하지 말라"라고 경고했다. 복사는 천주교 예배 의식에서 사제의 미사 집전을 보조하는 역할을 한다. 교황은 키릴 총대주교에게 침략자 푸틴 대통령의 종노릇을 하지 말라고 일갈했다. 이 세상에 누가 이처럼 대범한 말을 할 수 있을까 싶다. 교황이니까 그렇게 말할 수 있다고 생각하지만, 모든 교황이 다 그런 것은 아닐 것이다.

키릴 총대주교는 동방 정교회에서 최대 교세를 자랑하는 러시아 정교회의 수장이지만, 푸틴 대통령의 측근으로 알려졌다. 키릴은 '러시아와 우크라이나는 원래 하나'라고 주장하면서 러시아의 침공을 정당화하고, 우크라이나를 악의 세력으로 규정하는 발언을 했다. 서방이 우크라이나를 지원하는 것을 노골적으로 비판했다. 그는 옛 소련의 영토를 회복하려는 푸틴의 계획을 찬성하고 푸틴을 위해 기도하고 있다고 한다.

최근 키릴 총대주교는 자신의 속마음을 더 노골적으로 드러냈다. 그는 2022년 9월 푸틴 대통령이 예비군 동원령을 발동한 이후 이루어진 강론에서 "용맹하게 전쟁터로 가서 병역 의무를 다하라. 조국을 위해 목숨을 바치는 사람은 하나님이 계신 천국에서 영광과 영생을 누린다는 사실을 기억하라"며 참전을 독려했다. "병역 의무를 수행하다 죽는다면 다른 사람을 위해 희생하는 것이기에 한 사람이 저지른 모든 죄를 씻어준다"라며 전쟁터에서 사망한 사람들을 예수에 비교하기도 했다(김나영, 2022).

종교의 정치 예속화다. 종교가 정치적 목표 달성을 위한 도구로 전락한 것이다. 서방에서는 러시아의 우크라이나 침공과 관련하여 기관과 개인을 제재하는 가운데 키릴 대주교를 제재하는 방안에 대해서도 논의하는 것으로 알려졌다. 유엔이 반인류적인 침략자와 범법자에 대해 경제적 제재를 하는 것은 잘 알려진 국제적 규범이지만, 종교 수장에게 제재를 한다는 것은 흔치 않은 소식이다. 그만큼 키릴 총대주교가 러시아 정교회의 리더로서 세계 평화와 안전에 악영향을 끼친다는 것을 증명하고 있다 할 것이다.

저자가 주목하는 것은 프란치스코 교황이 키릴 총대주교에게 "형제여, 우리는 국가가 임명한 성직자도 아니고 예수의 언어가 아닌 정치의 말을 사용하면 안 되오. 우리 모두는 신의 성직자"라고 말한 대목이다. '예수의 언어'. 저자의 눈이 번쩍 뜨였다. 예수의 언어가 무엇이겠는가? 그것은 인류애를 품은 사랑과 용서의 언어다. 평안과 평화의 언어이며 돌봄과 배려의 언어가 아니던가. 예수의 언어를 사용해야 한다고 주장하는 사람이 누구냐에 따라 그 말의 무게는 달라질 것이다. 저자는 프란치스코 교황이야말로 '예수의 언어'를 사용하고 있고, 누구에게나 그 언어를 사용해야 한다고 주장할 자격을 충분히 갖추고 있다고 생각한다.

프란치스코 교황은 '빈자의 대변인', '거리의 교황'으로 불리는 성직자가 아니던가. 교황은 낮은 곳에서 헐벗고 굶주린 사람들에게 사랑을 실천했다. 그는 수많은 어록을 만든 어록 제조기로 불릴 정도로 영성이 빚어낸 언어를 사용하였다. 어록이란 책상 위에서 만들어지는 것이 아니다. 수많은 사람과 마주치고 문제를 해결하는 과정에서 만들어지는 현자(賢者)의 지혜이기 때문이다. 그래서인지 그의 유머나 어록을 보면 흙냄새가 나고 된장찌개처럼 구수하고 쉽게 와 닿는다. 교황으로 선출된 후 소감을 묻는 질문에 "나같이 모자란 놈을 교황이라고 뽑아준 분들을 주님께서 용서해 주시기 바랍니다"라고 말했다. 교황이 즉위 축하 미사를 앞두고 한 말이다. "비싼 경비를 들여 로마까지 올 필요가 없다고 주교들과 신도들에게 말해주시오. 그 대신 가난한 사람들과 함께 할 수 있도록 자선단체에 기부해 달라고 전해주시오." 함께했던 사람들이 폭소를 터트린 것은 보지 않아도 알 만하다.

저자는 역대 교황 중에 프란치스코 교황에 대해 가장 높은 평가를 내리고 싶다. 그는 자유와 평화를 누구보다 사랑하고 인간의 기본권 신장을 위해 기도하는 영적 지도자이다. 그는 독재를 비판하고 전쟁을 규탄한다. 그는 사람들에게 모든 악에 저항하고 이를 물리칠 용기를 갖도록 고무시킨다. 미국 민주주의를 3류 소설로 떨어뜨린 트럼프 대통령(재임 2017~2021)도 교황만큼은 어려워했다. 교황이 러시아 정교회 총대주교에게 정치의 언어가 아닌 예수의 언어를 사용하도록 경고한 것도 우발적인 대화가 아니다. 이는 평소 교황의 모습 그대로이다.

교황은 기자회견이나 대중 연설을 할 때 특정한 편을 가르거나 등급을 매기지 않는다고 한다. 좋은 나라와 나쁜 나라, 선과 악, 동과 서, 신앙인과 무신론자를 구분하는 법이 없다. 진영을 갈라 이쪽과 저쪽 간에 싸움을 붙이지 않는다. 교황의 이러한 처신과 행동은 "군자는 여러 사람과 어울리면서 무리를 짓지 아니하고, 소인은 무리를 지어 다른 사람들과 조화를 이루지 못한다"라는 공자의 군자론과 맥을 함께 한다(이기주, 2017). 교황이 교도소에 복역 중인 수형자와 무슬림의 발을 씻겨주고 입맞춤을 했다. 교황은 세상 사람들이 중요하게 여기는 사회경제적 지위, 남성과 여성, 계층, 부자와 빈자, 종교와 종파, 신분에 대한 구분이 없으며 오로지 예수의 사랑과 용서로써 사람들을 대하고 있음을 잘 나타낸다. 역대 교황들도 세족식을 거행했지만 가톨릭 신자에 국한하여 발을 씻겨주었다. 프란치스코 교황의 생각과 행동이 파격적인가? 교황의 생각과 행동이 파격이라기보다는 파격이라고 생각하는 사람들의 생각이 편향되었다고 보는 것이 맞을 것이다. 교황의 생각과 행동은 전 인류의 영적 지도자로서 마땅한 일이라고 본다. 교황은 특정 진영이나 사상에 경도되지 않고 행동하는 큰 군자요, 큰 사랑의 실천자여야 한다고 생각하기 때문이다.

프란치스코 교황이 교황으로 즉위하기 전의 이름은 호르헤 마리오 베르골리오이다. 프란치스코 교황은 본래 교황 자리에 욕심이 없었다. 그는 아르헨티나 부에노스아이레스 교구의 대주교를 역임하고 있던 2005년 4월 요한 바오르 2세(재위 1978~2005)가 서거함에 따라 새 교황 선출을 위해 바티칸 시국에 소환되었다. 세 차례에 걸친 콘클라베

(Conclave)에서 독일 출신의 요제프 라칭거 추기경(1927~)이 선출되어 교황 베네딕토 16세가 된다.

이때 베르골리오 추기경은 뜻밖에도 2위를 차지해 그의 존재감을 확인시켜주었다. 이후 베르골리오 추기경은 그의 조국 아르헨티나에서 묵묵히 하느님이 부여한 임무에 충실하고 있었다. 그러던 중 2013년 3월 베네딕토 16세가 직무수행의 어려움을 이유로 스스로 물러났다. 교황이 자의적으로 물러난 경우는 찾아보기 어렵다. 교황 베네딕토 16세가 사임한 이유는 오랫동안 가톨릭교에서 공공연한 비밀이 된 신부들의 아동 성추행 은폐와 교황청의 비밀 문서 폭로와 맞물려 반대파의 공격 때문이라는 주장도 있었다. 베네딕토 16세의 사임 이후 로마 교황청에서는 다시 콘클라베가 개최되었고 베르골리오 추기경이 교황으로 선출되었다.

콘클라베 제도의 역사적 변천 과정도 흥미롭다. 콘클라베는 라틴어로 '열쇠로 걸어 잠글 수 있는 방'이라는 뜻을 가지고 있다. 콘클라베가 시작되면 추기경들이 모인 방의 문을 잠근 채 결론이 날 때까지 문이 열리지 않는다. 추기경들은 밀폐된 장소에서 비공개로 교황을 선출하는데 2/3 이상의 득표수가 나올 때까지 계속된다. 투표에서는 어떠한 전자기기도 사용이 불가해 오직 펜과 종이만 사용할 수 있다. 투표가 끝나면 투표 용지를 불태워 연기로 외부에 결과를 알리는데, 검은색의 연기는 미결을 의미하며 흰색의 연기는 새로운 교황이 선출되었다는 의미다. 역사상 가장 긴 콘클라베는 3년이나 이어졌다고 한다. 이렇게 선출된 그레고리우스 10세는 콘클라베 규정을 대폭 바꿨다. 사흘이 지나도 교황이 선출되지 않으면 저녁 식사에서 한 가지 요리밖에 먹을 수 없고, 닷새가 지나면 교황이 선출될 때까지 빵과 와인, 물만 제공된다고 한다. 엄격한 교황 선출 제도는 참여한 추기경들이 불필요하게 시간을 끌면서 추기경으로서 예우를 받을 생각하지 말고 과업을 완수해라는 무언의 메시지다.

베르골리오 추기경은 콘클라베에서 교황으로 선출된 뒤 자신의 이름을 프란치스코로 정했다. 과거의 사례로 볼 때 선출된 교황 대부분은 예수의 열두 제자 이름을 본땄지만, 그는 수도자 프란치스코(1182~1226)의 이름에서 가져왔다. 평생을 가난하고 병든 사회적 약자와 함께하고 배려와 사랑, 그리고 청빈을 실천하며 묵묵히 수도한 성 프란치스코를 본받겠다는 뜻이었다. 교황은 낮은 곳에서 예수의 사랑을 실천하겠다는 즉위할 때의 약속을 묵묵히 지켜나가고 있다. 그는 장애인을 만나서는 차에서 내려 입을 맞추고, 전용차를 마다하고 버스를 타는 것을 좋아한다. 추기경 시절에도 그는 버스 등을 이용해 출퇴근했다고 한다. 교황은 바티칸의 카사 산타 마르타 게스트하우스에서 지내고 있는데, 사제가 공동생활을 하는 기숙사다. 그가 묵는 201호엔 나무로 짠 침대와 작은 책상, 소형 냉장고 등을 갖춘 방 2개가 있다. 교황은 공동식당에서 사제들과 함께 식사를 하고, 특별한 행사가 없으면 게스트하우스의 성당에서 미사를 올린다(안수찬, 2013).

프란치스코 교황의 소탈하고 지극히 인간적인 사랑의 표현은 깊은 울림을 준다. 저자는 프란치스코 교황이 인류의 해가 되어 곳곳에 사랑과 평화라는 이름의 햇볕을 비추면 좋겠다(교황을 인류의 '해'로 비유한 것은 중세에 정치적 수사(修辭)로 교황은 해(日)로, 황제는 달(月)로 비유한 적이 있다). 2022년 7월, 86세 고령의 교황은 휠체어와 지팡이에 의지한 채 캐나다 앨버타주 매스쿼치스를 방문하여 가톨릭 교회가 저지른 대규모 원주민 아동 학살을 '악(惡)'으로 규정하고 사죄했다. 교황은 "기독교인이 원주민을 탄압한 열강의 식민화 사고방식을 지지한 것에 깊은 유감을 느낀다. 특히 교회와 종교 공동체의 많은 구성원이 당시 정부가 고취한 문화적 파괴와 강요된 동화 정책에 협조한 것에 대해서도 용서를 구한다"라고 말했다.

캐나다 원주민들에게 무슨 일이 있었던 것인가. 2021년 캐나다 브리티시컬럼비아주, 서스캐처원주 등의 원주민 기숙학교 터 4곳에서 3~16세 원주민 아동 유해가 1,200구 넘게 발견되면서 캐나다 정부와 가톨릭교계를 발칵 뒤집어놓았다. 이들 기숙학교는 1881년부터 1996년까지 캐나다 정부가 인디언과 이누이트족 등 원주민 문화를 말살하고, 백인·기독교 사회에 동화시키려는 목적으로 세웠는데 그중 70%를 가톨릭교회가 위탁 운영했다고 한다. 위탁학교의 사제와 교직원 등이 원주민 아동을 상대로 말로 표현하지 못할 정도의 신체적, 정서적, 성적 학대를 했던 것으로 드러났다. 구타 등으로 숨진 아이들은 가족에게 알리지도 않고 암매장했다. 지금까지 유해 1,200여 구가 발견됐지만, 기숙 학교에 들어갔다가 실종된 아이들은 최대 1만여 명으로 추산된다. 원주민들은 '문화적 집단 학살'로 규정한다. 교황의 방문에 냉담한 반응을 보였던 원주민들도 교황의 진실되고 겸허한 사죄에 마음의 문을 열고 '사랑이 모든 것을 이긴다'라는 팻말을 들고 교황을 환영했다고 한다(정시행, 2022). 전 세계적으로 기독교가 식민지를 개척하는 과정에서 현지 원주민들을 대상으로 개종과 교화를 목적으로 반인륜적, 반인도적 잔혹 행위를 한 것은 잘 알려진 사실이다. 캐나다는 빙산의 일각이라고 생각한다. 문명국가라면 과거에 저지른 악의 참상을 자발적으로 밝혀내 유족과 후손에게 과거사에 대해 용서를 구하고 배상해야 할 것이다.

최근 캐나다에서는 인디언 문명화 교육이라는 명분으로 원주민 기숙학교를 설계하고 소수인종을 차별했던 초대 총리 존 A. 맥도널드(재임 1867~1873/1878~1891)에 대한 재평가 작업이 이루어지고 있다. 1883년 맥도널드 총리는 "원주민 학교를 인디안 마을에 설치하면 아이들은 야만인 부모 밑에서 또 하나의 야만인이 된다. 인디언 자녀들은 야만인 부모의 영향에서 멀리 떨어뜨려야 한다. 백인 남성처럼 생각하고 행동하는 교육을 시켜야 한다"라고 주창했다(김지은, 2015). 원주민 기숙학교와 연관된 맥도널드 총리를 포함한 관련 인물들의 동상이 전국적으로 파손되거나 철거됐다. 일부 상점에서는 존 맥도날드의 초상화가 새겨진 10달러 지폐를 받지 않겠다는 거부 운동을 벌이고 있다.

인간은 실수하거나 고의로 잘못할 수 있다. 문제는 그 실수 또는 범죄에 대해 진심으로 사죄하고 용서를 비는 것이다. 사죄와 용서를 구하는 것은 공감(共感), 부끄러움(恥)과 연결된다. 공감은 상대의 입장이 되어 감정이입을 하는 것이고 부끄러움은 도리에 어긋남을 부끄럽게 여기는 것이다. 최소한의 염치(廉恥)다. 공감하고 부끄러움을 알면 사죄하고 용서를 구하게 된다. 공감능력을 상실하고 부끄러움을 모르거나 외면해버리는 즉, 염치의 담장을 높이 친 인류에겐 미래의 희망이 보이지 않는다. 탐욕, 전쟁, 살육이 멈추지 않을 것이다. 인간이 로봇이나 아바타와 다를 바 없기 때문이다.

흥미로운 점은 한자어 치(恥)의 모양이다. 귀(耳)와 마음(心)의 합성어다. 사람이 부끄러운 행동을 하게 되면 귀가 빨개진다. 저자도 어렸을

적 부모님에게 거짓말을 할 때면 귀가 뜨겁게 달아올랐던 기억이 있다. 인간의 귀는 인체가 작동시키는 거짓말 탐지기다.

프란치스코 교황은 가톨릭 교회의 수장이기 전에 한 명의 성직자이다. 교황이 원주민에게 말한 사죄문은 예수의 언어였기 때문에 그동안 캐나다 정부조차 인정하지 않고 걸어 잠갔던 원주민 마음의 문을 열게 한 것이다. 교황의 진실됨과 순수한 인류애를 닮고 싶은 것은 저자만이 아닐 것이다. 인류는 전쟁, 핵개발 경쟁, 기후변화, 불평등, 자원 민족주의 등 대위기에 직면하고 있지만, '예수의 언어'를 말하고 실천하는 프란치스코 교황과 같이 진정한 공감이란 무엇이고, 부끄러움을 어떻게 씻는가를 알고, 실천하는 영적 지도자를 둔 것에 위로가 된다. 그는 인류의 소금이며 희망의 빛이다. 말(언어)이 공동체를 분열시키고 진영을 나누고 모든 것을 이분법으로 갈라치는 날선 검이 되어버린 현대 사회에서 '예수의 언어'는 치유와 해법이 될 수 있을 것이다. 프란치스코 교황을 보면서 우리나라 김수환 추기경(1922~2009)이 그리운 것은 저자만이 아닐 것이다.

📖 이기주. (2016). 《언어의 온도》. 말글터.

_____. (2017). 《말의 품격》. 황소북스.

테일러, 마크. (2022). 《침묵을 보다》. 임상훈 옮김. 예문아카이브.

강종훈. (2022). 《연합뉴스》. 〈러 정교회, 교황에 "키릴 총대주교 관련 발언, 대화에 무익" 반발〉. 5월 4일.

강혜진. (2022). 《크리스천투데이》. 〈'푸틴 지지' 키릴 총대주교 때문에… 세계정교회 분열 조짐〉. 3월 16일.

《바티칸 뉴스》. (2022). 〈교황, 러 정교회 수장 키릴 총대주교 통화 "교회는 정치 언어 아닌 예수님 언어 사용해야"). 3월 16일.

김나영. (2022). 《조선일보》. 〈"우크라 가서 전사하면 모든 죄가 씻길
　　것"〉. 9월 29일.

김지은. (2015). 《한겨레》. 〈캐나다 기숙학교의 비극… "따귀 맞고 머리
　　카락 뜯기고 밤이면 성추행"〉. 6월 3일.

안수찬. (2013). 《한겨레》. 〈낮은 곳에 임하는 교황 프란치스코, 무슬림·
　　여성 등에 사상 첫 '세족식'〉. 3월 29일.

이철민. (2022). 《조선일보》. 〈교황, 러시아 정교회 총대주교에게 "푸틴
　　의 행동을 따르지 말라" 경고〉. 5월 6일.

정시행. (2022). 《조선일보》. 〈교황 '속죄의 순례'… 캐나다 찾아 100년
　　전 아동 집단학살 사과〉. 7월 25일.

＿＿＿. (2022). 《조선일보》. 〈'사과의 정석' 보여준 교황… 캐나다 원주
　　민들 '사랑이 모든걸 이긴다' 환영〉. 7월 26일.

정효진. (2022). 《조선일보》. 〈3세기 기독교 확산하며 커져… 한때 황제
　　도 무릎 꿇었죠〉. 7월 13일.

〈두 교황〉. (2019). 영화.

미처 몰랐습니다

① 최서면 국제한국연구원장

최서면(1928~2020)의 본명은 최중하이고 최규하 대통령(재임 1979~1980) 과는 사촌 간이다. 그의 청년 시절은 근현대사의 소용돌이와 맥을 같이 한다. 연희전문 문과에 다니다 김구 등 임시정부 요인들을 중심으로 창 설된 한국독립당 산하 대학학생연맹위원장으로 활동하며 반탁운동에 참여하였다. 장덕수 암살 사건에 연루되어 무기징역을 받고 수형 생활 을 하다 이시영의 도움으로 형집행정지로 풀려났다. 서면(書勉)이란 이 름은 초대 부통령을 역임한 이시영(재임 1948~1951)이 지어줬다. 옥중에 서 가톨릭 세례를 받았다. 6.25 전쟁 중에는 부산에서 가톨릭 계통의 고아원을 운영한 인연으로 천주교 총무원 사무국장을 맡았다. 가톨릭 신자인 장면 부통령(재임 1956~1960)을 돕다 이승만 정부에 요주의 인 물로 찍혀 체포 위기에서 일본으로 밀항했다. 1957년 29세. 고래 싸움 에 새우등이 터진 격이다.

정치적 박해를 피해 일본으로 갔지만 민족의식이 강했던 그에게 주 어진 소명은 따로 있었다. 그는 일본 외무부와 의회도서관에 파묻혀있던 한·일 근현대사 자료를 뒤졌다. 그는 일본이 소장하고 있는 방대한 한국 관련 자료를 보고 한국인이면서 한국을 너무 모르는 자신이 부끄러워 공부를 시작했다고 한다. 선진국의 특징 중 하나는 전 세계와 관련된 방대한 자료를 소장하면서 필요할 때 활용한다는 점일 것이다. 어떤 문제가 발생하면 그 방대한 자료를 토대로 최적의 해결 방안을 찾아낼 수 있다. 미국이 부러운 이유 중 하나는 의회도서관, 대학 도서관에 방대한 자료들을 보유하고 있는 점이 아닐까 싶다. 제2차 세계대전의 와중에 일본인의 행동과 문화를 연구하고자 시작하여 출간된《국화와 칼》(1946년)도 루스 베네딕트(1887~1948)가 일본을 직접 방문하지 않고 미국이 소장하고 있는 방대한 기록과 문헌, 그리고 미국에 거주하는 일본인과의 인터뷰만으로 연구를 진행한 결과다. 최서면이 느꼈을 자괴감에 공감이 간다.

최서면은 일본 내 한국학 권위자요 최고의 안중근 전문가다. 40여 년을 안 의사의 옥중 수기, 평화사상, 유해 비밀 매장 과정, 일본인의 안 의사에 대한 이중적인 정서에 대해 조사, 연구했다. 1969년 안 의사의 육필 옥중 수기인《안응칠 역사》필사본을 동경 고서점을 통해 입수해 공개했다. 대개 사람들은 안중근 의사가 하얼빈역에서 한·일합병의 원흉 이토 히로부미(1841~1909)를 사살했다는 사실만 알지 안 의사와 관련된 전후 맥락에 대해서는 잘 모른다. 이즈음 그는 동경에 국제한국연구원을 열어 본격적으로 한국 근현대사 연구를 시작했다. 1978년 임진왜란(1592)때 함경도 의병대장으로 활약한 정문부의 승리가 기록된 〈북관대첩비(北關大捷碑)〉를 야스쿠니 신사 숲에서 찾아냈다. 이 기록물은 2005년 우리나라에 반환돼 2006년 북한에 전달됐다. 1994년 이봉

창 의사의 옥중 수기와 재판기록을 발굴했다. 2004년에는 일본 외무성 외교사료관에 소장된 사료 약 5만 권을 뒤져 찾아낸 자료들을 모아《일본 외무성 외교사료관 소장 한국 관계 사료 목록 1875~1945》(국사편찬위원회)를 펴냈다.

최 원장은 사료 연구자의 진수를 보여주었다. 그는 근기(根器), 즉 역사 공부를 어떻게 할 것인가에 대한 근성과 기량에서 본보기가 되었다. 한국 정부에서도 한·일 관계가 꼬이면 최 원장을 찾았다. 최 원장의 진면목은 일본과의 독도 영유권 문제에서 발휘되었다. 독도 영유권을 입증하는 지도와 자료 20만 건을 발굴, 소개했다. 2006년 10월 고인이 일본 시마네대 나이토 세이추 명예교수(일본 정부의 독도 영유권 주장을 비판해 온 학자)와 가진 독도 영유권 관련 인터뷰 내용 중 이런 대목이 나온다. "옛 지도는 보는 것이 아니라 읽는 것이다. 어떻게 읽어야 할 것인가. 즉 누가 왜 어떤 목적으로 이 지도를 만들었는가를 보고 단순히 고지도에 독도가 나온다든가, 다케시마라고 표기되어 있다고 해서 누구의 땅이라고 주장하는 것은 잘못이다. 예컨대 영유권 다툼에서 제일 권위가 있는 것은 정부가 편찬한 '관찬 지도'다. 일본의 도쿠가와 막부는 관찬 지도를 모두 네 번 만들었는데 이 가운데 독도, 울릉도가 나오는 지도는 한 장도 없다." "지도는 보는 것이 아니라 읽는 것이다"라는 최원장의 말은 곧 '나쁜 의도를 가지면 나쁜 지도가 되고 만다'라는 뜻이다. 국제적으로 영토 문제를 풀어가는 탁견이 아닐 수 없다. 일본인의 주장대로라면 조선의 옛 지도에 쓰시마가 들어 있으니 쓰시마는 조선의 땅이 되어야 한다.

최 원장과 가나야마 마사히데 주한일본대사(재임 1968~1972)와의 인연은 특별하다. 경기도 파주 천주교 하늘묘원에는 두 사람의 묘가 10m 간격을 두고 나란히 누워있다. 두 사람의 인연이 궁금하지 않을 수 없다. 최서면이 동경의 국제한국연구원 원장으로 있을 때 가나야마 대사가 임기를 마치고 최 원장을 찾아갔고, 둘은 의기투합하여 한·일 관계의 발전을 위해 노력하기로 했다고 한다. 최 원장과 가나야마 대사는 독실한 천주교 신자이면서 영세명(아우구스티노)도 같았다. 물론 이전부터 두 사람은 막후에서 양국을 위해 많은 활동을 하면서 서로에 대해 잘 알고 있었다. 최 원장은 "포항제철은 박정희 대통령과 박태준 씨가 주도한 것이 사실이지만 그 이면에는 가나야마 대사의 숨은 공로도 있다"라고 회고했다. 제철소를 건설하는 것 못지않게 기술 지원을 받아야 할 때 가나야마 대사는 일본제철소(신일철)의 협력을 이끌어냈다. 당시 우리나라는 '나사도 제대로 못 만드는 국가'로 낙인이 찍혀있었다. 가나야마 대사는 "1897년엔 일본이 그런 소리를 들었다"고 지적했다. 가나야마 대사에게 설득된 신일철(新日鐵)은 포항제철 설립에 필요한 기술을 제공하기로 했다. 자금은 일본이 제공한 '청구권 자금'으로 충당하기로 했다(복거일, 2019).

가나야마 대사는 1969년 삼일절 기념식에도 참석했다. 주한일본대사가 삼일절에 참석한 것을 두고 본국으로부터 질책을 받았지만, "과거를 청산하고 앞으로 한국과 잘 지내기로 해놓고 한국의 기념일을 축하하는 것이 왜 문제가 되나. 8.15 광복절 행사에도 못 갈 이유는 없다"라고 항변했다고 한다(장세정, 2015). 한국과 일본 양국의 정서를 생각하면 쉽게 실행할 수 없는 용기 있는 행동이 아닐 수 없다.

두 사람은 한·일 관계의 개선을 위해 자신의 위치에서 최선을 다했다. 어느 날 가나야마 대사는 최서면 원장에게 자신이 죽으면 한국에 묻어달라고 부탁했다. "나도 죽으면 이 땅에서 묻히고 싶다. 최 원장과 이 세상에서 한·일 관계에 대해 못다 한 이야기를 나누고 싶다." 최 원장은 가족묘원에 가나야마 대사의 묘지를 마련하였고, 대사와 나란히 누워 영면에 들어갔다. 이 세상에 국적을 초월하여 사후 세계까지 이어나가는 인간관계가 있을까. 지금도 하늘나라에서 두 사람이 머리를 맞대고 한·일 관계의 개선을 위해 노력하는 모습을 상상해본다.

90년대 최서면 원장을 처음 보았을 때가 생각난다. 수염이 많은 소탈하고 검소한 할아버지 인상이었다. 그는 30세가 되지 않은 나이에 도일(渡日)하여 그의 청춘과 생애를 조국의 역사를 발굴하고 알리는 데 바쳤다. 이시영은 안목이 있었다. 그는 이름 서면(書勉)처럼 도서관에 파묻혀 민족의 역사를 정리, 수집, 발굴, 편찬하는 데 모든 정열을 쏟았다. 역사 왜곡을 손바닥 뒤집듯이 하는 일본에 대해 근거와 자료를 제시할 수 있는 것은 최서면 원장의 공로가 절대적이라고 할 수 있을 것이다.

한국과 일본의 교류와 협력 관계는 김대중 대통령(재임 1998~2003) 이후 교착 상태에 빠져 있다. 가깝고도 먼 이웃나라가 되어버렸다. 교착 상태에 빠진 한·일 관계에서 최서면 원장이 보여준 사실 중심의 민간 외교력이 한층 돋보인다.

📖 최서면. (1994). 《새로 쓴 안중근 의사》. 집문당.
복거일. (2019). 《한국경제》. 〈가나야마 마사히데를 추모하며〉. 2월 11일.
심규선. (2020). 《신동아》. 〈한·일 관계 막후 60년-최서면에게 듣다〉. 6월 2일.

장세정. (2015). 《중앙선데이》. 〈가나야마 부른 박정희 "한국 대사 역할 한번 해주시오"〉. 8월 9일.

미처 몰랐습니다
② 재불 독립운동가, 홍재하

역사의 묘지에 묻혀 잊힌 독립운동가와 애국지사를 발굴하여 그들의 활동상을 되짚어보는 것은 참으로 기쁘고 가슴 뿌듯한 일이다. 그들의 활동상을 들으면 선조들에 대한 자긍심으로 이어진다. 일제 강점기 프랑스에서 독립운동을 펼친 홍재하 선생(1892~1960)의 경우가 여기에 해당한다. 최근 국사편찬위원회에서 찾아낸 그의 활동상을 보면 나라를 잃은 백성의 기구한 운명과 나라를 되찾기 위한 희생 앞에서 숙연해진다.

선생은 배재학당 재학 중 독립운동에 가담하여 일제의 검거를 피해 1910년 러시아 블라디보스토크로 건너갔다. 1917년 러시아 혁명이 일어나자 러시아군에 입대하여 무르만스크의 철도공사 현장 등에서 노동자로 일하였다. 마침 이 지역을 점령한 영국군을 따라 에든버러로 가게 되었다. '흘러 들어갔다'는 표현이 정확할 것이다. 제1차 세계대전 당시 영국과 일본은 동맹국이었다. 영·일동맹(1902년)은 러시아의 남하(南下)를 막고자 하는 영국과 조선, 중국에서 이권을 차지하려는 일본이 체결한 조약으로 일본이 러·일전쟁에서 승리한 후 한반도를 강제 합병하고 식민지화 할 수 있었던 것도 영국의 승인 아래 이루어졌다. 이 동맹은 1923년에 폐기되었다(염철현, 2022: 175-176). 영국 정부는 일본의 요구에 따라 선생을 비롯한 30여 명의 한인을 일제 치하의 한국으로 돌려보내려고 했다.

그들이 한국으로 송환될 위기에 놓였을 때 임시정부 파리위원부(대표 김규식)가 나섰다. 위원부에서는 황기환 서기장을 영국에 급파했다. 황기환은 제1차 세계대전 당시 미군에 지원하여 유럽 전투에서 활약한 참전 군인이었다. 그는 미군 복무 경력과 유창한 영어 실력으로 영국 정부를 설득시켜 홍재하 선생 등 한인 35명을 프랑스로 이주시켰다. 이후 황 서기장은 프랑스와 영국을 거쳐 미국에 정착하여 임시정부 해외 요인으로 독립운동을 하였다. (황기환 선생은 그때에 한국인으로서는 이례적인 미군 복무 경험과 임시정부에서 독립운동을 한 독특한 경력 때문에 TV 드라마 〈미스터 선샤인〉에서도 주인공(유진 초이 역)으로 다뤄졌다. 정부는 선생이 순국한 지 100주년이 되는 2023년 4월에 선생의 유해를 국내에 봉환할 계획이다. 현재 선생의 유해는 미국 뉴욕 소재 공동묘지에 안장되어 있다.)

홍재하 선생은 임시정부 요인들의 노력으로 프랑스에 정착한 뒤 최초 한인 단체 〈재법한국민회〉 결성에 결정적 역할을 하였고 제2대 회장을 맡아 대한민국 임시정부 파리위원부의 독립운동을 지원했다. 선생을 비롯한 재불 한인들은 제1차 세계대전 전후 복구 노동으로 힘들게 번 돈을 각출해 독립운동 자금으로 쾌척하였다. 1919년 11월부터 1920년 5월까지 6개월 동안 6천 프랑의 거액을 기부했다. 그들은 제1차 세계대전의 최대 격전지 베르됭이 있는 마른 지방의 벌판에서 전사자의 시신과 유골을 수습하고 묘지 조성 등의 험한 일로 생계를 이어갔다. 그들이 타지에서 힘든 노역을 견뎌내고 악착같이 연명할 수 있었던 것은 조국 독립에 대한 염원 때문이었을 것이다. 선생은 6.25 전쟁 중에도 전쟁 구호물자 조달에 기여했다. 오매불망 조국 생각뿐이었다.

선생은 1926년 프랑스 여성과 결혼하여 슬하에 2남 3녀를 두었다. 2남 장 자크 홍 푸안 씨가 부친의 유품을 한국에 기증했다. 대한민국 정부는 2019년 8월 15일 광복절 경축식에서 선생에게 건국훈장 애국장을 서훈했다. 아들 장 자크 씨는 "그동안 아버지의 공적을 제대로 인정해 주지 않은 한국에 서운한 점도 많고 본인이 한국어도 할 줄 모르지만, 자신이 언제나 독립투사의 아들이라는 것이 자랑스러웠다"라고 했다. 정부가 훈장을 서훈한 것은 늦었지만 잘한 일이다. 국가에서 독립운동가들의 발자취를 더듬어 그들의 존재와 활동상을 밝혀내는 것은 그 어떤 국정과제보다 우선해야 할 가치일 것이다.

해외 독립운동을 말할 때면 대개 중국에서 김구를 중심으로 한 임시정부와 미주에서 이승만, 안창호를 중심으로 한 독립운동을 떠올린다. 독립운동은 한인이 살아 숨 쉬는 곳이면 어디서나 펼쳐졌다. 어디 유럽 한인들뿐이던가? 오대양 육대주에서 조국의 독립을 위해 피땀 흘려 번 돈을 독립자금으로 보내기도 했다. 한번 나라를 잃어버리면 다시 찾기란 더욱 힘들다. 물건을 되찾는 것이 아니기에 애당초 잃지 말아야 하는 것이다. 사후 60년 만에 조국이 선생을 알아준 것을 서운하게 생각하지 않았으면 싶다. 세계 곳곳에 묻혀 있는 잊힌 지사들이 많이 발굴되었으면 한다.

나라를 되찾는 것은 대추가 붉어지는 과정과 같다는 생각을 해본다.

장석주 시인의 〈대추 한 알〉을 감상해보자. 얼마 전 광화문 교보문고 현판에서 만났던 시다.

저게 저절로 붉어질 리는 없다.
저 안에 태풍 몇 개
저 안에 천둥 몇 개
저 안에 벼락 몇 개
저 안에 번개 몇 개가 들어 있어서
붉게 익히는 것일 게다.

저게 혼자서 둥글어질 리는 없다.
저 안에 무서리 내리는 몇 밤
저 안에 땡볕 두어 달
저 안에 초승달 몇 날이 들어서서
둥글게 만드는 것일 게다.

대추야
너는 세상과 통하였구나.

2018년 10월 30일 연합뉴스와의 인터뷰에서 아들 장 자크 씨가 말한 내용이다. "부친은 항상 엄청나게 열심히 일하셨고 고국에만 온통 관심이 쏠려있었다. 그렇게 번 돈을 계속 어딘가로 보냈는데, 그게 독립운동 자금이었다. 누나들이 성인이 되고 취직하자 그 돈의 일부도 한국으로 보내졌다. 그래서 그런지 우린 항상 가난했다." 1945년 8월 15

일, 우리 민족의 광복은 쉽게 이룬 것이 아니었다. 대추가 붉은 색의 둥근 모양이 되기까지는 태풍, 천둥, 벼락, 번개, 땡볕, 무서리 등 온갖 시련과 고난의 과정을 극복한 결과물인 것처럼, 대한민국의 독립 역시 국내외의 수많은 애국지사의 희생과 헌신으로 쟁취한 것이다.

반가운 소식이 들린다. 정부는 올해 11월 16일 홍재하 선생의 유해를 한국에 봉환하여 국립대전현충원에 안장했다. 이국에서 영면한 지 62년 만이다. 선생은 반드시 고국으로 돌아간다는 확신으로 임시직으로만 일했고 자녀들에게도 한국어를 가르치지 않았다. 임시직으로 일하면 직장을 쉽게 그만둘 수 있고 자녀들이 한국에 가면 한국어를 자연스럽게 배울 것이라고 확신했기 때문이다(조은아, 2022). 선생이시여! 한시도 잊지 못했던 고국의 땅에서 영원한 안식을 누리소서.

📖 염철현. (2022). 《인문의 눈으로 세상을 보다》. 박영story.

장석주. (2015). 《대추 한 알》. 이야기꽃.

국사편찬위원회 보도자료. (2019). 〈프랑스에서 전해온 어느 독립운동가 이야기〉. 8월 19일.

조은아. (2022). 《동아일보》. 〈佛서 독립자금 대던 홍재하 지사 유해, 고국 품으로〉. 10월 17일.

정아람. (2019). 《중앙일보》. 〈광복절에 건국훈장 애족장 받은 홍재하 선생은 누구?〉. 8월 15일.

미처 몰랐습니다
③ 일본의 양심, 후세 다쓰지

우리나라 정부는 국정의 중요한 의결 사항을 국민에게 브리핑한다. 대한민국 정책브리핑(www.korea.kr)이다. 정부는 2004년 10월 13일 자에 다음과 같은 내용의 브리핑을 했다. "일본인 변호사 후세 다쓰지(1880~1953) 씨가 일본인으로서는 처음으로 건국훈장을 받게 됐다. 정부는 12일 국무회의에서 일본인 변호사로서 김지섭 지사와 박열 선생 등 독립운동가를 변론하고 독립운동을 지원한 그의 공적을 인정해 건국훈장 애족장 추서를 의결했다." 우리나라 독립에 기여한 공로를 인정받아 건국훈장을 받은 일본인이 있다고 하면 믿겠는가? 믿기 어려운 일이지만 사실이다. 정부 기록에 따르면 우리나라 독립을 도운 공로로 건국훈장을 받은 순수 외국인은 70명이라고 한다. 중국인 33명, 미국 21명, 영국인 6명, 캐나다인 5명, 아일랜드인 2명, 일본인 2명, 그리고 프랑스인 1명이다(이희용, 2019). 후세는 일본인 최초로 우리나라에서 건국훈장을 받은 주인공이 되었다. 흥미로운 사실은 후세 다쓰지는 건국훈장을 받은 박열 의사(1990년)와 가네코 후미코(2018년)를 옥중 결혼시켰다.

후세 다쓰지는 어떻게 우리나라 정부로부터 건국훈장을 받게 되었을까? 우리나라 정부로서도 국권을 찬탈하고 식민통치로 한민족에게 뼈에 사무치는 고통과 피해를 준 일본 국적의 인사에게 건국훈장을 수여한다는 것은 결코 쉽지 않은 일이었을 것이다. 건국훈장을 받는 일본인이라면 그 누구도 이의를 제기하지 못할 정도의 확실한 공로가 있어야 하기 때문이다. 조선과 조선인을 위해 노력한 후세의 활동을 보면 고개를 끄덕이게 되고 비록 그가 일본인이지만 우리나라 건국훈장을 받을 자격이 충분하다는 생각을 하게 될 것이다.

후세는 1880년 일본 미야기현에서 농부의 차남으로 태어났다. 1899년 동경 메이지법률학교(현 메이지대의 전신)에 입학하여 1902년 고시에 합격하고 검사시보로 부임했다가 넉 달 만에 사직했다. 사직 이유는 아이 3명과 동반 자살을 기도한 엄마를 살인미수로 기소한 것에 대한 반발에서였다. 후세는 검사의 직책에 대해 "이리와도 같은 일"이라고 비난하면서 사직하고 동경에서 변호사 명부에 등록했다. 변호사로서 후세는 핍박받는 조선인과 노동자, 농민 등 사회적 약자를 돕는 길로 들어섰다. 그는 말이나 생각에 그치지 않고 행동으로 그의 신념을 보여주었다.

1911년에는 일본의 조선 강제병합을 비난하고 조선의 독립을 주장하는 '조선의 독립운동에 경의를 표함'이라는 글을 발표해 당국의 조사를 받기도 했다. 그의 조선인을 위한 첫 변론 대상은 1919년 동경 2.8 독립선언으로 검거된 최팔용, 백관수 등 8명이었다. 무료 변론이었다. 후세는 그때 출판법 위반 혐의로 법정에 선 조선인들을 변호하는 과정에서 일본이 체코슬로바키아의 독립을 보호한다는 명분으로 시베리아에 출병한 사실을 지적하였다. "일본은 체코슬로바키아의 독립을 원조한다고 하면서 어째서 조선의 독립운동을 원조하지 않는가"라고 질문함으로써 담당검사를 난처하게 만들었다(최운도, 2020). (일본의 시베리아 출병 또는 침공은 잘 알려지지 않은 역사적 사실이다. 제1차 세계대전 당시 일본은 영국, 프랑스, 러시아 등과 함께 연합국의 일원이었는데 1917년 11월, 러시아에서 볼셰비키가 공산혁명을 일으켜 정권을 장악한 뒤 러시아는 연합국에서 이탈한다. 러시아군 내에는 체코인과 슬로바키아인으로 구성된 군단이 존재했는데, 이들은 러시아의 통제 아래 독립을 위해 독일, 오스트리아군과 싸우고 있었다. 볼셰비키 정부가 독일과 단독 강화를 맺음으로써 이들은 더 이상 러시아군과 함께 독일군과 오스트리아군에 대항해 싸울 수 없게 되었다. 이들은 볼셰비키 정부의 허가를 받아 블라디보스토크로 이동한 뒤, 배편으로 유럽으로 돌아가 독일, 오스트리아군과 계속 싸우기로 했다. 반혁명세력과 내전 중이었던 볼셰비키 정부는 5만이 넘는 대군의 존재를 불안하게 생각하고 체코 군단에 무장 해제를 요구했다. 체코 군단은 1918년 5월, 볼셰비키 정부에 대항해 봉기를 일으켰고, 예정대로 시베리아 철도를 통해 이동을 계속했다. 영국, 프랑스, 이탈리아는 향후 연합국의 일원으로 함께 싸울 체코 군단의 구출을 이유로 미국과 일본에 출병을 요청했다. 일본은 연합군 간의 약속을 어기면서 7만 여 명의 대군을 출병시켰다(윤현명, 2019)). 같은 해 5월에는 아예 '자기 혁명의 고백'을 선언하면서 '민중의 변호사'로 살겠다고 공언했다(손성진, 2021 참조). 그는 이 공언(公言)을 죽을 때까지 지켰다.

후세는 1923년 7월 조선을 처음 방문해 일본 통치의 잔악상과 조선 민중의 처참한 생활을 목격했다. 그는 저서에서 "한·일합병은 어떠한 미사여구로 치장하더라도 실제로는 자본주의적 제국주의의 침략이었다.

(중략) 조선 민중의 해방운동이 통절하게 우리 일반 무산계급의 마음을 울리고, 조선 민중이 철저한 무산계급 해방운동을 전개하는 이유도 바로 여기에 있다"라고 주장하였다. 일본인이 일본의 강제 합병과 침략 행위를 비난하고 나선 것이다. 마치 우리나라 독립운동가의 주장처럼 보인다. 또 이렇게 약속했다. "사회운동에 투철한 변호사로 살아갈 것을 민중의 한 사람으로서 민중의 권위를 위해 선언한다. 나는 주요 활동 장소를 법정에서 사회로 옮기겠다", "인간은 누구든 자신이 어떠한 삶을 살아나가는 것이 좋은가에 대해 진정한 자신의 소리를 들어야 한다. 이는 양심의 소리다. 나는 그 소리에 따라 엄숙히 '자기 혁명'을 선언한다." 법조인이면서 사회운동가로 살겠다는 다짐이다. 그는 자기 혁명의 실천을 위해 변호 활동의 범주를 여섯 가지로 정했다. 관헌으로부터 부당한 부담을 강요받은 사람의 사건, 자본가와 부호의 횡포에 시달리는 사람의 사건, 관헌이 진리의 주장에 간섭하는 언론범 사건, 사회운동에 대한 탄압과 투쟁하는 무산계급의 사건, 인간차별에 맞서 투쟁하는 사건, 조선인과 대만인의 이익을 위해 투쟁하는 사건 등이다(이규수, 2003). 후세는 인권변호사의 전형적인 역할을 했다. 그는 무늬만 인권변호사가 아니고 자신의 신념을 변론에서 확고하게 연계시킨 진정한 인권변호사였다.

후세의 일생에서 가장 중요한 사건은 박열 의사(1902~1974)와의 만남이었다. 박열은 1921년 '의거단(義擧團)'을 조직하여 동경 유학생들 가운데 반민족 친일 부패분자들을 습격해 폭력을 가했다. 이 과정에서 박열은 관헌에 체포되었는데, 후세의 변론으로 무죄 석방되었다. 후세와 박열의 관계는 여기에서 끝나지 않았다. 1923년 후세는 박열이 일본

천황의 아들(왕자) 히로히토 암살을 기도했다는 '대역사건'으로 기소된 후 3년여 간의 재판 과정에서 그에 대한 무죄를 주장했다. 대역사건에 대한 후세의 변호는 일본인으로서 일본의 국체를 부정하는 그야말로 목숨을 건 법정투쟁이었다. 변론 과정에서 옥사한 박열의 부인 가네코 후미코(1903~1926)의 유해를 박열의 고향 문경으로 운구하도록 돕는 등 끈끈한 우정의 관계를 맺어 나갔다(이규수, 2010).

박열 의사의 재판에 대해 살펴볼 필요가 있다. 일본은 관동대지진의 혼란 와중에 민심을 재일 조선인에게 덮어씌우기 위한 목적으로 박열을 체포하여 일본 왕자 암살 기도 죄, 즉 대역죄로 기소하였다. 언론에서는 대역죄로 기소된 조선인 박열과 일본인 후미코가 연인 관계라는 점, 그리고 일본인 여성이 대역죄에 연루되었다는 점에서 큰 관심을 두고 있었다. 일본 정부와 사법부는 민심 안정책의 한 방안으로 박열에 대한 재판을 신속하게 진행하고자 했다. 물론 판결은 사형으로 기정사실화했다.

박열은 재판을 수용하는 조건으로 네 가지를 일본 정부에 요구했다. 첫째, 나 박열은 피고로서 법정에 서는 것이 아니다. 너 재판관이 일본의 천황을 대표해서 법정에 서는 것인 이상, 나는 조선 민족을 대표해서 법정에 서는 것이다. 천황을 대표하는 일본의 재판관이 법관을 쓰고 법의를 입는다면, 나도 조선의 민족을 대표하는 입장에서 조선의 왕관을 쓰고 조선의 왕의를 입는 것을 허가해야 할 것이다. 둘째, 나 박열은 피고로서 법정에 서는 것이 아니라 조선 민족을 대표하여 조국 조선을 강탈한 강도 행위를 탄핵하고자 법정에 서는 것이기 때문에 재판관이 일본의 천황을 대표해서 나의 질문에 답변하라. 즉 내가 법정에 서는 취지를 내가 선언하도록 해달라는 것이다. 셋째, 나 박열은 일어를 사용하고 싶지 않다. 그러므로 조선어를 사용하고 조선어로 말하도록 해 달라. 조선어로 말할 터이니 통역을 준비해야 한다. 넷째, 일본의 법정이 일본의 천황을 대표한다고 해서 재판관은 높은 곳에 앉고, 일본의 천황에게 재판받는 나 박열은 낮은 곳에 앉는 터이다. 그러나 나는 소위 일반 피고와는 다른 사람이다. 때문에 내 좌석을 너희 일인(日人) 판사의 좌석과 동등하게 만들어 달라. 박열이 요구한 4가지 조건에 대해 대심원 심판부에서는 첫째와 둘째 조건을 들어주기로 했다(김삼웅, 2019).

최종형이 언도되는 재판정에서 이렇게 결기가 당당한 피고는 안중근 의사를 빼곤 본 적도 들어본 적도 없다. 박열은 재판 과정을 통해 일본이 강압적으로 조선을 약탈했다는 것과 문명국을 자처하는 일본의 폭력성과 야만성 그리고 위선을 전 세계에 알리고자 하는 강철 같은 결의를 다지고 있었던 것이다. 그는 피고로서 법정에 서는 것이 아니라 조선 민족을 대표하여 조선을 강탈한 일본을 탄핵할 목적으로 법정에 섰다. 박열은 일본 형무소에서 22년 2개월을 복역했다. 햇수로 23년이다. 그가 모질고 긴 시간을 감옥에서 버텨낼 수 있었던 힘은 어디에서 나왔을까. 일본제국주의의 압제에서 해방된 조국을 보게 해달라는 절절한 염원과 기도였으리라. 그 희망과 꿈이 그를 칠흑 같은 감옥에서 지켜냈을 것이다. 2012년 그의 고향 경북 문경시에서는 박열의사기념공원을 조성하였다.

일본과 일본인이 조선과 조선인에게 자행하는 만행에 대해 후세는 깊이 후회하고 양심의 가책을 느꼈다. 후세는 관동대지진으로 학살당한 조선인들의 문제를 인재(人災)로 인식하고 조선을 두 번째 방문했을 때 사죄문을 《조선일보》와 《동아일보》에 우송했다. "일본인으로서 모든 조선 동포들에게 조선인 학살 문제에 대해 마음으로부터 사죄를 표명하고 자책을 통감합니다"(이규수, 2003). 사실 1923년 9월 일본에서 관동대지진이 발생했을 때 일본 정부와 언론에서는 흉흉해진 민심을 안정시키기 위해 온갖 괴소문(예컨대 조선인들이 우물에 독을 탔다거나 방화, 약탈을 기도한다)을 조장하면서 많은 조선인이 죽었다. 그때 희생된 조선인은 6,661명으로 알려졌다. 그때 후세는 일본 관헌의 조선인 학살사건에 대한 조사와 항의 활동에 주력했다.

후세는 동양척식회사(동척)의 전남 나주 농민 토지수탈 사건(나주 궁삼면 토지회수운동)의 변호를 맡아 전국적으로 이름이 알려졌다. 이 사건은 동척의 합법을 위장한 사기 사건으로 일제가 총칼로 농민들을 위협하여 나주 영산포 방면 토지를 헐값에 매수한 사건이었다. 일제는 영산포 지역이 목포로 왕래하는 편리한 수운과 함께 일본의 농업 이민을 수용하기에 좋은 입지 조건을 구비하고 있었기 때문에 눈독을 들여왔던 곳이다. 궁삼면(현재의 영산동과 왕곡, 세지, 다시면 일원) 농민들은 동척의 불법적인 토지매수에 맞서 토지소유권 확인 및 토지소유권 청구소송을 제기하면서 재판을 통해 토지소유권을 찾으려 했다. 농민대표들은 토지 문제의 상담과 소송을 의뢰하기 위해 일본의 후세를 방문했다. 후세는 농민들의 의뢰를 받아들여 1926년 3월 두 번째로 조선을 방문했다(이규수, 2003). 후세는 총독부의 간계와 방해로 소송에서 뜻을 이루지 못했지만, 그의 활약으로 동척의 토지수탈에 대한 반대 여론은 전국적으로 더 높아졌다. 전국적인 반대 여론은 동척을 궁지로 몰아넣었다(정준용,

2005 참조).

　일본인 후세가 조선과 조선인에 대해 가지게 된 인식은 언제 어떻게 형성되었을까? 그의 성장 환경을 좇아가면 궁금증이 풀릴 수 있다. 그는 자유민권운동의 지지자였던 부친의 영향을 받았으며 기독교에도 깊은 관심을 보였다. 후세는 한자 서당에서 한학을 공부했고 제자백가 중에서도 묵자의 겸애주의 사상에 관심을 가졌다고 한다. 그는 자신과 타자를 동일하게 사랑해야 한다는 겸애주의에서 인간의 평등성을 발견하고, 이를 바탕으로 일본으로부터 차별과 억압을 받는 이민족으로서의 조선인을 대했다.

　묵자의 겸애주의란 "남을 사랑하면 반드시 남들도 그를 사랑해주고 남을 미워하면 반드시 남들도 그를 미워하게 될 것이다"라는 사랑의 원리다. 겸애는 기독교의 박애(博愛)와 같은 것으로 느껴지기도 하지만 박애처럼 현실을 아름답게 하려는 이상뿐만 아니라, 만민에게 이익을 주려는 실리적인 생각도 분명히 있다. 묵자는 신분이나 계급의 차별 없이 모든 인류가 서로 사랑하고, 서로 돕는 사회를 꿈꾸었던 것이다. 러시아의 문호인 톨스토이도 〈겸애편〉을 읽고 중국 사회가 묵자의 가르침을 따르지 않고 공자와 맹자의 가르침을 따랐던 것을 애석히 여겼다고 한다(김학주, 2014: 295 재인용). 묵자의 겸애사상은 '사랑만이 인류를 구원할 수 있다'라는 프란치스코 교황의 말과도 맥을 나란히 한다. 묵자의 겸애주의 사상과 기독교에 심취한 후세는 일본인으로서 일본의 한국 침탈을 부끄럽게 여겼으며 일생에 걸쳐 사죄하는 마음으로 한국인이 겪는 차별과 억압을 고발하고 이를 적극 시정하려고 노력하였다.

　대학에서는 아시아 유학생들과 많은 교류를 나누었는데 조선인과의 첫 만남도 그때 이루어졌다. 후세가 다닌 메이지법률학교에는 전체 학생 1,796명 중 유학생은 대만인 1명, 청국인 1명, 조선인 6명이었지만 그는 대학 시절 타국 유학생과의 인간적인 유대관계를 이어나갔다(이규수, 2002). 그는 러시아 작가 톨스토이의 휴머니즘에 심취하여 톨스토이의 제자를 자처하며 부친이 서재에 걸어둔 톨스토이의 사진 앞에서 기도하면서 자신을 강하게 해달라고 말을 했을 정도였다(주정완, 2013).

일본 정부는 조선과 조선인의 이익을 위해 변론에 앞장섰던 후세에 대해 어떻게 대했을까? 일제는 눈엣가시와 같은 존재였던 후세를 세 차례에 걸쳐 검거, 투옥하고 변호사 자격을 박탈하였다. 일제의 후세에 대한 징계와 변호사 박탈에도 불구하고, 그의 묘비명에 새겨진 '살아야 한다면 민중과 함께, 죽어야 한다면 민중을 위해'라는 생전의 좌우명을 무너뜨리지 못했다. 일제 패망 후에는 변호사 자격을 다시 얻어 한국으로 돌아가지 못한 재일 한국인을 돕기 위해 발 벗고 나섰다(주정완, 2013).

후세 다쓰지를 통해 오늘날 한국과 일본의 관계를 되돌아보게 된다. 개인 간의 인간관계도 지속적으로 유지되려면 진정성이 바탕이 되어야 한다. 국가 간에는 더 말할 나위가 없을 것이다. 한·일 관계에서 한국은 피해자이고 일본은 가해자라는 것은 지울 수 없는 진리이다. 피해자 코스프레를 하는 것이 아니다. 가해자는 피해자에게 진심어린 사과를 하고 용서를 구해야 한다. 그것이 상식이고 기본적인 문제의 해결 방식이다. 일본은 과거사에 대해 진심에서 우러난 사과를 하거나 용서를 구하기는커녕 오히려 역사를 날조하고 정당화하는 못된 습관을 가지고 있다. 독도 영유권 분쟁 도발은 물론 역사교과서 날조는 어제오늘의 일이 아니다.

일본의 깨어있는 지식인 중에는 과거사의 잘못을 인정하고 용서를 구하는 사례도 왕왕 있지만, 일본 정부의 시각은 구태의연하고 여전히 19세기 말의 제국주의에 머물러 있다. 한국과 일본은 지정학적 위치로 보면 이웃 나라로 친하게 지내야 한다고 하지만, 이웃이 서로 친하게 지내려고 하면 짚고 넘어갈 것은 짚고 넘어가야 관계의 발전이 있는 것이다. 배상금으로 모든 역사의 과오가 덮어지는 것은 아니다. 물질로 모든 과오를 씻을 수는 없는 일이다. 유유히 흐르는 민족 감정은 어떻게 치유할 것인가. 역사적 사실은 그리 만만한 것이 아니다.

제2차 세계대전의 가해자 독일 정부를 보라. 그들은 틈나는 대로 피해 국가와 그 국민에게 사죄하고 용서를 구한다. 총리가 무릎을 꿇고 속죄한다. 혹자는 한·일 간의 역사적 화해는 선택이 아니라 마땅히 이루어야 할 필연의 과제라고 말한다. 오늘날 일본 정부가 한국 정부에 후세 다쓰지가 조선과 조선인에게 보여주었던 진실한 행동의 반의 반만이라도 보여주면 만사형통일 것이다. 사람들은 후세를 독일의 나치 치하에서 유대인들을 도왔던 오스카 쉰들러(1908~1974)에 비유해 '일본인 쉰들러'라고 부른다(주정완, 2013). 후세가 남긴 행동하는 양심의 유산이야말로 미래 한·일 관계가 진정한 이웃 국가로 나아가기 위해 추구해야 할 이정표가 아닐까 싶다.

📖 김학주. (2014).《묵자》. 명문당.
　　오오이시 스스무·고사명·이형낭·이규수. (2010).《후세 다츠지》. 임희경 옮김. 지식여행.
　　윤현명. (2019).〈근대 일본의 시베리아 출병에 대한 일고찰〉.《한국학연구》. 53>

이규수. (2002). 〈일제하 토지회수운동의 전개과정〉. 《한국독립운동사연구》. 19.

_____. (2003). 〈후세 다츠지의 한국인식〉. 《한국근현대사연구》. 25.

최운도. (2020). 〈후세 타츠지의 이념적 재평가: 공산주의자인가 민주주의자인가〉. 《민족연구》. 75.

김삼웅. (2019). 《오마이뉴스》. 〈일왕 폭살 미수 박열의 도쿄재판〉. 2월 13일.

김정형. (2009). 《주간조선》. 〈일본의 쉰들러, 후세 다쓰지를 아십니까〉. 12월 1일.

손성진. (2021). 《서울신문》. 〈조선의 비통한 소리 들어라... 독립운동가 변호한 '일본의 쉰들러'〉. 7월 12일.

손현수. (2017). 《법률신문》. 〈재조명 받는 일제 강점기 '후세 다쓰지' 일본 변호사〉. 7월 12일.

송기진. (2004). 《대한민국 정책브리핑》. 〈일본인 변호사 후세씨에 건국훈장〉. 10월 13일.

이규수. (2010). 《월간조선》. 〈후세 다쓰지(布施辰治), 조선을 위해 평생을 바친 '일본의 쉰들러'〉. 9월호.

이민우. (2017). 《시사저널》. 〈역사에서 잊힌 일본의 만행 관동대지진 조선인 학살〉. 8월 28일.

이희용. (2019). 《연합뉴스》. 〈기억해야 할 외국인 독립유공자 70명〉. 8월 14일.

장상인. (2019). 《월간조선》. 〈박열의 후원자 후세 다쓰지 변호사〉. 11월 5일.

정준영. (2005). 《신동아》. 〈항일투쟁 조선인 구원에 평생 바친 일본판 쉰들러' 후세(布施辰治) 변호사〉. 5월 6일.

주정완. (2013). 《중앙일보》. 〈애국지사 변론, 간토 학살 폭로… 일제가 두려워한 일본의 양심〉. 9월 14일.

〈박열〉. (2017). 영화.

박열의사기념관.

미처 몰랐습니다
④ 땅콩박사, 조지 워싱턴 카버

위대한 인물의 궤적을 좇아가다 보면 크게 세 가지의 공통점을 발견하게 된다. '그는 누구와 인연을 맺었는가?', '그는 어떻게 노력했는가?' 그리고 '그의 신념은 무엇이었는가?' 하는 것이다. 여기 미국 흑인 역사에서 학자, 연구자, 교육자, 박애주의자로서 인류에 귀감이 되는 인물이 있다. 조지 워싱턴 카버 박사(1860년대~1943)다. 저자는 이 위대한 인물에 대해 제대로 된 서술은 물론 평가도 이루어지지 않은 것 같다는 생각을 지울 수 없다. 만약 조지가 백인이었다면 훨씬 일찍 다각적인 관점에서 그에 대한 역사의 평가가 이루어졌을 것이라는 생각을 하게 된다.

조지 워싱턴 카버는 어떤 사람들과 인연을 맺었는가? 조지는 지면에 모두 기술할 수 없을 정도로 많은 사람으로부터 도움을 받고 그들로부터 의미 있는 영향을 받았지만, 여기에서는 그의 생애에 커다란 영향을 준 세 사람만을 언급하고자 한다.

조지가 태어난 때는 미국에서 남북전쟁(1861~1865)이 한창이던 때였다. 링컨 대통령(재임 1861~1865)은 1863년 1월 1일을 시작으로 노예해방선언을 하였지만, 흑인의 신분은 이전과 달라진 게 별반 없었다. 여전히 흑인들은 물건처럼 매매가 이루어지고 있었고 열악한 환경에서 가혹한 노동에 시달렸다. 기록에 의하면 1820년에서 1860년까지 미국 내 노예 매매는 연평균 약 7,500명에 이른 것으로 나타났다. 노예무역 중심도시의 거리에는 노예 전시실과 상품 진열창이 성행했고, 노예시장에는 200명 정도의 노예를 경매할 수 있는 노예 창고 등이 산재해 있었다(콸스, 2002: 68-70 재인용). 미국에서는 1807년 노예의 수입 금지에 관한 법률이 통과됐고, 1812년 노예 매매 금지에 관한 법률을 채택했지만, 노예경제에 의존했던 남부에서의 법과 현실은 별개였다. 남부에서는 면화, 사탕수수, 커피, 담배 등 열대에 적합한 작물을 재배하게 되면서 더 많은 노예를 필요로 하였고, 남부의 사회경제적 환경의 변화는 북부와 갈등을 빚게 되면서 남북전쟁이란 내전으로까지 치닫게 되었다.

1840년대 미국은 노예제도 폐지 운동이 북부를 중심으로 활발하게 일어났지만, 흑인 자유주와 소유주로 나눠져 노예의 신분을 놓고 갈등이 고조되었다. 남부주와 북부주의 노예제도에 대한 첨예한 갈등과 대립은 남북전쟁으로 치닫는 결과를 낳았다. 연방정부의 노예제 폐지를 비웃기라도 하듯 노예 인신매매단이 공공연하게 활개를 치면서 자유주에 살고 있는 흑인들을 강제 납치하여 소유주로 파는 일이 빈번하게 발생했다. 영화 〈노예 12년〉은 흑인 자유주인 뉴욕에서 바이올린 연주자 겸 목수 일을 하면서 평온한 가정을 꾸려나가던 솔로몬 노섭을 강제 납치하여 남부의 흑인 소유주에 팔아넘기는 장면이 나온다. 이 영화는 노섭의 자전적 소설을 바탕으로 한 실화로 주인공이 지옥 같은 노예 생활에서 벗어나는 과정을 실감나게 보여주고 있다.

조지 워싱턴 카버 역시 미주리주 다이아몬드의 흑인 부모에게서 태어난 지 일주일 만에 노예 매매단에게 납치되었다. 조지는 백인 주인의 노력으로 기적적으로 살아 돌아왔지만, 그를 낳아준 엄마는 어디론가 팔려갔고 평생 상봉하지 못했다. 조지의 주인인 백인 모제스 카버는 독일계 미국 이민자로 조지의 부모 메리와 자일즈를 윌리엄 맥기니스로부터 700달러에 샀다. 카버에게는 10명의 누이와 1명의 형제가 있었으나 모두 일찍 세상을 떠났다. 모제스 카버 부부는 필요에 따라 노예를 샀지만 양심의 가책을 느꼈다고 한다. 이 부부는 조지와 형 제임스의 양부모가 되어 그들을 친자식처럼 키우고 공부도 시켰다. 조지에게 자기 성을 따 조지 카버로 불렀다. 모제스 카버 부부는 조지를 물건이 아닌 인간으로 양육하고 그의 재능을 알아본 첫 번째 사람이었으며, 조지의 부모나 다름없었다.

조지 워싱턴 카버는 혹독한 환경에서도 배움의 끈을 놓지 않았고 드디어 캔자스주 하이랜드 대학으로부터 입학 허가를 받았다. 부푼 꿈을 안고 하이랜드 대학에 도착한 조지에게 대학 당국은 그가 흑인이라는 이유로 입학을 거절하였다. 대학 학장은 조지에게 "네가 입학서류에 흑인이라는 말을 적지 않았기 때문에 합격시켰다"라는 말을 할 뿐이었다. 미국의 인종차별은 교육기관에서 철저하게 시행되고 있었다. 흑인에 대한 인종차별의 벽에 좌절한 조지는 대학 진학을 포기하려고도 했지만, 그의 재능을 아깝게 생각하는 주변의 뜻있는 사람들의 격려와 지원으로 다시 대학에 도전하게 된다.

조지의 삶에 지대한 영향을 준 두 번째 사람은 아이오와주 인디애놀라 소재 심슨 대학의 미술전공 에타 버드 교수였다. 버드 교수는 조지의 그림에 대한 재능을 알아보고 그를 적극적으로 지지하고 후원했다. 조지는 심슨 대학의 학창 시절을 이렇게 떠올렸다. "내가 인간이 무엇이라는 것을 처음으로 안 것은 고등학교에서였으며, 나도 진정 하나의 인간이라고 믿게 된 것은 심슨 대학에서였다."(엘리엇, 2004: 73) 미국 사회에서 흑인은 소나 돼지만도 못하게 취급받았고, 조지는 대학에서 비로소 인간다운 대우를 받았다는 점을 암시하는 말이라고 할 것이다. 버드 교수는 조지를 화가 지망생에 머물게 하지 않고 그의 식물에 관한 지식과 재능을 키울 수 있도록 안내했다(심슨대학은 조지에게 명예박사학위를 수여했으며, 과학자로서 조지 워싱턴 카버를 기리는 과학 센터를 설립했다). 버드 교수는 아이오와주립대 농과대학 원예학 교수로 있던 부친에게 조지를 소개했다. 오늘날에도 아이오와주립대 농과대학은 세계적인 명문이지만, 그때에도 전통적인 농법에 구애받지 않고 새로운 농법을 연구하여 미국 농업이 혁신을 이루는 데 큰 기여를 하였다. 조지는 아이오와주립대 최초의 흑인 학생으로 입학하여 첫 번째 학사와 석사 학위를 취득했다.

첫 번째와 두 번째의 인간적인 인연은 조지가 누군가의 도움으로 양육되고 공부하는 시기였다면, 세 번째 인연은 조지가 학교와 사회에서 배우고 연구하여 이룬 모든 것을 쏟아 부을 수 있게 한 인물이다. 부커 T. 워싱턴(1856~1915)과의 인연이다. 워싱턴은 그때 미국에서 흑인을 대표하는 인물로 백인의 인종차별에 맞서 흑인의 지위를 향상하고 경제적으로 잘 살게 하는 방법은 교육밖에 없다는 신념을 가지고 있었다. 워싱턴은 백인이 지배하는 사회에서 흑인이 정치적, 사회적으로 동등한 대우를 받는다는 것은 불가능하다고 생각했다. 현실을 인정하고 이 현실을 극복하기 위한 우선적인 방안으로 흑인의 경제적 지위를 향상하는 데 힘을 기울여야 한다고 생각했다. 워싱턴은 흑인의 경제적 독립을 돕기 위해 앨라배마주에 터스키기 대학(Tuskegee Institute)을 설립하였다(인간을 대상으로 하는 연구자들에게 '터스키기'는 연구에서 윤리 논란을 일으킨 지역으로 널리 알려져 있다. 미국 공중보건원은 40년간(1932~1972) 남부 앨라배마주 터스키기에 거주하는 매독에 걸린 흑인 남성 412명을 대상으로 매독 연구를 진행했다. 이 연구의 목적은 치료하지 않은 매독의 자연 경과와 이것이 일상생활에 미치는 영향에 대해 알고자 하였다. 윤리적으로 논란이 된 것은 연구가 진행 중인 1943년 매독의 표준 치료제로 페니실린이 개발되었지만 공중보건원은 이 사실을 피험자들에게 알리지도 않았을 뿐 아니라 지역 병원과 보건소에도 대상자들을 치료하지 못하도록 강제했다는 점이었다. 1972년 이러한 비윤리적인 실험이 한 개인에 의해 폭로되어 세상에 알려지자 미국 상원은 청문회를 개최하여 인간 대상 의학 연구의 윤리적 수행을 위해서는 연구자 개인의 판단과 양심에 맡겨놔서는 안 되고 제도적으로 심의하고 치료와 연구를 엄격히 구분해야 한다는 사회적 합의를 도출해냈다. 이 사회적 합의안이 1979년 인간 대상 생명연구에서 기본원칙을 천명한 벨몬트 보고서(The Belmont Report)의 밑그림이 되었다(이인재, 2014: 142 재인용)).

워싱턴의 뜻에 동참하여 록펠러와 카네기 등 개인 자선가의 후원도 잇따랐다. 워싱턴의 이러한 현실 타협적인 노선에 급진적인 흑인 민족주의자들은 그를 '톰 아저씨의 생각(Uncle Tomism)', 즉 '백인의 얼굴을 한 흑인'이라고 비난했다(이주영, 2005). 부커 워싱턴은 자신이 설립한 대학에서 사회가 필요로 하는 직업교육을 했다. 청년들에게는 농부가 되는 법, 목수, 대장장이, 배관공, 페인트공 등의 직업을 가르쳤고, 젊은 여성들에게는 요리, 바느질, 간호 등을 가르쳤다(콸스, 2002: 168-174). 워싱턴은 농업교육의 적임자로 조지 워싱턴 카버를 초빙하였다. 조지는 워싱턴 학장의 기대, 아니 미국 흑인들의 기대에 부응이라도 하듯 터스키기 대학에서 그의 모든 지적 에너지를 쏟아부었다. 조지 워싱턴 카버의 가운데 이름 '워싱턴'은 바로 부커 T. 워싱턴에서 따온 것이다.

조지 워싱턴 카버는 자신을 둘러싼 환경을 극복하면서 재능을 꽃피우기 위해 어떤 노력을 했는가? 조지는 어려운 시절에 그에게 많은 도움을 주었던 산파 마리아 와킨스의 말을 잊지 않았다. "조지, 세상으로 나가거라. 그리고 열심히 공부하여 우리 동족에게 가르쳐 주어야 한다. 우리 동족은 너무도 배움에 굶주리고 있다는 것을 명심하여라."(엘리엇, 2004: 75) 조지는 미국 사회에 만연한 흑인 차별에도 오로지 실력으로 자신의 존재감을 확인시켰다. 숲속에서 자연의 생태계 원리를 관찰하고 그 관찰 결과를 현장에 적용하는 데 노력했다. 조지에게 거대한 자연은 그의 창의성과 상상력의 원천이었으며, 그는 강의실과 실험실에 살다시피 하면서 수많은 연구 성과를 만들어내 미국인의 농법을 개선하여 소득을 증대시키고 식생활 개선과 건강 증진에 기여했다. 예를 들어 미국 남부에는 목화를 많이 심는데 같은 땅에 목화를 계속 심게 되면 토양이 척박하게 되어 수확량이 떨어진다는 연구 결과에 따라, 윤작(輪作, 돌려짓기)의 필요성을 강조했다. 윤작은 한 해는 목화를 심고 다음 해에는 고구마 또는 땅콩을 심는 것이었다.

조지는 모든 식물은 땅에서 질소 영양분을 많이 흡수하는데, 특히 목화는 가장 많은 질소가 필요하며 반면에 콩 종류는 질소를 땅에서 흡수하기보다 공중에서 흡수하여 오히려 땅에 질소를 공급하는 특별한 기능을 가지고 있다는 점을 밝혀냈다. 조지는 목화밭 경작으로 척박해진 남부의 토양에 콩, 고구마 등의 대체 작물을 심게 하여 땅의 기운을 되살렸다. 남부에서의 대체 작물 재배는 남부인들의 소득증대는 물론 식생활 개선과 건강 증진에도 크게 기여하면서 남부에 농업혁명을 일으켰다. 그는 땅콩을 이용하여 100여 가지의 땅콩 요리법을 개발하였고, 땅콩을 원료로 접착제, 잉크, 연고, 인조 대리석 등 수백 가지의 유용한 상품을 만들어냈다. 그를 '땅콩박사'라고 부르는 이유다. 조지는 그림, 요리, 세탁, 연설, 식물학, 수의학 등 다양한 분야에서 해박한 지식을 가지고 있었으며, 마침내 1941년 미국의 시사주간지 《타임》은 조지 워싱턴 카버를 '흑인 레오나르도'라고 불렀다.

조지 워싱턴 카버의 위대한 점은 자신의 지식과 연구 성과를 민중과 공유하려고 노력했다는 점이다. 그는 처음에는 수레를 이용한 이동학교를 만들어 무지한 남부의 농민들을 상대로 효과적인 농법을 소개하고 계몽시켰다. 농민들이 눈으로 보지 않고서는 믿지 않기 때문에 조지는 실습장에서 직접 생산한 무, 호박, 고구마 등을 보여주면서 그 원리를 설명했다. 수레를 이용한 이동학교는 차츰 발전하여 남부의 각처에 자동차식 이동학교로 변모하였다. 그는 산파 마리아 와킨스의 '동족과 배움을 나눠라'는 당부를 잊지 않고 실천에 옮겼다.

조지 워싱턴 카버는 어떤 신념의 소유자였던가? 그는 신실한 그리스도인이었다. 이런 일화가 있다. 플로리다주에 사는 어떤 부유한 땅콩 재배자가 100달러짜리 수표 한 장과 아주 심한 병에 걸린 땅콩 한 봉지를 보내면서 만약 병의 원인과 치료법을 알려준다면 매월 100달러를 보내겠다는 제안을 해왔다. 조지는 그 땅콩 병의 원인이 석회질 결핍이라는 진단과 함께 수표도 함께 돌려보내면서 이렇게 편지를 썼다. "하나님께서는 당신들의 땅콩을 키우시는 데 아무 보답도 청구하시지 않는데, 제가 그 병의 원인을 발견했다 해서 어찌 보수를 받겠습니까?"(엘리엇, 2004: 156 재인용) 그는 터스키기 대학에서 교수 생활을 하면서 한 번도 봉급 인상을 원하지 않았다고 한다. 죽기 전까지 그의 월급은 처음 부임할 때 받았던 125달러였다. 조지가 학교의 봉급 인상을 거절하면서 늘 하는 말이 있다. "벌써 온 지구를 가지고 있는 나에게 무슨 돈이 그렇게 필요하겠습니까?" 에디슨 연구소에서 연봉 10만 달러를 제안하면서 초빙 의사를 알려왔지만, 조지는 한마디로 잘라 거절했다. 그는 어떻게 하면 가난한 농부들이 빈곤에서 벗어날 수 있는가, 어떻게 하면 남부의 경제적 조건을 개선할 수 있는가에 대한 저술들을 남겼다. 무려 44권이다.

조지 워싱턴 카버는 부커 T. 워싱턴 박사의 무덤 곁에 묻혔다. 조지는 자신의 가운데 이름을 워싱턴 박사에서 따올 정도로 그를 존경하였으니 카버와 워싱턴은 이승에서 못다 나눈 우정을 마음껏 누리고 있을 것이다. 그의 묘비에는 이렇게 새겨있다. "그는 그의 명성에다 재물을 더할 수 있었으나 아무것도 취하지 않고 오직 세상 사람을 위하여 봉사함으로써 행복한 생을 누리며 세상 사람들의 존경을 받았다."(엘리엇, 2004: 208 재인용)

서두에 이 위대한 인물에 대한 서술과 평가가 제대로 이루어지지 않았다는 아쉬움을 피력했다. 조지 워싱턴 카버만큼 다재다능한 인물도 드물다. 그의 피아노 연주 실력은 대학 발전기금을 모으기 위해 순회공연을 할 정도였으며, 그의 그림은 내놓자마자 팔릴 만큼 그 수요자가 많았다. 인도를 방문하여 마하트마 간디를 만나 개발도상국의 영양 문제를 논의한 국제적인 인사이기도 했다(노시창, 2019). 조지 워싱턴 카버는 자신의 명성과 업적을 이용하여 부를 쌓을 수 있었음에도 그렇게 하지 않았다. 자신의 연구 성과물을 타인과 공유했고 그들의 공로로 돌렸다. 겸손과 헌신과 사랑의 아이콘이다. 그의 박애주의자적 헌신과 실험 정신은 후세에 본보기가 되고도 남는다. 저자의 생각으로는 이런 분에게 노벨상이 주어져야 상의 권위는 물론 도덕적 정당성도 높일 수 있지 않을까 싶다.

📖 엘리엇, 로렌스. (2004). 《땅콩박사》. 곽안전 옮김. 대학기독교서회.

이주영. (2005). 《미국사》. 대한교과서.

콸스, 벤자민. (2002). 《미국 흑인사》. 조성훈·이미숙 옮김. 백산서당.

쿠크, 알리스테어. (1997). 《도큐멘터리 미국사》. 윤종혁 옮김. 한마음사.

이인재. (2014). 〈인간 대상 연구에서의 윤리〉. 《대한피부미용학회지》. 제12권 제2호.

한국생명윤리학회. (2000). 〈벨몬트 보고서〉. 《생명윤리》. 제1권 제1호.

노시창. (2019). 《VOA》. 〈농업경제학자, 조지 워싱턴 카버〉. 3월 8일.

최윤필. (2017). 《한국일보》. 〈조지 워싱턴 카버〉. 1월 5일.

한지숙. (2017). 《엠코인스토리》. 〈조지 워싱턴 카버, 신분의 한계를 넘어 기적을 일군 땅콩박사〉. 8월 9일.

〈노예 12년〉. (2014). 영화.

미처 몰랐습니다

⑤ 국제주의자의 본보기, 의사 노먼 베순

근대 중국 역사에서 중국인들에게 칭송받는 네 명의 위대한 인물을 꼽으라고 한다면, 두 명은 중국인이고 두 명은 외국인이라고 한다. 두 명의 중국인은 모택동과 주은래이고, 두 명의 외국인은 에드가 스노우(1905~1972)와 노먼 베순(1890~1939)이다. 에드가 스노우는 미국 출신의 저널리스트로《중국의 붉은 별》을 출판하여 모택동을 서방에 알리는 데 중요한 역할을 했으며, 노먼 베순은 캐나다 출신의 의사로 스페인과 중국에서 인술을 실천에 옮긴 대의(大醫)로 평가받고 있다.

의사 베순은 '국경없는 의사회'의 종조(宗祖)라고 말하고 싶다. '국경없는 의사회'는 "고난에 처하거나, 자연재해, 인재 혹은 무력 분쟁으로 고통 받는 사람들을 인종, 종교, 혹은 정치적 신념에 관계없이 돕는다"라는 원칙을 천명하고 있다. 베순이야말로 이 원칙을 현장에서 실천에 옮긴 의사였으며 〈국제적십자위원회(ICRC)〉에서 추구하는 인도주의적 원칙을 지킨 큰 의사였다고 생각한다. ICRC는 제네바 협약에 따라 전쟁, 내란 등의 국제적 혹은 비국제적 무력 분쟁에서 전상자, 포로, 실향민, 민간인 등의 희생자를 보호하기 위해 설립된 인도주의 단체이다.

인류와 의학계는 베순이 남긴 의학적 혁신과 공로에 빚을 지고 있다. 베순은 미국 디트로이트에서 흉부외과 개업의로서 큰 성공을 거두고 있었지만, 36세 되던 1926년 결핵에 걸려 사경을 헤맨 적도 있었다. 베순의 전체 생애를 크게 구분하면, 그가 결핵에 걸려 투병 중일 때와 결핵에서 회복한 이후로 구별될 수 있을 것이다. 결핵에 걸리게 되면 환자는 침대에 누워 생과 이별을 기다리는 것 말고는 특별한 의학적 치료를 받을 수 없는 환경이었다. 의사인 베순도 예외가 아니었다.

인간의 역사는 우연적 요소가 쌓여 필연의 역사를 쓰게 한다. 그는 결핵요양소로 유명한 뉴욕주 트루도 요양소에서 요양하던 중 우연히 발견한 의사 존 알렉산더가 쓴 《폐결핵 수술》이라는 책을 읽고 눈이 번쩍 뜨였다. 알렉산더 박사는 결핵 퇴치를 위한 혁신적 방법으로 인공 기흉술(artificial pneumothorax)을 제안하였다. 인공 기흉술이란 감염된 폐를 휴면상태로 만들기 위해 흉강에 바늘로 공기를 주입시켜 전염된 폐를 필요한 만큼 찌부러지게 하는 방법이다. 찌부러져 공기가 유입되지 않으니 결핵균이 살기 어려운 환경이 된다. 베순은 혁신적이지만 아직 임상시험으로는 검증되지 않은 결핵 퇴치 방법을 자신에게 적용하였다. 자신을 실험대상으로 삼았고, 결과는 성공적이었다. 한 달이 채 지나지 않아 기침이 멎고 가래가 사라졌다. 인공 기흉을 시작한 지 두 달 후에 퇴원하게 되었다(알렌·고든, 1993).

베순은 결핵과의 싸움에서 살아난 후에 "죽음까지 갔다가 다시 살아난 사람만이 느끼는 삶의 진실은 그냥 살다가 죽어간 많은 사람들이 결코 경험하지 못할 것이다"라고 말했다(김응수, 2013 재인용). 목숨이 경각에 달릴 정도로 건강이 극도로 악화되었다가 건강을 되찾은 평범한 사람들이라도 베순과 같은 말은 얼마든지 할 수 있다. 그의 말은 그냥 한 번 내뱉는 소리가 아니었다. 그가 죽음 직전에 느꼈던 삶의 진실은 이전의 삶과 전혀 다른 삶으로 안내하는 삶의 철학과 원칙이 되었다.

죽음의 문턱에서 기사회생하게 된 것과 개업의로서 경험했던 의료현실에 대한 그의 문제의식은 늑골 박리기, 베순 기흉기, 기계팔, 베순 늑골 절단기 등 무려 12가지의 외과 의사용 의료기기 개발과 치료방식의 개선으로 이어져 많은 생명을 구할 수 있는 밑거름이 되었다. 의사로서 그의 시야는 개인과 집단을 넘어 국제 사회로 넓혀졌다. 1936년 스페인 내전 중 의료지원단을 이끌면서 이동식 혈액은행을 설립하고 부상자들의 수혈을 가능하게 하여 전시 의료분야의 큰 획을 그었다. 의료기기와 치료방식의 혁신에 머물지 않고 의료현실의 제도적인 개혁에도 기여했다. 빈민 아동을 위한 몬트리올 아동미술학교를 설립하고 자신의 집을 학교로 사용했으며, 오늘날 캐나다 의료시스템 역시 베순의 설계를 토대로 했다.

노먼 베순은 중국인에게 어떤 사람이었기에 중국 근대역사에서 가장 칭송받는 위인 중 한 명의 자리를 차지하고 있는가? 1931년 만주사변에 이어 1937년 중·일전쟁을 일으킨 일본 제국주의는 중국 본토 침략의 야욕을 본격적으로 드러냈는데, 중국은 항일전쟁에서 발생한 부상자 치료를 위해 서방에 의료지원을 요청하게 되었다. 캐나다와 미국 공산당은 베순을 중국에 파견하기로 했다(베순은 1935년 캐나다 공산당에 가입했다). 이때 베순은 1938년 침략자들에 맞서 싸우는 중국 의료봉사대에 자원하였고, 중국의 모택동은 베순을 팔로군의 의료 책임자 및 진찰기(晉察冀, 당시 산서성, 차하얼성, 하북성 지역) 통일전선정부의 의료고문으로 임명하였다.

베순은 전쟁터의 열악한 환경에서 중국 인민들의 치료를 위해 헌신했다. 베순은 위급한 환자들에게 자신이 직접 헌혈한 피를 수혈하는 등 자신의 몸을 돌보지 않고 초인적인 의료활동을 했는데, 그의 이러한 사심 없는 행동에 감명 받은 중국인들은 자발적으로 전시 헌혈대를 조직하여 수많은 부상자를 살려내는 계기를 만들었다. 또한 베순은 최전선에서 기동 의무대를 조직하여 의료활동을 펼치는 동시에 20여 곳에서 유격전에 필요한 기지병원을 설립하고 의료체계를 혁신하였다. 그의 이러한 헌신적인 의료 활동에 감명 받은 중국인들은 베순의 이름을 백구은(白求恩)이라고 불렀다. 영어의 'White Seek Grace'를 중국식 한자어로 풀어쓴 이름이다. 굳이 풀이하자면 '은혜를 베풀어 사람을 구하는 백인'이라는 뜻이다.

이런 에피소드도 있다. 모택동이 편지에서 베순에게 봉급으로 매달 100달러(당시 팔로군 최고사령관의 한달 봉급이 5달러)를 지급하겠다고 했을 때 베순은 극구 사양하며 이렇게 답장을 보냈다. "저한테는 현재 돈이 필요 없습니다. 왜냐하면 일체의 음식, 의복 등이 지급되고 있기 때문입니다. 그 돈이 만약 개인적으로 보내진 것이라면, 그 돈을 가지고 부상병들을 위한 특별 담배기금 같은 것을 만들어주시기 바랍니다."(알렌·고든, 1993: 274 재인용) 결국 베순에게 지급된 100달러는 환자를 위한 특별기금으로 사용하게 되었다. 모택동의 제의를 거절한 베순의 답장 편지를 보면 의사로서 베순이 지향하는 철학이 배어 있다. 베순은 자신의 이익이나 안락함이 아니라 오로지 부상자와 환자의 치료에 그의 모든 관심이 쏠려 있음을 알 수 있다.

베순은 동료 의료진에게 "의사들이여, 부상자들이 찾아오기를 기다리지 말고, 그대들이 먼저 그들을 찾아가시오"라고 요구했다(알렌·고든, 1993: 300). 이 슬로건은 게릴라 의료봉사의 공식 슬로건이 되었는데, 베순은 전시의 의료 활동은 평시와 달라야 한다는 점을 강조했다. 그의 눈에는 오직 치료 대상인 부상자밖에 보이지 않았다. 의사로서 베순이 얼마나 선구적인 철학을 지녔으며 순수한 국제주의자였는가는 아래의 연설문에서 확인할 수 있다. 아래의 인용문은 1938년 베순이 의료 환경을 개선하기 위해 그가 직접 계획, 설계한 팔로군 최초의 시범병원 준공식에서 행한 축하 연설문이다.

> (…) 지구를 반 바퀴나 돌아야 하는, 3만 리나 떨어져 있는 지구의 반대편에서 나 같은 사람이 여러분을 도우러 왔다는 사실을 이상하게 생각하지 마십시오. 여러분들과 우리는 모두 국제주의자들이기 때문입니다. 민족, 피부색, 언어, 국경, 그 어느 것도 우리를 갈라놓을 수 없습니다. 우리는 세계 평화를 위협하는 파시스트들을 무찔러야 합니다. (…) 의사, 간호사, 요양사의 책임은 무엇일까요? 오직 하나입니다. 바로 환자들을 편안하게 해주면서 그들이 건강을 회복하고 힘을 되찾을 수 있도록 돕는 것입니다. 모든 환자를 형제와 아버지로 생각해야 합니다. 무슨 일을 하든 환자를 가장 우선에 두어야 합니다. 환자를 자신보다 더 중요하게 여기지 않는다면 의무대에서 일할 자격이 없습니다. 아니, 팔로군에 있을 자격도 없습니다(중국 베순 정신연구회, 2017: 179-180).

위 연설문은 환자는 의사의 존재 이유이고 의사는 오로지 환자를 가장 우선에 두어야 한다는 의사 베순의 철칙을 잘 말해 주고 있다. 의료는 사람의 생명이 최우선이어야 한다는 그의 사상은 언어로 그치는 것이 아니라 그의 삶에 고스란히 투영되었다. 베순이 곧잘 인용하는 속담이 있다. '의사란 사자의 심장과 숙녀의 손을 갖고 있지 않으면 안 된다.' 이 말은 곧 의사란 대담무쌍하고 강인하고 결단력이 있어야 하는 동시에 부드럽고 친절하고 사려 깊어야 한다는 의미이다(알렌·고든, 1993: 292). 중국인들이 사자의 심장과 숙녀의 손을 가진 의사 베순을 중국 근대사에서 가장 칭송하는 인민의 영웅으로 선정하는 이유이다.

중국인들에게 베순의 존재가 얼마나 큰 비중을 차지하는가는 다음의 또 다른 에피소드에 잘 나타나 있다. 전력면에서 우세한 일본군을 상대로 게릴라전을 펼치던 중 중국군의 어떤 장교가 이런 구호를 외치면서 병사들을 독려했다. "돌격! 부상자들을 위해 백구은이 왔다. 돌격! 우리의 뒤에는 백구은이 있다."(알렌·고든, 1993: 341-342) 백구은, 즉 의사 베순이라는 존재는 전쟁터의 중국인들에게는 천군만마였다. 중국인들은 군사 전력에서 일본군에 열세를 면치 못했지만, 싸우다 부상을 당하면 백구은이 고쳐준다는 확신이 있었기에 더 치열하게 싸울 수 있었다.

1939년 베순은 수술 중 손가락 감염에 의한 패혈증으로 젊은 나이에 사망하였다. 자신의 생명보다 오로지 환자의 치료를 우선했던 베순다운 죽음이었다. 국제주의자 의사 노먼 베순이 실천에 옮긴 생명 중심의 의료 활동은 진정한 의미의 인류애가 무엇인가에 대해 곱씹어보게 한다.

모택동은 닥터 노먼 베순의 서거 후에 그를 추모하는 글을 남겼다. "일반 민중에 대한 닥터 베순의 헌신은 우리 모두에게 교훈입니다. 우리가 그의 죽음을 애도하는 방식 자체가 그의 인격이 우리에게 얼마나 깊은 흔적을 남겨놓았는지를 잘 보여주고 있습니다. 우리 모두는 그의 무사(無私) 정신을 다투어 배우지 않으면 안 됩니다. (중략) 그러한 무사 정신의 소유자라면, 누구나 모두 민중의 이익을 위해 자신의 이익을 내던지는 중요한 인간, 완전한 인간, 덕 있는 인간으로 발전할 수 있습니다."(알렌·고든, 1993: 414 재인용)

📖 알렌, 테드·고든, 시드니. (1993).《닥터 노먼 베쑨》. 천희상 옮김. 실천문학사.

중국 베쑨 정신연구회. (2017).《노먼 베쑨》. 허유영 옮김. 그림씨.

강대호. (2020).《오피니언 뉴스》.〈몸의 질병은 물론 사회의 질병과도 싸운 의사 '노먼 베쑨'〉. 2년 8일.

김응수. (2013).《의사신문》.〈여러 수술기구를 만든 창의적인 의사-노먼 베쑨〉. 5월 6일.

박영진. (2015).《조선일보》.〈스페인 내전, 중·일전쟁 등 전장 누비며 수많은 생명 구하다〉. 8월 20일.

제2부

이기심 그리고 탐욕

핀란드화

약소국의 생존방법, 누가 누구를 비난할 것인가

2022년 2월 러시아가 우크라이나를 침공함에 따라 국제질서가 새롭게 재편되는 조짐이 나타나고 있다. 예상과 달리 미국과 유럽의 군사적, 경제적, 인도적 지원을 받는 우크라이나가 군사대국 러시아를 상대로 선전(善戰)하면서 자유민주국가 진영 대 권위주의 국가 진영 간의 장기 전으로 치닫고 있다. 러시아가 우크라이나를 침공하게 된 결정적인 원인에는 우크라이나의 NATO(북대서양 조약기구) 가입 시도가 꼽히고 있다는 점에서, NATO의 존재감과 역할이 조명받는 가운데 유럽의 비 NATO 회원국들이 회원 가입을 서두르는 모습을 볼 수 있다. 현재 유럽연합(EU) 국가 중 NATO에 가입하지 않은 국가는 스웨덴, 아일랜드, 오스트리아, 몰타, 키프러스, 핀란드 등 몇 개 국가에 불과하다. 2022년 5월 핀란드와 스웨덴이 NATO 가입 신청서를 제출했는데 저자는 핀란드의 NATO 가입 신청에 주목한다.

핀란드는 지정학적으로 우리나라와 매우 유사하다. 서쪽으로는 스칸디나비아의 최강국 스웨덴과 동쪽으로는 러시아와 긴 국경선을 맞대고 있다. 러시아와의 국경선은 무려 1,340km에 달한다. 핀란드는 12세기 이후 약 700년간 스웨덴의 지배를 받다가 1809년 러시아에 합병되었는데 볼셰비키 혁명이 일어난 1917년 말 독립을 선언했다. 독립 이후에는 친러, 반러 세력이 다툰 내전과 두 차례에 걸쳐 러시아와 전쟁도 치러야 했다. 이런 반러 정서 때문에 제2차 세계대전에서는 나치 독일 편에 섰다가 전쟁 말기에 독일과 다투는 사달도 벌어졌다. 지정학적으로 불가피했던 이런 경험 때문에 전후 핀란드가 택한 것이 중립국 외교다(김범수, 2022).

전쟁의 승패는 객관적인 군사력만으로 결정되지 않는다. 1939년 11월 핀란드가 소련의 침공을 받았을 때 군사력으로 따지면 핀란드는 소련의 상대가 되지 않았다. 양국의 군사력을 비교하는 것은 무의미할 정도였다. 핀란드의 인구는 400만 명에 12만 명의 군인을 보유했다. 소련은 인구 1억 7,000만 명에 병사는 200만 명이었다. 핀란드는 소련군의 침략에 맞서 완강히 저항했고 상당한 전과를 올렸지만, 전체 국민의 5%가 넘는 22만여 명의 사상자를 낸 끝에 패배했다. 핀란드는 소련의 막강한 군사력 앞에 항복할 수밖에 없었지만, 핀란드 국민의 영토를 수호하겠다는 불굴의 의지는 국제사회에 강렬하게 각인되었다.

이후 핀란드는 소련과의 관계에서 발생할 수 있는 문제를 사전에 예방하는 '예방외교정책'으로 탈바꿈했다. 예를 들어, 핀란드 정부와 언론은 소련에 대한 비판을 자제하며 정상적인 민주국가에서 생각할 수 없는 자발적인 자체 검열까지 시도했다(다이아몬드, 2019: 111-121). 핀란드는 소련의 심기를 건드리지 않기 위해 국가 차원에서도 할 말을 하지 않았다. 국제 외교에서는 핀란드식의 이러한 중립노선을 비아냥거리는 경멸조로 '핀란드화(Finlandization)'라고 말한다.

핀란드만큼 강대국 사이에서 눈치를 많이 본 나라도 드물 것이다. 강대국 사이에 낀 샌드위치 국가의 운명이란 이런 것이구나 하는 모델을 보는 것 같다. 핀란드의 중립외교노선은 심하게 말하면 강대국에게 할 말을 하지 못하고 비위를 맞추는 국가정책이다.

역사에 대한 진정한 평가는 시간이 한참 지난 후에 이루어지는 법이다. 핀란드는 와신상담의 중립 외교노선을 견지하며 소련과의 관계를 돈독히 하면서 한편으론 자본주의 시장경제를 발전시키고 다른 한편으론 국가안보를 도모했다. NATO와 거리를 두었지만 소련 주도의 바르샤바조약기구에도 가담하지 않았다. 소련과 국경을 맞댄 나라 중 위성국으로 전락하지 않고 독립국 지위를 지킨 유일한 나라가 핀란드이다. 오늘날 강소국으로 부상한 핀란드는 소련으로부터 신뢰를 얻어야 한다는 현실을 인정하고 유연하게 대응한 덕분에 부흥할 수 있었다는 평가를 받고 있다(다이아몬드, 2019).

핀란드가 1948년 이후 74년 간 지켜온 중립국 지위를 포기하고 NATO에 가입 신청서를 제출한 것은 놀라운 일이 아닐 수 없다고 할 것이다. 조동성 핀란드 명예영사가 주한 핀란드 페카 멧초 대사(임기 2021~)에게 핀란드의 NATO 가입에 따른 러시아의 침공을 우려하는 질문을 했다. "러시아가 나토에 가입하겠다고 선언한 우크라이나를 침공했듯이, 나토에 가입하려는 핀란드를 침공한다면 많은 핀란드 군인과 무고한 국민들이 목숨을 잃지 않겠습니까?" 멧초 대사는 이렇게 반문했다. "전쟁에서 10만 명이 희생되는 것이 두려워 러시아의 눈치를 본다면, 550만 국민이 러시아의 지배하에서 더 큰 희생을 당할 것이 아니겠습니까?"(조동성, 2022) 핀란드는 국가의 입장과 나아갈 방향을 단호하게 결정했다. 자유 아니면 죽음을 달라고 했던가. 오랜 외세의 억압과 압제로부터 시달려온 핀란드의 NATO 가입 신청이 이목을 끌게 되는 이유다.

국제사회의 일각에서는 강대국과 약소국 간에 대결이 극단으로 치달을 때 '핀란드화'를 하나의 해법으로 생각하기도 한다. 우크라이나를 침공하기 며칠 전인 2022년 2월 프랑스의 에마뉘엘 마크롱 대통령은 러시아의 푸틴 대통령과의 회담에서 우크라이나 사태의 해법으로 '핀란드화'를 제기했다. 우크라이나가 NATO에 가입하지 않는 대신, 러시아로 하여금 우크라이나가 서방과 교류할 수 있는 독립적 지위를 보장해 전쟁을 막자는 것이다(이용국, 2022). 저자는 마크롱 대통령이 러시아와 우크라이나의 전쟁을 막아 볼 심산으로 우크라이나의 핀란드화를 제안했다고 생각하지만, 마크롱의 의도와는 다르게 우크라이나의 핀란드화는 우크라이나인들에게 모욕적인 말이 될 수밖에 없을 것이다. 국제 외교에서 '핀란드화'가 내포하는 의미처럼 우크라이나의 핀란드화는 우크라이나가 외형적으로 독립국을 유지하는 대신에 러시아의 정신적 식민지배를 받는 것이나 마찬가지이기 때문이다.

핀란드가 러시아의 우크라이나 침공에 따라 국제사회에서 오랫동안 견지해온 중립외교노선인 '핀란드화'를 포기하고 NATO에 가입 신청을 한 것은 국제관계에서 중요한 교훈과 함의를 던져준다. 첫째, 오늘날 국제관계는 과거 20세기 중후반에 유효했던 중립지대론의 효능이 다했음을 시사한다. 오스트리아나 스위스처럼 국제관계에서 어느 한쪽에 치우치지 않고 균형외교를 추구하는 것은 냉혹한 국제질서가 가만히 놔

두질 않는다는 사실이다. 국제사회에서는 국가가 추구하는 지향점과 이념의 색깔을 명확히 할 것을 요구한다. 둘째, 동맹의 보호를 받지 못하면 강대국의 먹잇감이 될 수 있다. 유럽 회원국이 NATO에 가입하려는 이유가 무엇일까? NATO 규약에 따르면 회원국이 비회원국으로부터 침략을 당하면 전체 회원국에 대한 침략 행위로 규정한다. NATO 회원국이 되면 국가 안전에 관한 한 보호받을 수 있기 때문에 옛 소련의 위성국이었던 헝가리, 루마니아, 슬로베니아, 슬로바키아, 알바니아, 리투아니아, 에스토니아 등의 국가들도 NATO 가입을 완료했던 것이다. 우크라이나가 NATO 회원국이었다면 러시아는 쉽게 침공하지 못했을 것이다. 셋째, 국제 외교에서 가치동맹이 새롭게 부상했다. '가치동맹'이란 인권, 자유, 민주주의, 평화 등 인류의 보편적 가치와 뜻을 함께 하는 국가들 간의 동맹을 말한다. 핀란드가 중립외교라는 이쪽도 저쪽도 아닌 입장을 취하다 NATO 회원국으로 가입 신청을 한 것은 자유민주진영이 추구하는 가치와 함께 하겠다는 명백한 의미로 받아들여진다.

초연결의 현대사회에서 핀란드의 NATO 가입신청은 한 국가가 영토를 수호하고 자결권을 행사하는 데 혼자의 힘만으로는 역부족이라는 것을 함축한다. 국가안보와 국익의 관점에서 핀란드의 변신은 국가전략에 의미심장한 화두를 던진다.

📖 다이아몬드, 재레드. (2019). 《대변동》. 김영사.
　　김범수. (2022). 《한국일보》. 〈우크라이나의 핀란드화 해법〉. 2월 9일.
　　이용욱. (2022). 《경향신문》. 〈핀란드화(化)〉. 2월 9일.

다윗과 골리앗의 전쟁

러시아의 우크라이나 침공, 세계질서 재편의 신호탄

개인 간의 갈등이 싸움으로 번질 때 누군가 둘 사이에서 충돌을 완화하는 역할을 해주면 의외로 문제가 쉽게 해결되는 경우를 보게 된다. 하물며 힘의 원리가 지배하는 국제사회에서 완충지대는 더 말할 필요가 없을 것이다. 지정학적으로 완충지대 역할을 하는 곳이 있다. 남과 북이 대치하는 우리나라 DMZ(비무장지대)는 인위적으로 설정한 대표적인 완충지대에 해당한다. 지리적으로는 강이나 협곡, 산맥 등이 완충지대를 만든다.

유럽으로 눈을 돌려보자. 오늘날 유럽과 러시아의 완충지대는 우크라이나이다. 우크라이나는 국토 면적이 60만 3,600㎢로 한반도의 3배가량이 된다. 우리나라는 70%가 산악지대인 데 반해 우크라이나 국토의 60%는 경작지로 유럽 국가 중 가장 넓은 농경지를 가진 곡창지대다. 우크라이나에는 '초르노젬'이라고 불리는 흑토(黑土)가 전 세계 흑토의 40%를 차지하고 있다. 이 비옥한 흑토는 인산, 인, 암모니아가 결합하여 형성된 부식토로 검은색을 띤다. 우크라이나의 비옥한 국토를 소개할 때 자주 인용하는 말이 있다. "하느님이 세상을 만들고 각 민족이 살 땅을 차례로 배분했다. 모든 민족에게 땅을 다 나누어 준 다음 한 민족 대표가 헐레벌떡 뛰어왔는데 우크라이나 민족이었다. 늦게 왔지만 땅을 꼭 받아야 된다고 떼를 써 하느님이 할 수 없이 자신의 땅으로 남겨놓은 가장 좋은 땅을 우크라이나 민족에게 주었다."(허승철, 2008: 298-299 재인용)

비옥한 옥토와 아름다운 자연 환경의 천혜의 땅을 보유한 것이 우크라이나 민족에게 반드시 축복으로 작용한 것은 아니다. 산과 강 같은 자연 방어선이 없이 평원으로 노출된 이 비옥한 땅을 탐내는 많은 국가로부터 수많은 외침을 받았다. 어느 한 민족이 터전을 잡고 방어하기가 쉽지 않아 주인이 자주 바뀌었다. 몽골도 한때 이 지역을 점령해 킵차크한국(汗國)을 세웠다 물러갔다(허승철, 2018).

2022년 2월 우크라이나에서 전쟁이 났고 연일 전쟁 소식이 뉴스를 장식하고 있다. 우크라이나의 젤렌스키 대통령(재임 2019~)은 화상으로 자유민주주의 국가에 전쟁의 실상을 알리고 인도적, 경제적, 군사적 지원을 요청하고 있다. 초연결 지구촌에서 벌어지는 전쟁의 이색적인 모습이다.

우크라이나는 세 가지를 떠올리게 한다. 첫째는 1986년 체르노빌 원전 사고다. 우크라이나가 독립하기 전이었지만, 원전 폭발로 방사능이 유출되어 주민의 생명과 생태계에 심각한 영향을 끼쳤다. 1979년 미국 스리마일섬 원전 사고, 2011년 일본 후쿠시마 원전 사고와 함께 세계적으로 원전의 안전성에 대한 경각심을 일깨운 대형 사고다. 둘째는 국기 색깔이다. 우크라이나 국기는 파랑과 노랑 두 가지 색깔로 구성되어 있는데, 파랑은 하늘을 뜻하고 노랑은 밀을 뜻한다. 세계 각국의 국기를 보면 건국 시조라든가 국가가 지향하는 미래 비전이나 종교적 상징 체계를 담는 것으로 알고 있지만, 우크라이나는 하늘색과 그 하늘 아래에서 노랗게 익은 밀의 색깔로 국기를 만들었다. 셋째는 오렌지 혁명이다. 2004년 대통령 선거에서 시민들은 여당 측의 선거부정을 발견하고 이를 바로잡기 위한 시민저항운동을 펼쳤다. 시민들은 야당을 상징하는 오렌지 색깔의 옷을 입고 깃발을 흔들고 스카프를 착용하며 최고법원의 재투표 명령을 이끌어냈다. 결국 재투표에서 야당 후보가 대통령이 되었다. 세계 정치사적으로 흔치 않은 사례로 기록되고 있다.

우크라이나는 1991년 말 소련 연방이 해체되면서 독립하였다. 흥미로운 점은 소련이 해체되면서 우크라이나에는 1,800여 기의 핵탄두가 배치되어 있었다. 1994년 미국, 영국, 프랑스 등 서방은 신생 독립국 우크라이나가 핵탄두를 관리하는 데 불안감을 느꼈고 핵탄두를 러시아에 넘기는 대가로 우크라이나의 영토 보존과 정치적 독립을 약속하는 〈부다페스트 안전보장 양해각서〉를 체결했다. 핵탄두 폐기 조치 전 우크라이나 의회와 군부 등이 "핵을 포기하면 소련으로부터 정치적, 군사적인 압박을 받을 것"이라며 반발하자 안전보장 협약을 맺은 것이다. 뒤에는 중국도 보증국으로 참가했다(구자룡, 2018). 각서는 국가 간의 조약이나 협정보다 구속력이 떨어진다고 해도 국가 간의 신뢰에 바탕한 약속이다. 그때에는 소련의 붕괴로 러시아의 영향력이 감소하고 탈냉전으로 세계질서가 재편되는 시점이었다는 점에서 서방국가에서도 러시아에 푸틴과 같은 지도자가 나올 줄 생각하지 못했을 것이다. 강대국의 이해관계에 따라 결정된 국제관계는 문제를 일으킬 가능성이 높다.

부다페스트 협정 체결 20년 후인 2014년 러시아는 우크라이나의 크림반도를 병합하였다. 크림반도의 세바스토폴은 부동항으로 러시아 해군이 지중해로 진출할 수 있는 유일한 항구다. 러시아가 타국의 영토를 병합하는 전략은 목표 지역에서 친러 성향의 분리주의자들이 자치공화국을 결성하도록 지원하고 주민투표로 자치공화국이 통과되면 러시아에 지원을 요청하도록 하는 방식이다. 러시아는 자국민 보호라는 명분으로 군대를 파병한다. 이번에 러시아 푸틴 대통령이 우크라이나를 침공하면서 사용한 전략도 크림반도 병합 과정에서 사용한 전략과 동일한 것으로 보인다.

친러 분리주의자들이 우크라이나 돈바스 지역 두 곳에 도네츠크인민공화국과 루간스크인민공화국을 선포한 후 우크라이나로부터 독립을 선포했다. 푸틴은 두 공화국의 독립을 승인하고 자국민 보호를 한다는 명분으로 군대를 파견했다. 푸틴은 파병 러시아군대가 친러분리주의 세력을 우크라이나의 위협으로부터 보호하는 평화유지군이라고 주장하고 있지만, 눈 가리고 아웅하는 식의 정치적 화법에 불과하다는 것을 모르는 사람은 없을 것이다.

미국을 비롯한 유럽 국가들은 우크라이나에서 진행되고 있는 전쟁에 대해 어떻게 대응하고 있는가? 그들은 우크라이나를 침공한 러시아를 한 목소리로 비난하고 우크라이나에 직간접적으로 인도적, 군사적, 경제적 지원을 하고 있지만 러시아를 우크라이나에서 몰아낼 결정적인 한 방이 부재한 상태다. 결정적 한 방이란 미국과 유럽의 연합군이 각 서대로 우크라이나 영토보존을 위한 행동에 나서는 것이다. 미국과 캐나다를 위시한 유럽의 30개국은 북대서양조약기구(NATO)의 회원국이다. NATO는 회원국이 비회원국의 공격을 받으면 회원국들은 군사적으로 자동 개입하는 집단안보체제다. 엄밀히 말하면 NATO 회원국들은 미국이란 강대국의 안보 우산을 받치고 있다. 이번 러시아의 우크라이나 침공은 우크라이나가 NATO 가입을 공식 선언하고 이를 준비하는 과정에서 이뤄졌다. 러시아가 우크라이나의 NATO 가입을 저지하기 위해 무력으로 침략하고 수많은 시민들을 학살하고 그들의 삶의 터전을 빼앗는 행위는 이해하기 어렵다.

러시아가 우크라이나를 침략하게 된 이유는 크게 세 가지로 생각해 본다. 첫째, 미국의 영향력이 줄어든 국제 정세 속에서 러시아가 거대 제국을 자랑했던 소련 시절만큼 국력을 회복했다는 신호를 미국을 위시한 서방국가에 보내는 것이다. 무엇보다 러시아는 2014년 크림반도 합병 과정에서 확인한 것처럼 이번 우크라이나 침략에 대해서도 서방국가들이 군사적으로 개입할 수 없을 것이라는 계산까지 했다(전문가들은 미국과 유럽을 위시한 서방이 우크라이나 전쟁을 어떻게 해결할지는 아시아 국가, 특히 중국과 북한에 미치는 함의가 크다고 진단한다. '중국은 러시아의 우크라이나 침략에 대해 국제사회가 소극적으로 대응한 결과로 중국이 대만을 침공해도 별 탈이 없을 거라고 생각할 가능성이 커졌다'(남정호, 2022)라고 주장한다. '북한은 우크라이나가 핵보유국이 아니기 때문에 러시아의 침공을 받았다고 판단하고 핵 능력에 대한 집착을 강화할 것이며, 북한의 도발 가능성은 더 커질 것이다'라고 예상한다(전수진, 2022)). 러시아는 미국을 비롯한 서방국가들이 군사적으로 직접 개입한다면 제3차 세계대전으로 이어질 수 있다는 우려를 역이용하고 있다. 유엔 안보리에서도 상임이사국 러시아가 반대하면 아무런 행동을 할 수 없다. 둘째, 장기적 전략으로 우크라이나를 침략하여 우크라이나 내 친러분리주의자들이 세운 자치공화국에 친러 꼭두각시 정권을 수립하고 우크라이나를 분열시키면서 점진적으로 러시아 세력을 확장해 나가는 것이다. 이렇게 함으로써 우크라이나가 서방국가 쪽으로 기울지 못하도록 견제구를 넣는 것이다. 셋째, 우크라이나의 NATO 가입을 포기하게 만들어 유럽과 러시아 사이의 확실한 군사적, 전략적 완충지대를 만들겠다는 것이다.

한편 러시아는 지정학적으로 러시아의 서쪽에 위치한 유럽의 동진 정책에 대해 역사적 트라우마를 가지고 있는 것으로 보인다. 러시아는 서쪽 세력으로부터 자국을 방어해주는 완충지대에 민감하다. 그 완충지대는 러시아가 침략한 우크라이나이다. 역사적으로 1605년 폴란드가 북유럽평원을 건너 들어왔고 1708년에는 스웨덴이 침공해 왔다. 또 1812년 프랑스의 나폴레옹, 그리고 독일은 1914년 제1차 세계대전과 1941년 제2차 세계대전에서 러시아를 침공했다. 러시아인들은 우크라이나에 유럽의 알프스나 우랄산맥과 같은 산악지대가 있었다면 러시아가 쉽게 침략을 당하지 않았을 것이라는 생각을 가지고 있다. 팀 마셜은 《지리의 힘》에서 러시아가 완충지대에 얼마나 큰 의미 부여를 하는가에 대해 이렇게 적고 있다. 블라디미르 푸틴 대통령은 스스로를 러시아 정교회의 열렬한 신도라고 한다. 이 말이 사실이라면 그는 매일 밤 잠들기 전 신에게 이렇게 물을지도 모른다. "신이시여, 어찌하여 우크라이나에 산맥을 펼쳐두지 않으셨나이까?"(마셜, 2016) 만약 신이 우크라이나에 병풍처럼 산악지대를 펼쳐두었다면 서쪽의 세력들이 드넓은 북유럽평원을 넘어 러시아를 침략하고픈 유혹을 느낄 일도 없었을 것이라는 비유다.

한편 러시아가 우크라이나를 침략한 원인의 근저에 미국의 외교정책이 있다는 주장도 관심을 끈다. 기존의 통념을 뒤집는 새로운 시각이다. 시카고대의 존 미어샤이머 교수는 러시아의 우크라이나 침략은 명백한 잘못이지만, 2008년 4월 조지 W. 부시(재임 2001~2009) 정부에서 우크라이나와 조지아가 NATO 회원국이 될 것이라고 발표하면서부터 전쟁의 씨앗이 뿌려졌다고 보았다. 미어샤이머 교수는 미국을 비롯한 서방이 우크라이나를 러시아에 대한 '서방의 방어벽'으로 삼으려 한다고 주장하면서, 2021년 11월 바이든 행정부가 우크라이나의 NATO 가입을 재천명하면서 러시아의 경고와 우려가 전쟁으로 비화되었다는 것이다. 러시아는 미국과 우크라이나에 대해 NATO 가입 포기를 서면으로 약속할 것을 요구했지만 이를 받아들이지 않자 우크라이나를 침공했다는 논리다. 미어샤이머 교수의 주장에 대해 주류의 시각에서는 전쟁 원인론을 놓고 '푸틴에게 면죄부를 주려고 하는가'라는 비판이 잇따르고 있다(박현영, 2022).

러시아가 역사적 트라우마가 되었든 전략적 선점효과를 노린 것이든 우크라이나를 침략한 것은 엄연한 국제법을 위반한 침략행위로 비난받아야 하고 그 책임으로부터 자유롭지 못할 것이다. 러시아는 우크라이나를 침공하면서 많은 것을 잃었다. 무엇보다 NATO의 존재가 크게 부각되었다. 러시아와 인접한 핀란드와 스웨덴과 같은 전통적 중립국들이 제2, 3의 우크라이나가 되지 않기 위해 NATO 가입 신청을 하고 회원국들은 가입의정서에 서명을 마쳤다. 모든 회원국이 비준 절차를 마치게 되면 두 나라는 정식 회원국의 자격을 갖게 된다. 덴마크는 EU의 공동방위 예외 규정인 옵트아웃(opt-out)의 폐기 여부를 놓고 국민투표를 실시한 결과 해외 군사임무 수행 등 EU와 안보·국방 분야에서 협력할 수 있게 됐다. 덴마크가 1973년 EU에 가입했음에도 1993년 옵트아웃을 채택해 EU의 방위 관련 논의와 공동 군사훈련 등에 불참한 것에 비하면 덴마크인들이 러시아의 우크라이나 침공에 얼마나 큰 경각심과 안보 불안감을 가지고 있는가를 말해준다(김리안, 2022). 유럽에서 군사적으로 비동맹국가였던 이들 국가들은 우크라이나가 NATO 회원국이었다면 러시아의 침략을 받지 않았을 것이라고 생각한다.

국제사회는 다윗과 골리앗 싸움에서 다윗을 위기에서 구원하고 싶어도 뚜렷한 해법을 찾지 못하고 있다. 러시아가 국제법을 위반했다고 비난하면서도 위반에 대해 확실한 처벌을 하지 못한다. 유엔과 같은 국제기구도 강 건너 불구경을 하고 있다. 유엔은 세계 평화와 안전에 책임을 진 안전보장이사회(안보리) 상임이사국이 침략자로 돌변해 이웃 나라를 침략하였지만 아무런 조치를 취할 수 없다. 안보리 상임이사국 러시아가 우크라이나를 침략한 것은 양떼를 지켜야 하는 목동이 양떼를 잡아먹는 형국이 아닐 수 없다.

오죽하면 반기문 전 유엔 사무총장(재임 2007~2016)은 국제사회에서 유엔이 마비상태에 빠졌으며, 러시아의 안보리 상임이사국 비토권을 견제할 장치가 필요하다고 주장했겠는가(김동현, 2022). 2022년 9월 20일 개최된 유엔총회에서 많은 회원국들이 러시아가 야기한 전쟁과 러시아의 제국주의적 야망을 규탄하고 철수를 요구했다. 안토니우 구테우스 유엔 사무총장(재임 2017~)은 "러시아와 우크라이나 전쟁으로 국제사회는 거대한 기능 고장 상태이며, 주요 20국(G20) 정상회의 같은 다자협의체도 지정학적 분열이란 덫에 빠졌다. G20은 협력이나 대화가 부재한 'G너싱(nothing)'이 될 수 있다"라고 질타했다. 현 유엔 사무총장의 비판은 전임 반기문 사무총장의 견해와 맥락을 같이한다. 마크롱 프랑스 대통령은 "이번 전쟁에서 '중립'을 지킨다며 침묵하는 나라들은 러시아 제국주의에 공모한 것이다"라고 비판했다. 러시아의 우크라이나 침공 이후 NATO 가입을 추진하고 있는 핀란드의 사울리 니니스퇴 대통령은 "국제사회는 러시아의 잔혹하고 정당한 이유 없는 침공을 용납하거나 정상적인 일로 받아들여선 안 된다"라고 주장했다(정시행, 2022).

미국이나 유럽의 자유 민주주의 국가들은 결정적 행동을 하지 못한 채 말만 무성하다. NATO가 'No Action Talk Only'가 되었다. 프란치스코 교황조차도 "유엔은 새로운 현실에 더는 적합하지 않다. 갈등 해소를 위해 안전보장이사회를 더 민첩하고 효과적으로 개혁해야 한다"라고 일침을 놓았다. 경제적 제재만으로는 근본적인 문제해결을 할 수 없다는 것을 이란이나 북한의 사례로 알 수 있다. 오히려 권위주의 국가의 내성만 길러줄 뿐이다. 서방이 우크라이나에서 핵무기를 철수시키는 대가로 우크라이나의 안전을 보장해준다고 약속한 부다페스트 각서는 어디에 있단 말인가.

오늘날 국제사회의 역학관계는 '가치동맹'을 추구한다. '가치동맹'이란 민주주의, 인권, 자유, 평화 등 인류가 지향하는 보편적인 가치를 함께 하는 국가들이 연대하는 것을 말한다. 쉽게 말하자면 반(反)권위주의 연대다. 국제정치 무대에서 '회색지대'가 없어지고 자유 민주주의 진영과 권위주의 진영 간의 경쟁 구도를 형성하게 되었다는 뜻이기도 하다 (권호, 2022). 자유 민주주의 진영에서 형성한 가치동맹의 대표적인 보기는 AUKUS(호주, 영국, 미국의 3자 안보협력체)와 쿼드(Quad, 미국, 호주, 인도, 일본의 4자 안보협력체)이다. 세계질서는 가치연대를 통한 가치동맹으로의 재편이 가속화될 것으로 생각된다. 과거 냉전시대에 국제관계를 규정지었던 등거리 외교니 줄타기 외교니 하는 이도 저도 아닌 입장 표명은 사라질 것이다. 국가마다 인류의 보편적 가치에 대해 지향하는 입장이나 색깔을 명확하게 밝힐 것을 요구받게 되었다.

러시아의 우크라이나 침략을 통해 우리나라와 같이 지정학적으로 강대국에 둘러싸여 있는 국가는 가치나 원칙, 국제적 규범 등 보편적 기준과 원칙이 주변 강대국을 상대하는 중요한 방패가 된다는 인식을 하는 계기가 되었다(윤영관, 2022). 20세기 초중반처럼 총, 칼을 앞세워 무력으로 다른 나라를 침공하여 정치체제를 전복하고 꼭두각시 위성 정권을 세우는 시대는 지났다. 제2차 세계대전 직후 아시아와 동유럽에 공산국가들이 많이 들어섰던 시절과 오늘날의 상황은 너무 다르다. 시민의식은 높아졌으며 인터넷과 SNS는 초연결 시대를 만들었다. 사실상 제2차 세계대전 이후 지속된 유엔 중심의 집단 안보체제가 무너졌다고 보아야 한다. 러시아와 우크라이나의 전쟁은 신냉전을 초래할 수 있는 중요한 역사적 사건으로 권위주의에 맞서 민주주의를 지켜내려는 투쟁의 무대가 되었다(권기창, 2022).

김재천 교수의 분석은 의미심장하다. 푸틴이 우크라이나와의 전쟁에서 쉽게 승리한다면 독재국가 연대는 더욱 자신감을 가지게 될 것이다. 중국도 대만을 손쉽게 얻으려 하고 북한도 과감한 도발을 감행할 수 있을 것이다. 하지만 자유주의 국가 연대가 강화됐다. 우크라이나인들의 자유주의에 대한 열망이 정말 강하다는 사실을 확인하게 됐다. 한때 체제 경쟁이 끝나 '역사의 종언'을 말했었는데 아직 체제 경쟁의 역사는 끝난 게 아니다(김재천, 2022).

　대부분의 군사 전문가들은 세계 최강 러시아군이 우크라이나를 상대로 쉽게 이길 것으로 예상했지만 들어맞지 않았다. 전쟁은 무기만으로 이길 수 없다는 것을 증명했다. 골리앗과 다윗의 싸움에서 항상 골리앗이 이기는 것은 아니다. 베트남, 아프가니스탄, 중동 전쟁에서도 골리앗이 패배하지 않았던가. 전쟁은 누가 더 우수한 무기를 가지고 있느냐로 갈리는 것이 아니다. 전쟁의 승패는 지도자의 용기와 리더십, 국민들의 단합과 연대, 국제사회의 지지와 지원 등 유무형의 다양한 변수가 작용한다는 것을 확인시켜 준다.

　스포츠 용어에 '자이언트 킬링(giant-killing)'이라는 말이 있다. 객관적으로 약체팀이 강팀을 이기는 이변을 뜻한다. 〈2022년 FIFA 월드컵〉에서도 자이언트 킬링이 일어났다. 사우디아라비아(FIFA 랭킹 51위)가 조별리그에서 이번 월드컵에서 우승한 아르헨티나(FIFA 랭킹 3위)를 물리치는 대이변을 일으켰다. 사우디아라비아는 경기 다음 날을 공휴일로 지정하였다. 사실 사우디아라비아는 32개 본선 출전국 중 최약체로 손꼽혔다. 강팀이 항상 약체팀을 이길 수 없는 점이 스포츠의 매력일 것이다. 우리나라 역시 〈2002년 FIFA 월드컵〉에서 자이언트 킬링의 역사를 만들어냈다. 한국은 포르투갈, 이탈리아, 스페인 등 유럽 강호들을 연파하면서 4위를 차지해 한국 축구를 세계에 널리 알렸다. 성서에도 자이언트 킬링이 등장한다. 양치기 소년 다윗이 무릿매질을 하여 거인 장수 골리앗을 거꾸러뜨리는 장면이다(탄도학 전문가의 연구결과에 따르면 고도로 훈련된 투석병이 35m 거리에서 날린 보통 크기의 돌이 초속 34m(시속 122.4km)로 골리앗의 머리를 맞힐 수 있다는 사실을 보여주었다.) 말콤 글래드

웰은 《다윗과 골리앗》에서 다윗의 전략은 중무장을 한 골리앗이 근접전에 강한 강점을 파악하고 그의 취약 지점인 이마를 노려 성공을 거둘 수 있었다고 분석한다. 우크라이나와 러시아 전쟁에서 자이언트 킬링이 일어나지 말라는 법은 없다.

놀라운 사실은 우크라이나군의 약 15%가 여성이며, 3만여 명의 여성이 전쟁터에서 러시아군에 맞서 싸우고 있다는 점이다. 러시아가 쉽게 이길 수 없는 단적인 이유다. 우크라이나 국민들이 보여주는 자유에 대한 의지와 열정이야말로 자유 민주국가를 수호하는 최고의 원동력이다. 자유는 부여되는 것이 아니라 성취하는 것이다.

영국의 록밴드 비틀스의 멤버였던 존 레논(1940~1980)은 1971년 〈Imagine〉을 노래했다. 가사는 다소 몽상주의적인 내용도 포함되어 있지만 반전과 평화를 상징하는 대표곡이다. 이 노래에서는 천국과 지옥도 국가도 없고, 종교도 사유 재산도 없는 세상을 상상해 보라고 한다. 사람들이 서로 죽거나 죽이지도 않으며, 탐욕과 광기를 벗어나 평화롭게 살 수 있을 것이라고 노래한다. 지구상에 푸틴과 같은 탐욕과 광기의 지도자가 발을 붙이지 못하면 좋겠다. 하느님에게 떼를 써 받은 우크라이나의 비옥한 국토에서 생산된 밀이 오대양 육대주에 공급되길 바란다. 무엇보다 우크라이나인들이 목숨을 걸고 지키고자 하는 자유와 평화의 가치가 전 세계에 울려 퍼지기를 기대한다.

📖 글래드웰, 말콤. (2015). 《다윗과 골리앗》. 선대인 옮김. 21세기 북스.
　　마샬, 팀. (2016). 《지리의 힘》. 김미선 옮김. 사이.

허승철. (2008). 《나의 사랑 우크라이나》. 도서출판 뿌쉬낀하우스.

_____. (2018). 《우크라이나 현대사》. 고려대학교출판부.

우준모. (2009). 〈러시아의 지정학적 경계설정과 영토의식〉. 《신진연구 자지원사업(인문사회)》.

차정미. (2019). 〈북중관계의 지정학〉. 《동서연구》. 31(2).

구자룡. (2018). 《동아일보》. 〈우크라이나를 보면 한반도가 보인다〉. 5월 21일.

권기창. (2022). 《중앙일보》. 〈정치인들은 우크라이나 전쟁의 세계사적 중요성 인색해야〉. 4월 18일.

권 호. (2022). 《중앙일보》. 〈나토 품에 안기는 중립국… 바이든 "유럽 주둔 미군 늘릴 것"〉. 6월 30일.

김동현. (2022). 《조선일보》. 〈"위협당할 때 물러서면 국민만 희생… 역사의 비극에서 배워라"〉. 7월 14일.

김리안. (2022). 《한국경제》. 〈불안한 덴마크, 29년 만에 EU안보 '동참'〉. 6월 22일.

김희원·김재천. (2022). 《한국일보》. 〈어떻게 종전되든 러는 우크라이나 완전히 잃었다〉. 4월 1일.

남정호. (2022). 《중앙일보》. 〈미국, 대만 위기 시 주한민군 일방적 차출 가능〉. 10월 6일.

박현영. (2022). 《한국일보》. 〈미국 석학 "미국이 우크라이나 전쟁 원인 제공" 주장하는 이유〉. 5월 2일.

오늘의 톡픽. (2022). 《중앙일보》. 〈"유엔(UN)은 새로운 현실에 더는 적합하지 않다"〉. 10월 18일.

윤영관. (2022). 《중앙선데이》. 〈우크라이나전, 가치외교 그리고 인도〉. 4월 9일~10일.

전수진. (2022). 《중앙선데이》. 〈"우크라 전쟁 수년간 이어져, 미국·중국이 승자될 것"〉. 10월 8일-9일.

정시행. (2022). 《조선일보》. 〈마크롱, 주먹 내려치며 "침묵하는 나라도 러 공모자"〉. 9월 22일.

〈Imagine〉. (1971). 노래.
〈체르노빌 1986〉. (2021). 영화.

운디드니의 비가(悲歌)
아메리칸 인디언의 운명

아메리칸 인디언에 대한 이야기를 시작하기 위해서는 북아메리카 대륙에서 유럽인들의 영토 쟁탈에 대한 이야기로 실마리를 풀어가야 한다. 18세기 이후 유럽 국가들은 해외 식민지 개척을 놓고 치열한 경쟁을 벌였다. 본격적으로 대항해시대를 맞이하였다. 포르투갈, 스페인, 네덜란드에 이어 해양 강대국으로 부상한 영국은 아메리카 대륙을 영토로 편입하기 위해 뛰어들었지만, 남아메리카 대륙에서는 스페인과 포르투갈에 주도권을 빼앗긴 상태였다. 대신 영국은 북아메리카 대륙의 식민지 경영에 주도권을 잡고자 했다. 북아메리카에서도 스페인, 프랑스, 네덜란드 등이 영토 쟁탈전을 벌이는 가운데, 서부는 해양과 신대륙 개척의 선두주자였던 스페인의 영향력이 가장 컸다. 영국은 동부 13개 지역을 식민지로 경영했다. 오늘날의 뉴햄프셔, 매사추세츠, 로드아일랜드, 코네티컷, 뉴욕, 뉴저지, 펜실베이니아, 델라웨어, 메릴랜드, 버지니아, 노스캐롤라이나, 사우스캐롤라이나, 조지아가 해당한다.

영국은 동부에서 중서부로 영토를 확장하기 위해 프랑스와 전쟁을 벌였다. 프렌치 인디언 전쟁(1754~1763)이라 부르는데 프랑스가 인디언과 손잡고 영국에 대항했기 때문에 붙여진 이름이다. 이때만 해도 동부 식민지는 영국 편에서 프랑스와 싸웠다. 역사가들은 이 전쟁을 제2차 백년전쟁이라고도 부르는데 영국의 승리로 돌아갔다. 유럽에서 벌어진 제1차 백년전쟁(1337~1453)은 무려 116년이라는 기간 동안 이어졌다. 지구상에서 십자군 전쟁 이후 가장 긴 전쟁일 것이다.

영국은 대영제국으로 불릴 만큼 많은 식민지를 관리하는 과정에서 잦은 전쟁을 치르는 데 필요한 전비(戰費) 충당에 골몰하였고, 이를 위해 아메리카 식민지에도 각종 명목의 과세를 했다. 이때 유명한 '대표 없이 과세 없다'라는 주장이 나온다. 미국의 독립주의자들은 식민지 대표를 영국 의회에 파견한 적도 없는데 의회에서 단독으로 식민지 과세를 결정하고 부과하는 것은 어불성설이라고 주장하면서 과세를 보이콧했다. 과세 보이콧은 보스턴 차 사건으로 이어지면서 영국과 식민지 사이에 갈등의 골이 깊어졌고 결국에는 독립전쟁(1775~1783)으로 치닫게 되었다. 식민지에서는 대륙회의를 개최하여 조지 워싱턴(1732~1799)을 총사령관으로 임명하고 영국을 상대로 독립전쟁을 시작했다. 독립전쟁 중인 1776년 7월 4일 미국은 일방적으로 독립선언을 발표하지만 어디까지 선언에 불과하고 실질적인 독립 승인은 1783년 9월 3일 파리협약을 통해서이다. 조약 발효일은 1784년 5월 12일이다.

여담이지만 오늘날 미국은 매년 7월 4일을 국경일로 정하고 독립기념행사를 열고 있는데, 역사를 진지하게 생각하고 사실(史實)을 직시한다면 미국의 독립기념일은 파리협약에서 독립 승인을 한 9월 3일이거나 조약이 발효된 5월 12일이어야 한다. 7월 4일은 독립을 선언한 날에 불과하다. 7월 4일은 독립기념일이 아니라 독립선언일이다. 우리나라가 1919년 3월 1일 독립선언문을 낭독한 뒤 1945년 8월 15일 해방을 맞이했지만, 해방일을 8월 15일이 아니라 3월 1일로 계산하는 것과 같은 이치다.

미국의 13개 식민지는 영국과의 오랜 전쟁을 통해 독립을 쟁취하고 13개 주가 합중국을 수립하였다. 연방정부 수립 이후 동부에는 인구가 증가하고 산업이 발달하고 타 지역과 교류가 활발해지면서 중부와 서부로 영토를 확장해 나간다. 이는 러시아가 서쪽에서 동쪽으로 동진했던 것과는 정반대의 현상이다. 신생 독립국 미국의 최우선 관심사는 대륙의 영토 확장에 있었다고 해도 과언이 아니다. '늦게 배운 도둑이 날 새는 줄 모른다'라는 속담이 틀리지 않았다. 지구상에서 최초의 영토를 기준으로 몇 배나 넓은 영토를 확보하고 현재까지 유지하고 있는 국가는 미국과 러시아 외에 다른 국가가 있을까 싶다. 로마도 페르시아도 몽골도 그 넓은 영토를 점령하거나 지배했지만 끝까지 지키지 못했다.

미국 사우스다코타주 러시모어산에는 네 명의 대통령 조각상이 있다. 미국의 초대 대통령인 조지 워싱턴을 비롯, 토머스 제퍼슨, 에이브라햄 링컨, 시어도어 루스벨트 등 전직 대통령 4명의 '큰 바위 얼굴'이다. 이 조각상은 1927년부터 1941년까지 조각가 거즌 보글러와 인부 400명이 만들었다. 사우스다코타주의 관광 증진을 위해 만들었다고 한다. 미국의 역대 대통령 중에서 어떤 대통령이 조각상의 주인공이 되었을까 궁금하다. 미국사를 볼 때 미국 독립전쟁을 승리로 이끈 초대 대통령 워싱턴(재임 1789~1797)과 남북전쟁에서 승리하고 흑인 노예를 해방시킨 링컨 대통령(재임 1861~1865)이 주인공으로 포함된 것은 쉽게 이해된다.

그들은 미국의 민주주의를 발전시킨 업적을 쌓으면서 탁월한 리더십을 발휘한 공로를 인정받아 미국인들도 위대한 대통령으로 인식하고 있다. 제퍼슨과 루스벨트는 어떻게 주인공이 되었을까? 이들은 미국의 영토를 확장하는 데 큰 기여를 한 대통령들이다. 제퍼슨 대통령(재임 1801~1809)은 미국의 독립선언서를 작성하고 1803년 프랑스로부터 1,500만 달러에 루이지애나를 매입하여 미국의 영토를 두 배로 늘렸다. 당시에는 쓸모없는 땅을 산다는 비난도 적지 않았다(김흥식, 2007). 미국은 루이지애나 영토를 구입함으로써 서부로 진출할 발판을 마련했다. 제퍼슨은 미국이 광대한 지리를 차지할 수 있는 밑그림을 그리고 교두보를 마련했다고 할 수 있다. 루스벨트 대통령(재임 1901~1909)은 1903년 파나마 운하 지대를 획득하여 미국이 태평양으로 진출하는 데 기여했다.

미국은 동부에서 중부와 서부로 영토를 확장하는 과정에서 수많은 인디언을 학살했다. 굴러온 돌이 박힌 돌을 빼낸 꼴이다. 인디언은 원래 미국 땅의 원주민, 즉 'Native American'이다. '인디언'이란 용어는 콜럼버스가 신대륙 발견을 위한 항해를 하면서 처음 도착한 곳이 카리브해 바하마 군도의 한 섬이었는데, 이곳을 동양의 인도(India)라고 생각하고 원주민들을 인디언(Indian)으로 불렀다. 영어식으로 하면 인도사람이다. 당시 지리학자들은 인도가 대서양의 서안에 있다고 믿었다. 콜럼버스는 쿠바와 아이티를 발견하였을 때 이 지역을 일본으로 생각할 정도로 오늘날과 판이하게 다른 지리적 지식을 가지고 있었다.

아메리카 대륙의 인디언은 어디에서 왔을까? 현재까지의 학설에 따르면 아메리카의 인디언들은 시베리아로부터 베링 해협을 건너 알래스카로 이동했다는 설과 폴리네시아족 또는 멜라네시아족 중 소수가 아메리카에 이주해왔다는 설이 있다. 인디언이 어느 지역에서 이주해왔든 아메리카의 문명은 독자적으로 수천 년간에 걸쳐 발전하였다. 인디언들은 쟁기도 없이 옥수수, 강낭콩, 감자, 카사바, 카카오, 담배, 목화 등을 재배했다(모로아, 1994: 14-15).

저자도 북아메리카에서 거주했던 인디언들의 생활양식과 문화를 직접 확인할 기회를 가졌다. 2011년 1월 콜로라도주 남서부 코르테즈에 위치한 메사버드국립공원(Mesa Verde National Park)을 방문했다. 그때 저자의 방문 후기를 그대로 옮겨본다. "이곳은 내셔널 지오그래픽에서 일생에 꼭 가보아야 할 50곳 중 하나로 선정할 정도로 유명한 곳이다. 선사시대 푸에블로 인디언들이 깊은 산속 계곡에 위치한 절벽 안에 집을 짓고 부족생활을 한 불가사의한 장면들이 펼쳐졌다. 가파른 계곡의 바위를 지붕으로 삼고 600여 명의 인디언들이 살았다고 한다. 인간의 생존 본능과 지혜에 입이 다물어지지 않을 정도였다. 이곳은 해발 2,600m가 넘는 고지대로 일교차가 심해 인간이 거주하기에는 쉽지 않은 환경으로 보였다. 수백 개의 벼랑 거주지(cliff dwellings)를 보면서 혹독한 환경을 극복하고 그들만의 독창적인 문화를 일군 원주민들의 저력에 압도되었다. 이곳은 선사시대 아메리칸 인디언들이 남긴 우수한 문화로 평가되고 있으며 고고학적으로도 매우 중요한 가치를 담고 있다. 국립공원 내 박물관에는 원주민 후손들이 자리를 지키면서 안내를 해주었다. 1978년 UNESCO 세계문화유산으로 등록되었으며, 매년 수많은 관광객과 인류학자들이 다녀간다고 한다." 인디언들이 혹독한 자연 환경을 극복하면서 일궈낸 문화는 한 마디로 경이(驚異) 그 자체였다.

2021년 3월 뉴멕시코주 지역의 라구나 푸에블로 원주민 부족을 조상으로 둔 데브라 할런드가 연방의회 상원 인준을 통과하면서 바이든 행정부의 내무부 장관으로 임명되었다. 미국 역사상 최초의 원주민 출신 장관이다. 바이든 대통령은 지구촌에서 가장 다문화, 다민족 국가의 정체성에 맞는 인종적으로 다양성 내각을 꾸렸다는 점에서 높이 평가받을 만하다. 내무부 장관은 북미·알래스카 원주민 정책을 비롯해 에너지, 토지, 수자원, 국립공원, 멸종위기종 관리 등 환경·생태 보전 정책을 총괄한다. 백인에게 학살당하고 거주지에서 내쫓겨 보호구역으로 강제로 내몰리던 원주민의 역사를 되돌아보면 원주민 출신이 원주민 정책을 총괄한다고 하니 만감이 교차하는 순간이다.

역사는 항상 '방문객'으로 인해 문제가 생기기도 하고 발전의 계기를 만들기도 하는 법이다. 인디언들은 17세기 영국 방문객을 맞이하게 된다. 인디언들은 대륙에 이주해 온 이주민들을 손님으로 맞이하여 그들이 새로운 환경에서 적응할 수 있도록 도움을 주었다. 기독교에서 중요한 의식으로 지키는 추수감사절도 영국에서 이주해 온 백인과 아메리칸 인디언 간의 인도적인 교류와 우정에서 유래되었다고 한다. 이날은 우리나라 명절인 '추석'처럼 가족들이 함께 모여 음식을 나눈다.

추수감사절은 1620년경 영국에서 매사추세츠주 플리머스 식민지로 이주한 이민자들이 첫 수확을 기념하는 행사에 기원을 둔다. 청교도들인 이민자들은 플리머스에 도착한 첫해 겨울 102명 중 절반가량이 사망했는데, 원주민들의 따뜻한 도움이 없었다면 거의 굶어 죽었을 것이라고 한다. 원주민들은 백인 정착민들에게 곳간에서 옥수수를 나누어주고 물고기 잡는 법을 가르쳐주었다(브라운, 2003). 이듬해 1621년 가을, 추수를 마친 이민자들은 자신들이 어려울 때 농사를 가르쳐주어 굶어 죽지 않도록 도움을 준 인디언 부족을 초대하여 함께 음식을 먹으면서 하나님께 감사의 기도를 드렸다. 1789년 초대 대통령 조지 워싱턴은 추수감사절을 국경일로 지정하였다.

시간이 가면서 토착 원주민인 인디언과 방문객인 백인들 간에 긴장과 충돌이 일어나기 시작했다. 백인 인구가 증가하면서 더 넓은 영토를 필요로 했고 차츰 영국 이외의 다른 국가 출신의 이민자들이 몰려들고 서로의 영토 소유권을 주장하게 되면서 아메리카 대륙은 탐욕과 광기의 전쟁터가 되었다. 손님이었던 이주민들은 어려울 때 손을 내밀어 도움을 준 인디언 친구들의 우정과 신의를 저버리고 오히려 그들을 내몰고 학살하면서 주인 노릇을 하게 되었다. 주객전도다. 이제 아메리카 대륙은 피아 간의 생존을 위한 투쟁의 장으로 변질되었고 유럽 제국이 벌이는 영토 쟁탈전의 무대로 바뀌었다.

19세기 중반 이후 미국은 영토 확장에 따른 정당성을 확보하기 위한 철학을 수립했다. 철학이라고 이름 붙이면 거창하고 어색하지만, 미국식 제국주의의 철학인 '명백한 운명(manifest destiny)'이다. '명백한 운명'은 1845년 《뉴욕 모닝 뉴스》의 사주이면서 저널리스트인 존 오설리번(1813~1895)이 "신이 미국과 미국인에게 영토 팽창의 사명을 부여했다"라는 칼럼을 쓰면서 유래되었다. 오설리번은 미국인은 '신의 원칙'을 실현하기 위해 남의 땅을 빼앗을 권리를 신으로부터 부여받았다고 주장했다. 궤변도 이만저만이 아니며 인간이 신을 들먹이면서 거짓과 위선의 새까만 속마음을 현란한 구호로 위장했다. 교언영색(巧言令色)의 결정판이다. 솔직하게 남의 땅이 욕심나서 빼앗겠다는 말이 아니라 신을 팔아 오만과 탐욕을 합리화했다. 누구를 위한 신이란 말인가? 결국 미국의 정치인들은 '명백한 운명'이라는 그럴듯한 말로 포장하여 미국인들이 신대륙을 지배하도록 운명 지어졌기 때문에 인디언의 땅과 삼림과 광산을 모두 책임져야 한다는 논리를 전개했다(브라운, 2003: 27-28). 미국은 남의 땅을 빼앗기 위한 무력을 준비한 상태에서 그럴듯한 대의명분이 필요할 때 오설리번의 칼럼을 보고 무릎을 쳤다. 영토 팽창에 혈안이 된 미국은 비교 우위의 무력과 사이비 철학으로 무장하고 전쟁을 일으켜 서남부 지역의 텍사스, 캘리포니아, 유타, 뉴멕시코, 애리조나 등을 빼앗았다. 미국과 미국인에게는 영토 확보 전쟁은 '신성한 임무(divine imperative)'가 되었다. '명백한 운명'이니 '신성한 임무'니 하는 말은 미국인의 땅에 대한 탐욕을 고상한 차원으로 승화시킨 용어로 자리 잡게 되었다.

저자는 미국식 제국주의의 철학이 된 '명백한 운명'은 현대 미국에서 '미국 예외주의(American Exceptionalism)'와 '미국 우선주의(America First)'로 전이되었다는 생각을 한다. 미국 예외주의가 무엇인가? 미국은 지구상에서 유일무이한 국가이기 때문에 다른 모든 국가에 적용되는 것도 미국에는 자동으로 적용되지 않는다는 믿음이다(다이아몬드, 2019: 470). 미국은 다른 국가나 역사에서 더 이상 배울 교훈이 없다는 교만이 하늘을 찌른다. 미국만이 아닐 것이다. 어떤 국가나 월등한 군사적, 경제적 우위에다 선민의식을 더하면 유아독존의 유혹에 빠질 가능성이 크다 할 것이다. 로마가 그랬고 나치 독일이 그랬다.

운디드니 언덕에서 벌어진 인디언 학살 참극에 대한 이야기를 할 차례가 되었다. 백인들이 버지니아와 뉴잉글랜드에 상륙할 당시에 미국 인디언 인구는 60만 명에서 90만 명에 달한 것으로 알려졌다. 1860년 남북전쟁이 일어나기 직전의 인구는 30만 명 정도로 추산된다. 1890년 사우스다코타주 남서부 운디드니(wounded knee)의 비극은 예고되어 있었다. '명백한 운명'이니 '신성한 임무'라는 사이비 철학으로 무장한 백인들은 인디언 보호구역에 수용되지 않은 인디언을 소탕하기 시작했다. 운디드니 언덕에는 인디언 남자 120명, 아이들과 여자들 230명 등 도합 350명가량이 모였다. 미국 제7기병대 500여 명의 병사들이 인디언들을 둘러싼 채 언덕에 기관총을 배치하고 인디언의 무장해제를 하고 있었다. 누군가 총을 발사했고 연이어 기관총이 난사되었다. 인디언 성인 남자 등 290여 명이 숨지고 51명이 중경상을 입었다. 미군들도 25명이 죽고 39명이 부상을 입었는데 대부분 동료 미군의 총알이나 기관총의 유탄을 맞은 사람들이었다(브라운, 2003: 685~695).

미국 정부는 이 사태를 운디드니 전투(battle)라고 부르고, 인디언들은 학살(massacre)이라고 불렀다. 정황상 인디언이 먼저 기병대를 향해 총을 쐈을 가능성보다 리틀빅혼 전투에서 수우족에게 참패를 당한 제7기병대의 복수심이 참극을 낳았다는 설이 유력하다. 리틀빅혼 전투란 1876년 미 육군 제7기병대의 조지 암스트롱 커스터 대장이 몬태나주 리틀빅혼에서 수우족 인디언 3,000명에게 포위되어 265명 부하들과 함께 싸우다가 전사한 사건을 말한다. 제7기병대의 연대 병력 절반 이상이 죽거나 부상당했다. 인디언의 경우는 27명 정도가 전사한 것으로 알려져 있다. 남북전쟁에서 명성을 떨쳤던 커스터의 패배와 죽음은 미국인들에게 큰 충격을 주었다.

운디드니의 학살을 계기로 미국 정부는 더 강력한 무력을 사용하여 인디언을 보호구역으로 강제이주시켰다. 미국 정부는 저항하는 원주민들을 학살하는 것도 서슴지 않았다. 그 과정에서 신의 이름을 빌린 '명백한 운명'이니 '신성한 임무'니 하는 용어의 정체성도 드러났다. 그것은 제국주의 미국의 탐욕과 광기가 불러낸 미신의 댄스였다. 운디드니 학살 현장에서 살아남은 인디언 처녀의 증언이다.

> 우리는 도망치려고 했다. 그런데 그들은 우리가 들소라도 되는 것처럼 무조건 쏘아 댔다. 나는 백인 중에도 좋은 사람들이 있다는 것을 알고 있었지만 미군들은 비열한 자들이었다. 아녀자에게 총을 쏘아 대다니! 인디언 전사라면 백인 아이들에게 그런 짓은 하지 않았을 것이다(브라운, 2002: 694).

사우스다코타주 러시모어산에는 미국을 빛낸 역대 대통령 네 명의 얼굴 조각상이 수많은 관광객을 불러들이고 있다. 미국인들이 자랑스럽게 생각하는 대통령들은 사우스다코타주 운디드니 언덕에서 벌어진 인디언 학살의 참극을 어떻게 생각할까 싶다. 너새니얼 호손(Nathaniel Hawthorne)은 소설 《큰 바위 얼굴》에서 큰 바위 얼굴을 보면서 자란 어린이는 큰 행운을 가져온다고 했다. 분명한 것은 운디드니는 글자 그대로 미국 역사의 무릎에 심각한 상처가 되었다는 것이다. 무릎에 상처가 나면 절름발이가 되는 것처럼 오늘날 미국이 민주주의, 인권, 주권 등 인류 보편의 가치에 대해 떠들고 있지만, 끔찍했던 과거 역사를 냉정하게 직시해야 한다는 역사의 엄중한 교훈을 상기한다. 흥미로운 점은 원주민들은 '큰 바위 얼굴' 맞은편에 몬태나주 리틀빅혼에서 미 제7기병대를 상대로 승리를 거둔 인디언 추장이면서 전사였던 크레이지 호스

(1840년대~1877)의 두상 제작을 마치고, 몸체와 그가 탄 말을 만들고 있다. 원주민들은 미 제7기병대와 맞붙어 대승을 거둔 그를 영웅으로 추앙한다. 1939년부터 네 명의 대통령 얼굴 조각상이 있는 곳에서 27km 떨어진 러시모어 산자락에서 울리는 망치소리는 미국과 미국인의 양심을 울리고 있다.

📖 김홍식. (2007). 《세상의 모든 지식》. 서해문집.

　다이아몬드, 재레드. (2019). 《대변동》. 강주헌 옮김. 김영사.

　모로아, 앙드레. (1994). 《미국사》. 신용석 옮김. 기린원.

　브라운, 디. (2003). 《나를 운디드니에 묻어주오》. 최준석 옮김. 나무 심는 사람.

　브링클리, 앨런. (2005). 《있는 그대로의 미국사》. 황혜성 외 옮김. 휴머니스트.

　박진배. (2022). 《조선일보》. 〈미국 인디언 유적지〉. 4월 28일.

　정경민. (2011). 《중앙일보》. 〈'크레이지 호스' 전설의 부활〉. 9월 7일.

　최윤필. (2015). 《한국일보》. 〈운디드니 학살, 인디언 소탕해 서부개척 美의 '상처난 무릎'〉. 12월 29일.

　최현준. (2021). 《한겨레》. 〈할런드, 미 내무장관 인준… 첫 원주민 장관 탄생〉. 3월 16일.

　메사 버드국립공원. https://heritage.unesco.or.kr/

기후변화, 더 진지하게 생각하기
① 꿀벌의 실종

생전의 부모님은 텃밭 담장 아래에 벌통을 놓고 한봉(韓蜂)을 했다. 산 아래에 터를 잡은 고향 집은 벌을 치기에 최적의 환경을 갖추고 있다. 한봉은 한 곳에서 꿀벌을 치고 첫서리가 내릴 때 채밀(採蜜)을 한다. 반면 양봉은 철 따라 꽃 따라 이동하며 기른다. 유채, 아카시아, 밤, 싸리 등의 꽃이 피는 지역을 찾아다니며 여러 차례 꿀을 얻는다. 한봉이 정주민이라면 양봉은 유목민에 가깝다. 생산성 측면에서 한봉은 양봉에 비교가 되지 않는다. 부모님이 채밀을 하면서 진한 꿀을 입에 넣어줄 때의 기억은 생생한 그리움이 되었다. 위장이 쓰리다고 하면 약효가 있다며 되레 좋아하셨다. 벌집을 가득 채운 꿀이 꿀단지에 뚝뚝 떨어지는 모습은 가족 모두를 행복하게 만들었다. 이렇게 채밀한 꿀은 일 년 내내 가족의 건강을 위해 중요한 식량이 되었다. 벌통은 외부 침입자들에게 시달렸다. 그들은 벌통 속으로 침입하여 수많은 꿀벌을 물어 죽이는 경우가 허다했다. 그 작은 벌통 속에서도 먹이사슬과 적자생존의 원리가 적용된다. 벌통 옆에 파리채를 들고 앉아 호박벌이며 말벌 등의 이방인으로부터 한봉을 지키는 보초를 선 적도 많았다.

세계적인 환경단체 'Earth Watch'는 지구에서 절대 사라져서는 안될 다섯 가지 생명체로 꿀벌, 플랑크톤, 박쥐, 균류, 영장류를 꼽았는데 그중에 꿀벌이 1위로 뽑혔다. 과학계에서는 "지구에서 꿀벌이 사라지면 4년 안에 인류도 사라진다"라는 말을 할 정도로 꿀벌은 중요하다. 인간이 재배하는 1,500종의 작물 중 약 40%는 곤충을 통한 꽃가루받이가 이뤄지는데, 그중 꿀벌이 80%의 역할을 담당한다고 하니 그런 평가를 받을 만하다. 유엔 식량농업기구(FAO)에 따르면, 세계 식량의 90%를 차지하는 100종의 주요 농작물 중 수박, 호박, 양파, 아몬드, 사과 등 71종이 꿀벌의 꽃가루받이로 생산되고 있다고 한다(김형자, 2022). 전 세계 식량 작물 4종 중 3종은 벌과 같은 꽃가루 매개 생물에 의존한다. 벌은 생물 다양성의 초석이다. 벌이 없어지면 과일, 채소, 곡물도 없어질 것이다. 그런 식량이 없어지면 조류와 포유동물 등 온갖 동물이 사라질 것이다(밀먼, 2022: 249). 벌은 지구 최대의 꽃가루 매개자로서 인류 생명의 유지에 절대적인 기여를 하고 있는 셈이다.

세계 곳곳에서 꿀벌들이 집단으로 실종되는 사건들이 속속 보고되고 있다. 미국과 유럽 등 세계 여러 지역에서는 2010년대 들어 꿀벌의 30~40%가 사라졌다고 한다. 우리나라도 예외가 아니다. 한국양봉협회에 따르면 2022년 3월 2일 기준 전국 227만 6,593개 벌통 중 39만 517개가 피해를 본 것으로 집계됐다. 꿀벌이 월동에 들어갈 무렵 벌통 안에 사는 꿀벌의 개체수는 대략 1만 5,000마리 정도라고 하니 전국에서만 약 60억 마리의 꿀벌이 사라졌다(조승한, 2022).

꿀벌에게 무슨 일이 생긴 걸까? 미국에서는 2006년 꿀벌 집단이 갑자기 실종되는 '군집붕괴현상(Colony Collapse Disorder)'을 보고했다. 미국 환경보호국(EPA)은 응애류(0.2~0.8mm의 아주 작은 거미류의 해충으로 농작물이나 가축에 기생하여 사막·툰드라·고산·동굴·온천·바다 밑 등 거의 모든 환경에 걸쳐 서식한다. 현재까지 3만 종 이상이 알려져 있지만 앞으로도 끊임없이 새로운 종이 발견될 것으로 보인다)와 같은 해충, 농약, 새로운 병원균, 기후변화 등이 복합적으로 작용한 결과로 분석했다. 우리나라 농업진흥청에서 2021년 1월과 2월 전국 양봉농가 99호를 대상으로 조사한 결과에 따르면, 꿀벌 실종은 꿀벌응애류 발생과 말벌류에 의한 폐사, 기후변화의 영향이 복합적으로 작용했기 때문이라고 밝혔다. 그 이유로 8월까지 꿀 생산이 이어지면서 이 시기 늘어나는 기생성 해충 응애류가 거의 대부분 피해를 본 벌통에서 발견됐다는 점을 지적했다. 응애를 막기 위해 약제를 많이 뿌리면서 월동 전 꿀벌 발육에도 부정적인 영향을 준 것으로 확인됐다.

기후변화는 꿀벌의 생태에 치명적인 영향을 준다. 9~10월의 저온현상과 11~12월의 고온현상이 생기면 일벌들은 사냥을 나갈 정도로 발육이 되지 않은 상태가 된다. 이렇게 되면 월동 중이던 늙은 일벌들이 일찍 핀 꽃의 화분을 찾아 사냥을 나갔다 벌통으로 다시 돌아오지 못한다(김민제, 2002). 꿀벌에게는 내우외환의 악순환이 되풀이되는 셈이다. 벌통에는 꿀벌의 생태계를 해치는 병원균이 득실거리고 인간은 이를 퇴치하기 위해 치사량에 가까운 살충제를 살포한다. 기후변화로 벌이 한참 월동을 하면서 체력을 키워야 할 때 잠에서 깨어나야 한다. 꿀벌이 버틸 수 있는 임계치를 넘어섰다.

미국과 유럽 등 꿀벌 피해를 크게 본 지역에서는 꿀벌을 살리기 위한 노력들이 분주하다. 영국에서는 꿀벌 친화적 통로인 'B-라인'을 만들어 야생화가 서식하거나 잠재적으로 서식할 만한 곳을 지도로 만들었다. 당국은 이 지역을 야생 당근과 미나리과 식물을 포함해 야생화 서식 장소로 탈바꿈시켜 꿀벌들이 살 수 있는 환경을 조성하고 있다. 멕시코에서는 20만 그루의 해바라기를 심어 벌이 쉴 수 있는 벌집을 마련했다. 해바라기는 번식력이 강하고 꿀이 많아 최적의 벌 서식처라고 한다. 유럽연합은 꿀벌을 죽이는 살충제 네오니코티노이드 사용을 금지했다(고은경, 2020). IT를 이용하여 전 세계에 5만 개의 지능형 벌통을 구축하고 기업과 협력하여 클라우드 컴퓨팅 방식으로 벌집의 온도, 습도 등 환경 데이터를 분석하고 있다(조승한, 2022).

유엔은 2017년 5월 20일을 '세계 꿀벌의 날(World Bee Day)'로 지정했다. 지구촌 생태계에서 중요한 위치를 차지하고 인간 생명의 지킴이 역할을 담당하는 꿀벌을 알리기 위해 제정된 날이다. 흥미로운 점은 인구 200만 명의 작은 나라 슬로베니아가 이 꿀벌의 날을 제안했는데, 슬로베니아는 전 국민의 0.5%인 만여 명이 양봉업에 종사하는 유럽에서 가장 큰 양봉 국가라고 한다. 5월 20일로 정한 것도 슬로베니아의 저명한 양봉가인 안톤 얀사(1734~1773)의 생일날을 기린 것이다(김경태, 2021).

세계는 벌집처럼 촘촘하게 연결되어 있다. 이 연결은 인터넷과 인터넷의 인공적인 연결을 의미하지 않는다. 연결의 본질은 자연 생태계와 인간 생태계 간의 연결이다. 꿀벌 생태계가 망가져 소멸되면 인간 역시 지속 가능하지 않을 것이다. 꿀벌의 실종을 분석한 과학자들의 의견을 종합하면, 결국 기후변화가 근인(近因)으로 꼽히고 있다. 기후변화로 꿀벌이 실종되는 환경에서는 인간도 살기 어렵다. 꿀벌은 인간과 자연을 연결하는 징검다리다. 그 다리가 무너져 내리고 있음에 주목해야 하는 이유다.

따사로운 햇볕이 연구실의 유리창을 비추고 건너편 산에서는 매화, 개나리, 진달래, 산수유 등의 꽃들이 만개하여 꿀벌들을 유혹하고 있다. 창밖에서 벌들이 윙윙 소리를 낸다. 평소 같으면 벌 소리에 위협을 느꼈을 것이지만 이번에는 반가운 마음이 든다. 기후변화로 충분한 월동 기간을 보내지 못하고 일찍 화분 사냥을 나온 꿀벌이 아니길 바란다. 산과 들에 꽃이 만개하는 봄날 벌의 존재가 강렬하게 와 닿는 것은 저자만이 아닐 것이다.

스티븐 코비는 《성공하는 사람들의 7가지 습관》에서 인간의 활동을 결정하는 두 가지 요소로서 '긴급성'과 '중요성'을 꼽는다. 인간이 직면한 긴급하고 중요한 일은 위기 상황으로 규정할 수 있다. 이것은 즉각적인 처리가 요구되고 그 결과 또한 중대한 사안이 아닐 수 없다(코비, 2007: 211–212). 기후변화야말로 인간이 직면한 가장 긴급하고 가장 중요한 일이 아니고 무엇이겠는가. 정현종 시인의 시 〈급한 일〉을 음미하면서 기후변화를 더 진지하게 생각해보자. '그 어떤 경우에나 이제는 꼭/ 먼저 생각해야 할 게 있어./ 죽어가는 공기/ 죽어가는 물/ 죽어가는 흙 생각이야./ 공기니 물이니 흙 따위엔 관심이 없다고?/ 그 무관심은 오늘날 아주 큰 죄악.' 공기, 물, 흙은 우리들의 일상에서 너무나 흔한 존재들이라 무관심의 대상이 되어버린 지 오래다. 모든 생명의 생존을 위한 기본 요소가 되는 이들 공기, 물, 흙에 대한 더 이상의 무관심은 지구를 멸망에 이르게 하는 큰 죄악이다. 이제는 인간이 공기, 물,

흙을 가혹하게 대하지 않았나 하는 성찰을 넘어 실질적이고 구체적인 행동을 요구한다. 자연(自然)은 '사람의 힘을 받지 않고 저절로 일어나거나 이루어진 현상'을 가리킨다. 영어로는 'Mother Nature'이다. 자연은 만물의 어머니다. 어머니로부터 가장 많은 사랑을 받고 있는 인간이 이제는 원래 있는 그대로의 자연 상태로 되돌려주어야 한다. 자연이 살아야 인간도 살 수 있다는 것은 지극히 자연스러운 자연의 법칙이다. 이보다 더 '급한 일'은 없을 것이다.

📖 밀먼, 올리버. (2022). 《인섹타겟돈》. 황선영 옮김. 블랙피쉬.

코비, 스티븐. (2007). 《성공하는 사람들의 7가지 습관》. 김경섭 옮김. 김영사.

고은경. (2020). 《한국일보》. 〈전 세계는 지금 멸종위기 '꿀벌' 구하기 나섰다〉. 7월 19일.

김경태. (2021). 《농수축산신문》. 〈세계 꿀벌의 날을 맞이하여〉. 5월 18일.

김민제. (2022). 《한겨레》. 〈꿀벌 60억 마리가 갑자기 사라졌다. 왜〉. 3월 15일.

김형자. (2022). 《조선일보》. 〈꿀벌 사라지면 수박, 호박, 아몬드 못 먹을 수도 있어요〉. 3월 29일.

김한솔. (2022). 《경향신문》. 〈그 많던 꿀벌은 어디로 갔을까… 2022년 꿀벌 실종 사건의 전말〉. 3월 31일.

조승한. (2022). 《동아사이언스》. 〈세계 곳곳서 보고되는 꿀벌 집단 실종 사건… 식량위기 생태계 붕괴 신호탄되나〉. 3월 18일.

기후변화, 더 진지하게 생각하기
② 탄소중립

절기로는 봄이 왔지만 꽃샘추위가 기승을 부려 여전히 겨울옷을 걸치는 기간이 더 늘어나고 있다. 우리나라 날씨의 특성은 사계절이 뚜렷하다는 것이지만 봄과 가을은 상대적으로 짧아졌다. 개화의 순서도 예전 같지 않다. 본래 개화 순서는 개나리, 진달래, 왕벚나무, 배꽃, 아까시나무 순인데 요즘엔 이들이 거의 동시에 핀다. 봄의 전령사인 이 꽃들도 기후변화로 생체리듬이 깨져 자신이 무대에 등장할 타이밍에 혼란이 생긴 현상이다.

우리나라에서 2022년 발효된 '기후위기 대응을 위한 탄소중립·녹색성장 기본법(약칭: 탄소중립기본법)'에 따르면, 기후변화란 '사람의 활동으로 인하여 온실가스의 농도가 변함으로써 상당 기간 관찰되어 온 자연적인 기후변동에 추가적으로 일어나는 기후체계의 변화이다'라고 정의한다. 기후변화에서 한 단계 악화되면 기후위기로 이어진다. 기후위기는 기후변화가 극단적인 날씨뿐만 아니라 물 부족, 식량 부족, 해양산성화, 해수면 상승, 생태계 붕괴 등 인류 문명에 회복할 수 없는 위험을 초래하여 획기적인 온실가스 감축이 필요한 상태를 말한다. 우리나라는 기후만 놓고 볼 때 기후변화와 기후위기의 경계에 놓여 있다. 특별한 대책을 세우지 않는 한 기후변화가 기후위기 단계로 이행될 시기도 오랜 시간이 걸리지 않을 모양이다.

국제사회는 기후변화에서 기후위기로의 이행을 막기 위해 2050년까지 탄소중립을 실현하자는 결의를 다졌다. 탄소중립이란 탄소 배출을 제로 상태로 만들겠다는 계획이다. 이렇게 해야만 지구 평균 온도 상승을 산업혁명 이전의 온도(1850~1900년 평균)와 대비하여 1.5℃ 아래로 억제할 수 있다고 한다. 이 목표치는 2018년 10월 '기후 변화에 관한 정부 간 협의체(IPCC)'에서 승인한 '지구온난화 1.5℃ 특별보고서'에서 제시되었는데, 이 보고서에 따르면 지구 평균 온도 상승을 1.5℃ 이내로 억제하기 위해 온실가스 배출량을 2030년까지 2010년 대비 최소 45% 이상 감축하여야 하고, 2050년까지 전 지구적으로 탄소 순배출량이 '0'이 되는 탄소중립을 달성하여야 한다. IPCC 특별보고서는 40개국 91명의 과학자가 작성하였으며, 2018년 인천 송도에서 열린 제48차 IPCC 총회에서 회원국(195개국) 만장일치로 승인된 보고서다(송도 총회 후 3년이 지난 2021년 8월, IPCC는 온실가스 배출이 현재와 같은 수준으로 지속된다고 가정한다면, 2021년~2040년 사이에 지구 평균 기온이 산업화 이전과 대비하여 1.5℃ 이상 상승할 가능성이 높다고 밝혔다. 이 시기는 2018년에 IPCC가 〈1.5℃ 특별보고서〉에서 제시됐던 2030년~2052년보다 10년 앞당겨진 것으로 인류가 기후위기 위험에 대응할 수 있는 시간이 얼마 남지 않았음을 시사한다. 2011년~2020년 사이에 지표면 온도는 산업화 이전 대비 1.09℃ 올랐다(김한솔, 2021)).

인류는 지구 온도를 식히기 위해 지혜를 모으고 있다. 이산화탄소는 지구 온도를 높이는 주요 원인으로 꼽힌다. 산업혁명 이후 지구의 이산화탄소 배출량은 34% 증가했다. 온실 기체가 많아질수록 더 많은 양의 열이 우주로 빠져나가지 못하고 지구 대기에 갇힌다. 과학자들은 지구 온난화에 따른 환경재앙을 막기 위해 2050년까지 전 세계 이산화탄소 배출량을 50% 줄여야 한다고 주장한다(빅 히스토리 연구소, 2018: 350-351). 1992년에는 국제조약인 유엔기후변화협약(UNFCCC)을 채택하고, 2015년에 기후협약 내 파리협정 체결을 통해 기후위기에 대한 신기후체제를 출범시켰다. 파리협정은 지구온도를 산업화 이전 대비 2℃ 이하로, 나아가 1.5℃까지 억제하기 위해 모든 당사국에게 2050년까지의 전략인 '2050년 장기 저탄소 발전전략'을 2020년까지 제출하도록 요청하였다. 1.5℃~2℃를 기후 저지선이라고 부른다.

기후 저지선이 무너지게 되면 어떻게 될까? 이미 지구 평균 온도는 산업화 이전 대비 1℃ 이상 상승했다고 한다. 지구 평균 온도가 1℃ 이상 올라간 현재 상태만 해도 지구온난화에 의해 폭염, 폭설, 산불 등 이상기후 현상이 더 빈번하게 더 높은 강도로 나타나고 있으며, 태평양의 여러 도서 국가들은 해수면 상승에 의해 존폐의 위기에 직면해 있다. 만약 지구 평균 온도가 1.5℃ 상승하게 된다면 해발고도가 2~3m에 불과한 키리바시, 투발루, 피지 등 남태평양의 섬들은 수몰될 것으로 전망된다. 또한 생태계와 인간 사회는 여러 측면에서 매우 높은 위험에 처하게 될 것이다. 세계에서 가장 추운 지역인 시베리아에서도 30℃가 넘는 폭염으로 산불이 발생하였다고 하니 유구무언이다.

인간 활동에 의한 인위적인 온난화는 10년당 0.2℃의 온도 상승 추세를 보이고 있으며, 현재 속도로 온난화가 지속된다면 2030년에서

2052년 사이에 1.5℃에 도달할 가능성이 높다고 한다. 우리나라의 평균 온도는 지난 100여 년간 지구 평균 온도(1℃)보다 높은 1.8℃ 상승하였으며, 최근 30년 사이에 1.4℃ 상승하는 등 지구온난화 경향이 근래에 더 심각해지고 있는 실정이다. 우리나라도 악화되는 기후변화에 대응하여 2020년 10월 '2050년 탄소중립'을 선언하고, 2021년 5월 대통령 직속으로 '2050탄소중립녹색성장위원회'를 설치하였으며, 2022년 3월부터 기후위기 대응을 위한 〈탄소중립기본법〉을 발효하였다.

점점 뜨거워지는 지구를 식히기 위해 어떤 구체적인 노력을 해야 하는가? 2021년 10월 우리나라 정부는 '2050 탄소중립 시나리오(안)'를 작성하였다. 2020년 '2050 탄소중립'을 선언한 뒤에 나온 후속 대응책이다. 대응책에는 전환, 산업, 건물, 수송, 농수축산, 수소, 폐기물, 탈루, 흡수원, 이산화탄소 포집 및 활용 저장(CCUS), 직접 공기 포집 등 다양한 구성요소들을 대상으로 한 중장기 방안이 포함됐다. 조만간 개인, 가정, 직장, 사회에서 탄소중립을 위해 어떻게 실천할 것인가에 대한 구체적인 행동강령이 제시될 것으로 기대된다.

우리나라의 탄소배출량은 얼마나 될까? IPCC 분석에 따르면 국가별 탄소 누적 배출량을 인구수에 비례해 계산할 때 우리나라에 남은 탄소배출량은 $2GtCO_2$ 가량이라고 한다. 국내 연간 탄소배출량이 0.6~0.7 $GtCO_2$라는 점을 고려하면 고작 3년 치가 남았다. 국제사회에서 한국에 대한 '탄소중립' 요구가 앞으로 더 커질 것이란 전망이다. 물론 우리나라의 누적 총량은 1% 정도로 세계 20위권이고 세계 누적 이산화탄소 배출량 중 31.7%를 차지하는 미국과 중국에 비해 턱없이 낮은 수준이다(이윤주, 2021).

탄소국경세(carbon border tax)는 현실이 되었다. 탄소배출권(carbon credit) 도입으로 정해진 양보다 많은 탄소를 배출하는 기업은 벌금을 내야 한다. 유럽의회는 2022년 6월 탄소국경조정세(탄소국경세) 도입 법안을 통과시켜 2023년 시범적으로 시행하고 2025년 본격 시행할 예정이다. 탄소국경세는 제품 생산 과정에서 직접 배출되는 탄소뿐 아니라 제품 생산에 쓰인 전기를 만드는 과정에서 간접 발생하는 탄소까지 포함시켰다. 탄소국경세는 철강, 전력, 비료, 알루미늄, 시멘트, 유기화학품, 플라스틱, 수소, 암모니아 등 9개 항목에 적용된다. 우리나라의 최근 3년간 연평균 유럽연합 수출액 가운데 이들 9개 품목이 차지하는 비율은 15.3%를 차지하고 있다(김승범, 2022; 김영권, 2022). 제조업이 많은 우리나라에서 탄소중립은 더 이상 구호가 아니라 심각한 경제문제가 되었다. 2019년 기준 우리나라 무역의존도는 63.7%(수출 33.0%, 수입 30.7%)로 G20 국가 중 2위에 해당하며, 연간 수출액은 500조 원 규모로 이 중 99.5% 이상이 제조업에 해당한다. 주요 수출업종은 반도체, 자동차, 석유화학, 디스플레이, 기계, 석유정제, 철강 등 에너지 다소비 업종이 대부분이다.

우리나라 연간 온실가스 배출량은 2018년 기준 727.6백만tCO2eq.으로 세계 11위 수준이며, 에너지 부문에서 86.9%, 산업공정에서 7.8%를 배출하고 이 중 산업 부문과 관련된 배출량은 총배출량의 33.4%에 해당한다. 산업 부문의 업종별 배출량은 2018년 기준 철강 35.5%, 석유화학 14.5%, 석유정제 10.9%, 시멘트 5.3%, 반도체 3.7%, 전자부품(디스플레이) 3.0% 순으로, 온실가스 배출 상위 업종이 주요 수출업종에 대부분 포함된다(정훈·여영준·조해인, 2021 참조). 우리나라 수출품목 중 주력 항목은 탄소국경세의 적용을 받는다고 보면 된다. 자칫 우리나라가 탄소중립을 위한 실천에 늑장을 부릴 경우에는 기후변화의 주범이라는 오명을 쓰게 될 뿐만 아니라 막대한 경제적 손실을 초래할 것이다. 실제 2020년 기준 세계 25개국에서 탄소세를 도입하고 있다고 하니 강 건너 불 보듯 할 일이 아니다.

기후변화에 따른 여러 가지 문제가 발생함에 따라 새로운 용어들이 등장했다. 가장 빈번하게 사용되는 용어는 '인류세(anthropocene)'이다. 과거에는 자연적인 지질과 기후 변화가 생물권의 변화를 초래했다면, 오늘날에는 인류라는 인간종의 활동으로 변화를 초래했다는 주장이다 (빅 히스토리 연구소, 2018). 한마디로 인류가 지구를 망친 주범이라는 것 이다. 인류세는 과도한 인간중심이 초래한 대재앙이다. 지구법학(Earth Jurisprudence)이라는 용어도 등장했다. 지구법학은 인간중심에서 벗어 나 인간은 물론 비인간 존재도 서식하면서 공진화할 권리를 인정하고 보장하는 법학의 패러다임 전환을 말한다(오동석, 2022). 학문세계에서도 지구와 인간, 인간과 비인간의 상호연결성과 상호의존성에 대한 활발한 논의가 진행될 것으로 기대한다.

탄소중립은 국가별, 권역별, 경제 수준별로 첨예한 이해관계가 얽혀 있다. 예컨대 2022년 2월 우크라이나를 침공한 러시아는 경제 제재를 하고 있는 유럽 국가들에 대해 천연가스와 석유 수출 금지를 위협하는 등 에너지를 무기로 사용하고 있다. 국제사회가 탄소중립을 위해 청정 에너지를 사용하려고 해도 전쟁 등으로 국제사회가 대결과 충돌로 치 닫게 되면 '탄소중립'이라는 범지구적 목표는 그야말로 허황된 목표가 될 수도 있다. 미국 클린턴 대통령(재임 1993~2001) 시절 부통령을 지냈고 환경보호론자로 변신하여 노벨평화상을 수상한 앨 고어(재임 1993~2001)의 "기후변화야말로 지금까지 인류가 직면한 과제 중 가장 심각한 문제다"라는 말을 가볍게 들어서는 안 된다. 세계 지도자들이 위기에 빠진 지구를 살리겠다는 절박함으로 한 발씩 양보하지 않는다면 탄소중립이라는 대의를 실천하기 어렵다. 탄소중립은 지구를 살리기 위한 최소한의 조치이다. 탄소중립을 해도 어떤 지구적인 문제가 생길지 모를 일이다. 지구는 인간의 어머니이다. 어머니 지구가 중병으로 쓰러졌는데 치료를 하지 않은 불효막심한 인간이 되지 않았으면 한다. 인간은 고도화된 과학기술 덕분에 지구가 앓고 있는 병의 원인을 밝혀냈고 앞으로 발생할 문제에 대한 예측을 내놓았다. 그러나 과학기술은 진단하고 예측하기보다 위험에 대비할 때 더 큰 위력을 발휘한다. 지금이야말로 지구적으로 생각하고, 지역적으로 행동할 때이다.

📖 다이아몬드, 재레드. (2019). 《대변동》. 강주헌 옮김. 김영사.

빅 히스토리 연구소. (2018). 《빅 스토리》. 윤신영·이영혜·우아영·최지원 옮김. 사이언스 북스.

오동석. (2022). 〈지구법학 관점에서 본 교육 전환의 과제〉. 《2022년 제1회 경기교육포럼》.

정훈·여영준·조해인. (2021). 〈탄소국경조정 대응 산업지원 정책과제와 정책효과 예측 연구〉. 《국회미래연구원 연구보고서》.

〈기후위기 대응을 위한 탄소중립·녹색성장 기본법(약칭: 탄소중립기본법)〉. 법제처.

정부 관계부처 합동(2021). 〈2020 탄소중립 시나리오안〉.

〈2050 탄소중립녹색성장위원회〉 https://www.2050cnc.go.kr/base/main/view

김승범. (2022). 《조선일보》. 〈美·EU 탄소국경세에 대비책 있나〉. 9월 13일.

김영권. (2022). 《파이낸셜 뉴스》. 〈EU, 탄소국경세 항목 확대 등 강화 전망… 기업 부담 가중 우려〉. 4월 3일.

김한솔. (2021). 《경향신문》. 〈'명백히 인간에 의한' 전례없는 기후변화… 곧 1.5도 상승 가능성↑〉. 8월 9일.

민태기. (2022). 《조선일보》. 〈200년 전 과학자가 보여주는 위기 대처법〉. 9월 30일.

이윤주. (2021). 《한국일보》. 〈"한국의 탄소배출량, 고작 3년치 남았다" IPCC 보고서의 경고〉. 8월 10일.

임병선. (2021). 《뉴스펭귄》. 〈미국과 중국이 내뿜은 이산화탄소, 누적 배출량 중 31.7%〉. 10월 6일.

최우리·이근영·김민제. (2022). 《한겨레》. 〈지구 '1.5도 상승' 지키려면… 2030년 탄소배출 43% 감축해야〉. 4월 4일.

기후변화, 더 진지하게 생각하기
③ 산불

2000년 초봄으로 기억한다. 고향 화순의 어머니로부터 급한 연락을 받았다. 아버지가 산불을 내 경찰서에서 조사를 받고 계신다고 말씀하셨다. 산불의 원인은 아버지가 쓰레기 소각장에서 쓰레기를 태우는 과정에서 마침 불어 닥친 강풍으로 불씨가 인근 임야로 번진 것이다. 다행히 불길은 동네 사람들과 소방서의 수고로 몇 시간 만에 잡을 수 있었다. 아버지 본인도 얼마나 놀라셨는지 입술이 바싹 타셨다. 더 큰 문제는 야산에 있는 묘지의 묘지목들을 홀랑 태웠다는 것이었다. 후손들 입장에서는 조상님에 대한 이런 무례도 없을 것이다. 발이 손이 되도록 빌고 배상해주었다.

2022년 3월 초 동해안의 울진, 삼척, 강릉에서 발생한 산불로 서울 면적의 3분의 1에 해당하는 지역이 화마(火魔)에 휩싸였다. 마른 장마와 겨울 가뭄이 원인으로 밝혀졌다. 2021년 12월부터 2022년 2월까지 총 강수량과 강수일은 과거 50년 중 가장 적었다. 강수량은 13.3mm로 1973년 관측 이래 최저치를 기록해 평년 강수량 89mm의 14.7%에 그

쳤다. 이 정도면 산에 있는 수목들은 거의 '마른 장작'이 되고 만다. 산림청에 따르면 우리나라 연도별 산불 발생 건수는 2010년 282건, 2012년 197건이던 것이 2015년 623건, 2017년 692건, 2019년 653건, 2020년 620건으로 가파른 증가세를 나타냈다.

이례적인 가뭄과 폭염으로 발생하는 산불의 증가 현상은 우리나라만의 문제가 아니며 전 세계적인 재난이 되고 있다. 2021년 7월 그리스는 섭씨 50℃에 육박하는 기록적인 폭염으로 하루 70여 곳에서 산불이 발생한 적도 있다. 호주에서는 2019년 사상 최악의 산불로 가을에 발생한 산불은 이듬해 봄까지 이어졌다. 미국 캘리포니아주에서는 거의 매년 대형 산불이 발생하여 수많은 이재민이 발생하고 천문학적인 재산 피해를 입고 있다.

산불은 주로 사람의 실수 또는 방화로 일어나는 인재(人災)다. 산림청에서 집계한 산불의 주요 원인은 입산자 실화(38%), 논밭두렁 및 쓰레기 소각(14%)으로 나타났다. 하지만 산불 발생이 증가하고 점차 규모가 커지는 보다 근본적인 원인은 기후변화에 있다. 기후변화로 인한 기록적인 고온현상과 유례없는 가뭄으로 건조한 땅이 조성되어 불이 잘 타고 잘 번질 수 있는 환경이 조성된 것이다. 우리나라에서 발생하는 산불은 주로 매년 4월 중부 및 영동 지역에 집중돼 있었는데 최근에는 시기가 앞당겨지고 전국화 되는 경향이 있다고 한다. 겨울 가뭄이 지속되고 초봄에 바짝 말라 있는 숲이 불쏘시개 역할을 하고, 여기에 강풍이 불면서 순식간에 불길이 확대된다.

산불 발생의 공통점은 건조, 가뭄, 강풍의 삼박자가 맞았을 때 대형 산불로 확대되어 미증유의 피해를 입힌다. 세계에서 가장 추운 지역인 시베리아에서도 섭씨 30℃가 넘는 폭염으로 산불이 발생하였다고 하니 어느 지역이나 산불로부터 자유롭지 못하다. 기후체계의 변화, 즉 기후변화에서 초래된 재앙은 특정 지역이나 국가에 머물지 않고 범국제적인 재난의 양상을 띤다.

산림의 중요성에 대해서는 굳이 강조할 필요가 없을 것이다. 탄소중립 시대에는 산림의 존재감이 훨씬 크다. 산림은 이산화탄소의 순흡수원이다. 우리나라 산림의 이산화탄소 흡수량은 국가 전체 배출량의 6% 정도라고 한다. 탄소중립 달성을 위한 단순 공식은 이산화탄소 배출량은 줄이고 흡수량을 늘리는 것이다. 그러나 대형 산불로 산림이 소실되면서 이산화탄소를 흡수해야 할 산림이 오히려 이산화탄소를 배출하는 역전현상이 나타나고 있다. 기후변화로 가뭄과 폭염이 지속되면 산불 발생 가능성이 높아지고 산불은 산림의 이산화탄소 흡수량을 감소시키는 악순환이 반복되고 있다.

인류 문명은 주요 산림 수종인 나무와 떼려야 뗄 수 없는 관계를 맺고 있다. 나무야말로 인류 문명에서 가장 중요한 자원이었다. 나무가 없었다면 오늘의 인류 문명도 없었을 것이다. 나무가 인류에게 얼마나 중요한 존재였는가는 나무와 문자의 어원을 보면 알 수 있다. 나무의 어원은 그리스어로는 훌라에(hulae)이고, 라틴어로는 메테리아(materia)인데, 모두 '첫째가는 물질'이라는 의미다. 이탈리아어 레그노(legno)는 '나무'를 뜻하는데 나무를 만들던 시대에는 '배'를 지칭하기도 했다. 고대 아일랜드의 알파벳 문자도 나무 이름에서 따왔다. A의 앨림(alim)은 엘름(elm, 느릅나무), B의 비스(beith)는 버치(birch, 자작나무), C의 콜(coll)은 헤이즐(hazel, 개암나무), D의 데어(dair)는 오크(oak, 참나무)에서 유래했다(펄린, 2006: 24-25).

산림 수종의 탄소흡수량은 어느 정도일까? 임령(林齡) 30년생을 기준으로 우리나라 상수리나무 1ha(10,000제곱미터로 약 3천 평, 축구장의 1.5배)는 연평균 약 14톤의 이산화탄소를 흡수하며, 우리나라 주요 8개 수종 중 단위 면적당 온실가스 흡수량이 가장 높게 나타났다. 우리나라의 대표적인 수종인 소나무 30년생 숲 1ha는 매년 11톤의 이산화탄소를 흡수함으로써 승용차 5.7대가 배출하는 온실가스를 상쇄하는 것으로 계산되었다. 승용차 1대가 배출한 온실가스를 상쇄하려면 매년 소나무 13그루를 심어야 한다는 계산이 나온다(이선정·임종수·강진택, 2019).

우리나라 사람들이 가장 선호하고 국가를 대표하는 수종인 소나무는 '으뜸'을 뜻하는 우리말 '수리'에서 '솔'이 돼 '솔나무'로, 다시 '소나무'로 이름을 붙였다고 한다. 탄소중립 시대에 소나무가 이름값을 톡톡히 하고 있는 셈이다. 우리 민족의 혜안이 돋보인다.

기후변화로 산불의 발생 가능성이 점점 커지고 있다. 산불은 탄소저장창고인 나무들을 소실시키고 지구의 기온을 더 뜨겁게 하여 온난화를 만드는 탄소 악순환 체계로 이어진다. 우리들이 보는 숲 역시 생로병사의 단계를 밟는다. 임령이 증가할수록 연간 이산화탄소 흡수량은 감소한다. 숲의 평균 수명은 30~40년 정도이고 나이가 들면 생장이 둔화되어 탄소를 저장하는 창고 기능도 감소할 수밖에 없다. 인간과 마찬가지로 숨을 쉬는 생명은 모두가 수명이 있다. 우리나라 국토의 70%는 산으로 둘러싸여 있다. 탄소중립 시대에 산이 많다는 것은 천혜의 조건을 가진 것이다. 〈산에 사는 메아리〉라는 동요 가사가 있다. 6.25 전쟁 직후인 1954년에 작곡되었으니 국가에서 산림녹화사업을 추진하는 과정에서 나온 동요라고 생각된다. 1절만 인용해보자.

산에 산에 산에는 산에 사는 메아리,
언제나 찾아가서 외쳐 부르면
반가이 대답하는 산에 사는 메아리,
벌거벗은 붉은 산엔 살 수 없어 갔다오.

산에 산에 산에다 나무를 심자
산에 산에 산에다 옷을 입히자
메아리가 살게시리 나무를 심자

이 동요를 부르던 시대에는 지구온난화나 탄소중립에 대한 개념조차 없었으며, 벌거숭이 민둥산에 조림을 하는 주요 이유는 토사 유출을 방지해 산사태를 예방하기 위해서일 것이다. 사람들이 나무를 심어야 하는 이유를 쉽게 공감한 최고의 노래다. 우리나라 조림(造林)이 이 정도로 되기까지는 국가 주도의 산림녹화사업의 공로가 크다. 산은 인류의 허파요, 생존의 보고이다. 인간과 나무는 하나의 순환 고리 안에 단단히 매어져 있다. 위대한 자연 생태의 순환 고리를 끊지 말자(고규홍, 2014). 탄소저장창고를 지켜내자!

📖 고규홍. (2014).《나무가 말하였네》. 마음산책.
펄린, 존. (2006).《숲의 서사시》. 송명규 옮김. 따님.
이선정·임종수·강진택. (2019).〈주요 산림수종의 표준 탄소흡수량〉.

《산림정책이슈》. 129.

구길본. (2012). 〈산림 탄소흡수량 국가 표준 개발 소개〉. 대한민국 정책브리핑. 11월 14일.

고재원. (2021). 《동아사이언스》. 〈호주 산불, 기후변화가 원인이었다〉. 4월 5일.

김미향. (2022). 《한겨레》. 〈"요렇게 바싹 마른 꼴 처음" 22년 내 최대 산불, 기후 역습의 시작〉. 3월 12일.

김민제. (2022). 《한겨레》. 〈최근 '10년 평균 2.5배' 산불… 기후변화와의 연관성은?〉. 3월 3일.

손석우. (2022). 《조선일보》. 〈기후변화 영향으로 빈번해진 대규모 산불… 산림 보존, 복원 적극 나서야〉. 4월 6일.

정의길. (2021). 《한겨레》. 〈그리스 50도 폭염 속 곳곳 산불… "지구 종말 같은 광경"〉. 8월 8일.

편광현. (2022). 《중앙일보》. 〈산은 '마른 장작'이었다. 여의도 49개 태운 역대급 산불 원인〉. 3월 6일.

황지윤. (2021). 《조선일보》. 〈그리스 섭씨 46도, 30년 만의 폭염… 대형 산불 잇따라〉. 8월 5일.

〈산불통계연보〉. 산림청.

기후변화, 더 진지하게 생각하기
④ 집중호우

2022년 8월 8일 서울 동작구에는 하루 동안 381.5㎜의 비가 내렸다. 1907년 서울에서 기상관측을 시작한 이후 최고치라고 한다. 우리나라 연평균 강수량이 1,200㎜ 정도인데 약 3분의 1이 하루 만에 쏟아졌다. 이날 집중 폭우로 서울의 대표적인 번화가인 강남지역은 한밤에 지하철역이 침수되고 도로가 잠겨 도시가 마비될 정도가 되었다. 재난영화를 방불케 했다고 한다.

일정하게 한정된 지역에 집중적으로 쏟아지는 비를 국지성 집중호우(局地性 集中豪雨)라고 한다. 언제 어느 지역에서 폭우가 내릴 줄 모른다고 해서 게릴라성 호우라고도 불리는 국지성 집중호우는 우리나라에서만 볼 수 있는 현상은 아니다. 2022년 8월 5일 미국에서 가장 덥고 건조한 사막기후인 데스벨리(Death Valley)에는 3시간 만에 37.1㎜가 쏟아졌다. 8월 평균 강수량 2.79㎜의 13배 수준이다. 이 정도의 강수량이면 다른 지역에서는 통상적인 수준으로 볼 수 있지만, 데스벨리에서는 천년에 한 번 일어날까 말까 한 홍수다. 데스벨리는 사하라 사막과 함께 지구상에서 가장 무더운 지역으로 배드워터 분지는 해발 고도가 -82m로 북아메리카에서 가장 낮은 내륙 지역에 해당한다(저자는 2010년 겨울 자동차로 데스벨리를 통과한 적이 있었는데 그 무더운 사막에도 주민들이 거주하고 각종 관광시설을 갖추고 있는 것이 경이롭게 보였다). 2021년 10월 캘리포니아 주도(州都) 새크라멘토에는 24시간 동안 132mm의 비가 내려 1880년 이후 일일 최고 강우량 기록을 세웠다고 한다(김진욱, 2021). 2021년 7월 독일 쾰른에서는 7월 평균 강수량 87mm의 2배인 154mm가 내렸고, 라이퍼사이트에서는 9시간 동안 207mm의 집중호우가 내렸다(박상현, 2022). 파키스탄에서는 2022년 6월부터 3개월 이상 폭우가 쏟아져 국토의 3분의 1이 물에 잠기고 1,000여 명의 사망자가 발생하고 수천 명이 다쳤다(정의길, 2022). 지구촌 곳곳에서 전해지는 집중호우에 대한 소식은 너무 많아 일일이 기록하기 어려울 정도다. 우기에 집중호우가 내리는 것을 일반적인 현상이라고 생각할 수 있지만, 지난 수년간 지구촌의 집중호우는 그 횟수가 더 빈번해지고 정도 또한 악화되고 있음을 알 수 있다.

집중호우는 지역에 따라 산사태, 주택과 도로의 침수, 농경지 유실, 단전 단수 등 다양한 유무형의 피해를 동반하는데 이를 수해 또는 수마(水魔)라고도 한다. 오늘날 우리나라는 저수지와 댐을 만들고 관개수로를 정비하여 물로 인한 피해가 적은 편이지만, 어릴 적 농촌에서 겪은 수해로 인한 피해는 혀를 내두를 지경이었다. 불이 나면 흔적이라도 남지만, 수마가 할퀴고 간 자리에는 아무것도 남는 것이 없었다. 특히 강력한 태풍이 한반도를 강타하는 날에는 그 피해는 천문학적이다. 예컨대 1987년의 셀마로 345명, 2002년의 루사로 246명, 2003년에는 매미로 132명이 사망했다.

여름 집중호우와 태풍이 고향의 집과 터전을 얼마나 참혹하게 할퀴어놓았는지 눈에 선하다. 7, 80년대 농촌은 자연재해에 대한 대비가 현재보다 허술했다. 폭우가 집중적으로 쏟아지는 날이면 저지대에 사는 사람은 다른 곳으로 피난 가기 일쑤였고, 힘들게 짓던 농사를 망쳤다. 삶의 터전인 평야지대는 거대한 강으로 변하고 가재도구며 소, 돼지, 염소 등의 가축이며 심지어는 사람까지 둥둥 떠내려갔다. 바윗돌도 뚫을 듯한 강력한 물줄기는 강의 지형을 바꿔놓을 정도였다. 이전의 강줄기는 자갈로 덮이고 엉뚱한 곳에 새로운 강줄기가 만들어졌다.

최근 부쩍 빈번해진 집중호우는 인류에게 보내는 심각한 '경고장'이 아닐까 싶다. 사막지역에 홍수가 나는 것을 '대이변'으로 받아들이고 해외토픽으로 취급하고 마는 것은 더 큰 문제를 방치하는 것이나 마찬가지다. 노아의 홍수는 아니더라도 지구 기후에 커다란 변화가 생긴 것이다. 기후변화 연구의 권위자로 아시아 태평양 경제협력체(APEC) 산하 기후센터 원장을 지낸 권원태 박사에 따르면, 집중호우의 결정적 원인으로 기후변화에 따른 해수(海水) 온도의 상승을 꼽는다. 통상 온도가 1℃ 증가하면 수증기는 7% 증가하는데, 현재까지 산업화 이전과 대비하여 1.1℃가 증가한 것으로 나타났다. 2040년까지는 0.4℃가 더 증가할 것으로 전망됨에 따라 기후변화의 마지노선인 1.5℃ 상승은 피할 수 없다고 한다. 마지노선은 곧 '지구 위험 한계선(planetary boundaries)'이다. 기후, 생물 다양성, 토지 사용, 질소와 인 같은 영양소 등 네 가지는 이미 한계선을 벗어났다는 진단을 내리기도 한다(록스트룀·가프니, 2022). 한반도만 해도 남부 지방은 온대기후가 아니라 아열대 기후에 가깝다는 분석이다. 일 평균 기온이 5℃ 이하면 겨울이고 20℃ 이상이면 여름이라고 정의하는데 부산, 제주 등에선 사실상 겨울이 사라졌다고 보아야 한다(박상현, 2022). 집중호우의 원인은 명확하다. 전문가들이 내놓은 집중호우의 근본적인 원리는 지구온도가 상승하면 해수온도가 상승하고 더불어 수증기가 증가하면서 엄청난 양의 비를 뿌리는 것이다.

기후변화는 태풍의 성격까지 바꿔놓았다. 지구에 닿는 태양에너지의 93%는 바다에 축적되고, 바람과 해류는 적도에 축적된 열을 극지방으로 분산시키는 기상현상이다. 이때 바닷물이 너무 뜨거워지면 열 운반량을 극대화시킨 수퍼 태풍이 등장하게 된다. 수퍼 태풍이 운반하는 열에너지는 히로시마 원폭 1,000만 발, 또는 100만KW급 원전 2만 개를 1년간 가동시킬 때의 전력에너지와 비슷하다고 하니 가히 상상을 초월한 힘이다. 2022년 9월 우리나라에 상륙한 힌남노(라오스에서 제출한 태풍 명칭으로 현지어로 '돌가시나무 새싹'이라는 뜻을 갖고 있다)와 같은 초강력 태풍이 이에 해당한다. 우리나라 기상청에서도 "한 번도 예상하지 못한 역대급 태풍"이라고 말한다(한삼희, 2022). 기후변화가 악화될수록 한 번도 경험하지 못한 자연재해는 더 빈번해질 것이다.

세계 주요 국가의 지도자들은 기후변화가 기후위기로 이행하는 것을 막기 위해 '기후변화에 관한 정부 간 협의체(IPCC)'를 결성하고 국제협약을 체결하였다. 과학자들은 과학적 연구결과와 구체적인 실행 대안을 제시하고 있다. 기후변화 마지노선을 달성할 진단과 해법은 충분히 나와 있다. 문제는 실천에 달려 있다. 그러나 현재와 같이 국가 간에 지구온도를 낮추기 위한 탄소중립 등 추진 과정을 지켜보면 그 마지노선을 지켜낼지 장담하기 어렵다. 개인과 국가의 이기주의가 극도로 팽배하다. 국가마다 탄소중립을 실천하기 어려운 가장 큰 요인은 경제적 이유다. 탄소중립은 경제적 이유를 앞세우면 절대 달성할 수 없다. '너는 줄이고 나는 지켜보겠다'라는 식의 기후변화 대책으로는 기후 마지노선이 뚫릴 수밖에 없다. '나도 줄일 테니 너도 줄여라'로 생각을 바꿔 탄소를 많이 배출하는 국가부터 팔을 걷어붙이고 솔선수범해야 한다. '형님 먼저 아우 먼저' 하면서 탄소중립 타령을 하고 있을 때 집중호우현상은 더 빈번해지고 수해의 규모는 점점 증가할 것이며 호미로 막을 일을 가래로도 막지 못하는 우를 범하게 될 수 있다. 기후변화가 기후위기로 진행하면 최첨단의 과학기술을 동원해도 역부족이라는 것은 굳이 강조할 필요도 없다. 인류문명은 물론 인류 자체가 멸종할 수 있는 엄중한 시점에서 인류가 지나왔던 경로를 과감하게 탈피해 새로운 경로를 모색해야 한다. 과거의 오류가 아니라 미래의 전략이 절실히 필요하다(록스트룀·가프니, 2022). 기후변화는 대비해야 할 미래형이 아니다. 당장 맞서 싸우고 적응해야 할 현재의 비상사태이자 위기다(리프킨, 2022: 286 재인용).

전통사회에서 치수(治水)는 곧 임금의 주요 역할 중 하나였다. 중국의 건국 신화에 등장하는 요, 순, 우 임금은 물을 잘 다스린 것으로 유명하다. 전통사회에서 대홍수는 국가적 재난이었고 임금의 위기관리 리더십을 시험하는 중차대한 도전이고 역경이었다. 물을 잘 흐르게 하고 적절하게 가둬놓으면 되었다. 이제 인류는 단순히 물을 관리하는 치수와 관개(灌漑)의 문제를 훨씬 넘어섰다. 기후변화를 멈춰야 하는 절체절명의 위기에 직면해있다. 지구의 위기에는 전쟁, 국익, 이념, 지역, GDP를 뛰어넘는 담대한 실천이 뒤따라야 할 것이다. 당대만 살다 떠나는 지구가 아니라 후대에게 남겨줄 우리의 지구라는 점을 명심하자.

　노자의 도덕경에 상선약수(上善若水)라는 말이 나온다. '최상의 선은 물과 같다'라는 뜻으로 가장 좋은 것은 물과 같다고 한다. 물은 만물을 이롭게 하고도 그 공을 다투지 않기 때문이다. 제발 인간을 무한정 이롭게 하는 물이 인간을 향해 화를 내지 않게 하자.

📖 록스트룀, 요한·가프니, 오웬. (2022). 《브레이킹 바운더리스》. 전병옥 옮김. 사이언스북스.

리프킨, 제러미. (2022). 《회복력 시대》. 안진환 옮김. 민음사.

김진욱. (2021). 《한국일보》. 〈美 서부 기록적 폭우, 대형 산불까지 껐다 … 의외의 순기능?〉. 10월 26일.

문영일. (2022). 《중앙일보》. 〈서울의 빗물 배수 시간당 100mm 이상 돼야〉. 8월 16일.

박상현. (2022). 《조선일보》. 〈"한반도 남부 이미 아열대 기후… 하루 381㎜ 강우, 스콜도 기승"〉. 8월 15일.

정의길. (2022). 《한겨레》. 〈"파키스탄 3분의 1, 물에 잠길 것"… 홍수 사태 '기후 재앙' 규정〉. 8월 29일.

클라크, 조세린. (2022). 《중앙일보》. 〈물을 다스리는 지도자〉. 8월 18일.

한삼희. (2022). 《조선일보》. 〈괴물 태풍〉. 9월 5일.

일본의 역사 왜곡
언제까지 역사의 진실을 감추려고 하는가

일본의 역사 왜곡은 어제오늘의 일이 아니지만 최근에는 그 방식과 정도가 한참 도를 넘어섰다는 생각이다. 2023년부터 일본 고등학교에서 사용할 역사, 사회 교과서에서 '조선인 강제 연행'과 '종군 위안부'와 관련된 표현을 삭제했다. 또 독도를 일본의 고유 영토라고 기술하였다. 2022년 3월 일본 문부과학성 산하 교과서 검정심의회가 민간에서 기술한 교과서를 심의하는 과정에서 관련 내용을 대폭 수정, 삭제한 결과다. 일본 정부는 민간 교과서에서 기술했던 '강제 연행' 혹은 '강제 징용'의 표현을 삭제하고, 일본 정부의 입장을 반영하여 '강제 연행' 대신에 '동원'을 사용하고, '강제 징용'은 강제를 삭제하고 '징용'만을 사용했다.

일본은 미래지향적 한·일 관계를 열어가자는 수사(修辭)를 늘어놓고 있지만, 번번이 역사분쟁을 촉발하고 있다. 그동안 극우 성향의 민간단체나 일부 정치인들이 과거사를 부정 또는 미화하는 발언을 하였지만, 일본 정부가 대놓고 역사 왜곡을 하는 것에는 아연실색할 수밖에 없다. 우리나라와 관계 개선 운운하는 것은 진정성이 없는 립서비스에 불과하다고 생각할 수밖에 없다.

한·일 관계 전문가인 호사카 유지(2003년 한국 귀화)는 "일본 정부의 역사 왜곡 교과서 간행은 2021년 일본 정부의 각료회의에서 결정된 사항이다"라고 말했다. 각료회의 결정 이후 문부과학성은 교과서 집필자를 모으고 집필 가이드라인을 제시했다. 특히 아베 신조(재임 2006~2007/2012~2020) 전 총리의 영향을 받은 자민당에서는 극우 성향의 인사들이 한·일 관계의 진전을 가로막고 있으면서 한국대응전담팀을 꾸려 역사 문제뿐 아니라 정치, 경제, 사회 전반에 걸쳐 한국에 고통을 주는 정책을 입안하고 있다는 분석을 내놓았다(이윤주, 2022). 호사카의 주장을 종합하면 일본 정부는 정해진 시나리오에 따라 역사 왜곡을 교과서에 반영하였으며, 앞으로도 일본의 과거사 부정과 역사 왜곡은 지속될 것으로 예상된다. 일본의 여당인 자민당은 극우단체의 지지를 등에 업고 한국에 전쟁선포만 하지 않았을 뿐이지 우리나라의 발전을 가로막기 위한 온갖 수단을 강구하고 있는 것으로 보인다.

그동안 일본 정부는 '종군 위안부' 문제에 대해 공식 사죄한 1993년의 고노담화(河野談話)를 계승하겠다고 공언해왔지만, 교과서에서는 '종군 위안부'란 단어를 사용할 수 없도록 했다. 애당초 사죄가 아니라 미봉책이었다는 방증이다. 고노담화를 살펴보자. "(…) 장기간에, 또한 광범한 지역에 걸쳐 위안소가 설치되어 수많은 위안부가 존재했다는 것이 인정되었다. 위안소는 당시의 군 당국의 요청에 의해 설치된 것이며, 위안소의 설치, 관리 및 위안부의 이송에 관해서는 구 일본군이 직접 혹은 간접적으로 이에 관여하였다. 위안부의 모집에 대해서는, 군의 요청을 받은 업자가 주로 이를 맡았으나, 그 경우에도 감언, 강압에 의

하는 등 본인들의 의사에 반하여 모집된 사례가 많이 있으며, 더욱이 관헌 등이 직접 이에 가담하였다는 것이 명확하게 되었다. 또한, 위안소에서의 생활은 강제적인 상태에서의 참혹한 것이었다. (…)" 이 담화를 들여다보면 일본은 군대와 관청의 관여와 동원에서의 강제성을 인정하고 사죄의 뜻을 밝히고 있지만, 여전히 역사의 진실을 손바닥으로 가리고 있다. 일본 군대와 관청의 관여는 일부에 지나지 않았으며 전반적인 책임은 민간업자들에게 있다고 둘러댔다. 정부가 옹졸하게 민간인에게 책임을 전가하면서 법적인 책임이나 피해자에 대한 배상은 거부했다. 아베 정부에서는 아예 고노 담화 자체를 부정했다.

일본 정부는 겉으로는 한국과의 미래지향적 관계를 말한다. 국가 간의 관계가 미래로 나아가기 위해서는 과거사에 대한 명확한 입장이 정리되어야 하는 것은 명백한 일이다. 개인 간의 관계도 그렇지만 국가 간의 관계는 오죽하겠는가 싶다. 과거사가 발목을 잡으면 미래 관계는 공염불에 불과하다. 아시아에서 가장 반인륜적인 범죄를 저지른 국가가 일본이라면, 유럽에서는 독일을 꼽을 수 있다. 일본과 독일은 과거사를 청산하는 방식과 철학에서 많은 차이가 있다. 일본은 독일이 어떻게 이웃 국가와 이스라엘, 아프리카 피식민국가와의 관계 설정을 위해 노력하고 있는가를 배워야 한다.

2022년 7월 독일 정부는 식민통치했던 아프리카 나미비아에 고대 유물을 반환하고, 과거 영국군에 의해 약탈된 후 독일까지 흘러들어온 문화재를 나이지리아에 돌려주기로 했다. 독일 안날레나 베어복 외무장관은 유물 반환 환수 협정에 서명하면서 "우리는 식민주의 역사를 직시하고 있다. 우리가 아프리카의 파트너와 함께 과거를 마주하고 우리가 책임을 질 때 더 나은 미래를 구축할 수 있다"라고 말했다(조성호, 2022). 국가든 개인이든 도둑질 한 물건을 원래 주인에게 돌려주는 것은 지극히 정상이다. 서독의 빌리 브란트 총리(재임 1969~1974)는 제2차 세계대전의 최대 피해국 중 하나인 폴란드를 방문하여 무릎을 꿇고 용서를 빌었다. 겉으로 보여주는 일회성의 사죄가 아니라 독일 정부의 수반들은 지속적으로 진실하게 사과하고 용서를 구하였다. 피해자는 가해자의 일관된 진정성을 보고 있는 것이다.

일본에도 과거사를 진솔하게 반성하고 사죄하는 지도자가 없는 것은 아니다. 하토야마 유키오 전 총리(재임 2009~2010)는 "과거사는 상대방이 그만 용서를 빌라. 이제 됐다. 당신의 마음을 이해한다"라고 말할 때까지 진심으로 사죄하고 용서를 빌어야 한다고 말했다. 그는 서대문 형무소를 방문하여 무릎을 꿇고 사죄를 한 적도 있었다. 2015년 우리 정부가 일본 정부와 합의한 '일본군 위안부 문제'에 대해서도 합의가 '최종적, 불가역적 해결'이라고 하지만, 그것은 돈(10억 엔)으로 문제를 해결한 정치적 타협에 불과하다고 일갈했다. 일본 내에서 하토야마 전 총리와 같은 사람의 발언은 극소수에 불과하다. 하토야마는 총리를 역임했지만 정부의 공식 입장이 아닌 민간인의 한 사람으로서 그렇게 발언한 것이다. 일본 정부 관계자가 무릎을 꿇고 용서를 빌었다면 세계적으로 화제가 될 것이다.

지일파(知日派)로 알려진 앤드루 고든 하버드대 역사학과 교수의 일본 정부에 대한 일침은 합리적인 지적이 아닐 수 없다. 고든 교수에 따르면 일본 정부는 미국 교과서 출판사 맥그로힐에 압력을 넣어 '일본군 위안부 숫자가 틀렸다'면서 교과서 내용을 고치라고 요구했다고 한다.

고든은 정말 중요한 건 숫자가 아니라 야만적인 일이 벌어졌다는 사실이라고 주장하면서 일본의 역사 왜곡에 대한 문제점을 지적한다. "일본 정부는 '벌어지지 않은 일(what didn't happen)'이 무엇인가 하는 점에만 초점을 맞춘다. 그러나 역사에서 정말로 중요한 건 '실제로 벌어진 일(what did happen)'이다. 그들은 그걸 인정하고 책임지려 하지 않는다. 만약 일본 외무성이 미국 출판사에 찾아와 '위안부 문제가 있었다는 건 슬픈 일이고, 이런 역사를 당신들이 책에 기록해줘서 고맙다. 다만 숫자가 좀 틀렸으니 이건 정확하게 바로잡는 게 좋겠다'라고 말했으면 얼마든지 받아들였을 것이다. 그들은 그냥 그 사무실에 들어와 '틀렸다. 고쳐라'라고 했다."(김수혜, 2015 재인용) 고든 교수는 더 나아가 일본 정부는 한국뿐 아니라 일본 국민에게도 역사적 사실을 '기만해서 미안하다'라고 사죄해야 한다고 일갈한다. 역사의 진실을 정확히 꿰뚫어본 용기 있는 역사학자의 고언을 일본 정부가 얼마나 귀담아 들을지 모른다.

일본과 일본인의 심리적 기저에는 강대국과 강한 사람에게는 철저히 복종하며, 약소국과 약한 사람에 대해서는 지배하려는 경향이 있는 것 같다. 일본에는 여전히 일본이 아시아를 대표하는 문명국가라든가 대동아공영권(大東亞共榮圈) 수립이라는 제국주의의 정치적 허상에서 벗어나지 못하는 사람들이 꽤 많다. 유아독존의 망상에 빠져 있는 것이다. 또 일본은 자국의 이익이 되는 일이라면 자존심을 따지지 않고 머리를 조아린다. 일찍이 메이지 유신을 단행하면서 일본이 유럽과 미국에 파견한 유람단에서도 그 모습을 볼 수 있었다. 그렇게 일본은 선진문물을 배워 이웃나라인 한국과 중국 그리고 아시아 국가를 침략하여 형용할 수 없는 만행을 저질렀다. 아쉬울 때는 머리를 조아리며 자본을 유치하고 기술을 전수받지만, 국익과 관련되는 일이라면 선린우호관계를 팽개치고 폭력과 야만의 날카로운 이빨로 기습 공격도 마다하지 않는다. 그 사례는 조선왕비시해(1895년), 조선강제병합(1910년), 중·일전쟁(1937년), 진주만 공격(1941년) 등 셀 수 없을 정도다.

일본의 이중적인 태도를 어떻게 이해할 것인가? 사면이 바다로 막힌 섬나라 특유의 근성인가? 또 다른 이유가 있는가? 이어령(1934~2022)은 일본의 역사 왜곡을 '이중장부적 역사 서술'이라고 표현했다. 그는 일본인의 의식 구조에서 일본의 역사 왜곡 행위를 파악했다. "일본인의 역사의식에서는 종이에 글로 기록한 역사 따위는 휴지와 같다. '이기면 관군, 지면 역적'이라는 힘의 논리가 지배했다. 역사 기록의 전통은 중국과 일본에서 볼 수 있는 궁정의 춘추사관의 그것이 아니라, 상인들이 거래를 매일 기록하는 장부 기입의 습관에서 찾아야 한다. 일본인의 이중장부적 역사 서술은 의(義)와 불의(不義)가 아니라 이익과 손해를 기준으로 한 것이었다. 이익을 위해서는 세금을 속이기 위한 허위 장부를 만들어도 상관없었다. 이러한 이중장부적 역사 서술의 역사는 편리하게 개조할 수 있으며, 필요에 따라 날조해도 된다는 사고방식을 갖게 된 것이다."(이어령, 1994: 134-137) 우리나라를 대표하는 지성인다운 날카로운 분석이 아닐 수 없다. 그는 한국과 중국은 사마천의 사기(史記) 기술 방식에 따라 역사를 기술하는 문화가 정착되었지만, 일본에는 힘의 논리로 얼마든지 역사가 바뀔 수 있었다고 지적했다. 우리나라 왕조시대의 사관(史官)은 목숨을 내놓고 사실을 기록하고 당대의 왕이라 할지라도 그 기록을 열람할 수 없었다. 이어령의 일본인에 대한 의식 분석은 왜 일본이 역사의 진실을 두려워하지 않고 손바닥 뒤집듯이 날조,

왜곡하는가에 대한 궁금증을 해소하는 데 도움을 준다.

문명국가에서 어떻게 감수성이 민감한 청소년을 대상으로 왜곡된 거짓의 역사를 가르칠 생각을 한단 말인가. 일본 정부도 조금만 멀리 본다면 역사 왜곡이 얼마나 끔찍하고 잔인한 후과(後果)를 초래할지 알 수 있을 것인데 안타까운 일이다. 카펫 위에 떨어진 쓰레기가 지저분하다는 이유로 아래로 집어넣는 꼴이다. 한 개인에게 형성된 역사의식과 역사관은 평생 지속되면서 자신의 가치관, 인생관, 세계관에 커다란 영향을 미친다. 어떤 역사관을 가지느냐는 곧 어떤 삶을 살 것인가와 연결된다. 일본 정부가 엄중한 역사를 멋대로 뜯어고치고 왜곡하여 자민족 중심의 배타적인 역사 교과서를 학교 교과서로 사용하는 것은, 청소년에게 그릇된 역사관을 심어줄 뿐 아니라 심하게 말하면 범죄 바이러스를 퍼트리는 것이나 마찬가지다. 제2, 3의 반인륜범죄자를 만드는 것이다.

더 심각한 것은 민간 차원이 아니라 정부가 주도하여 역사 왜곡을 부채질하고 있다는 점이다. 민간 차원에서 기술한 왜곡된 역사가 있다면 정부가 바로잡는 것이 정상적인 국가의 모습일 것이다. 일본 정부는 한·일 관계의 미래 지향적 관계를 운운하고 있지만 역사 교과서 왜곡을 통해 관계 개선을 위한 진정성이 없다는 것을 확인시켜 주었다. 청소년에게 왜곡된 역사를 가르친다는 것은 식민 침탈과 만행을 미화시켜 일본이 반인륜적 범죄자가 아니라는 점을 강조하려는 의도이지만 진실을 가릴 수 없는 일이다. 미래에 일본의 청소년들이 역사의 진실을 알게 되면 얼마나 부끄러울까 싶다.

드라마 〈파친코〉는 일제강점기에 조선인에 대한 일본의 만행과 재일

교포 문제를 다룬 드라마다. 이 작품은 한국계 미국 작가 이민진이 쓴 장편소설을 원작으로 했는데, 일제강점기에서 1980년대에 이르기까지 오랫동안 이방인으로 일본에 거주하는 재일교포들의 처절한 생애를 그렸다. 전미도서상 최종 후보작에 뽑힐 정도의 수작(秀作)이라는 평가를 받고 있다. 일본인들은 이 작품의 내용에 대해 역사 왜곡 운운하면서 말도 되지 않은 이야기를 쏟아내고 있다. 소설과 사실의 경계를 무시하는 일본인의 의식에 실망하는 것은 둘째치고라도 소설의 모티브는 어디까지나 사실이 아니던가. 잘못을 저지른 사람이 그렇지 않은 사람에게 삿대질을 하는 꼴이다.

일본인들은 자신들이 저지른 만행과 반인륜적 행동에 대해서는 미화하거나 왜곡하여 가르치는 반면에 그러한 역사적 사실을 소재로 만든 예술 작품에 대해 딴지를 건다. 지극히 자민족 중심의 배타적이고 이중 잣대적인 역사관에 매몰되어 있다. 저자는 독일 정부가 홀로코스트와 관련된 영화에 대해 딴지를 걸었다는 이야기를 듣지 못했다. 개인이나 국가도 잘못할 수 있다. 문제는 그 잘못을 은폐, 축소, 왜곡하는 것이다. 한·일 관계의 개선은 과거사의 문턱을 넘어서야 가능하다. 일본도 한국이 화해와 용서의 손을 내밀도록 환경을 만들어야 할 것이다. 일본의 역사 교과서 왜곡과 같은 비정상적인 관계에서는 양국의 선린우호 관계는 점점 금이 가고 과거사의 문턱은 더 높아져 한국이 먼저 손을 내밀 수도 없다. 제2, 3의 하토야마와 같은 지도자를 기대하는 이유다.

우리나라의 민간 싱크탱크 〈동아시아연구원〉과 일본의 비영리 싱크탱크 〈言論 NPO〉가 공동 발표한 '2021년 한·일 국민 상호 인식 조사' 보고서에 따르면, 한국인의 일본인을 향한 긍정적인 인식은 지난해

12.3%에서 올해 20.5%로 올랐고, 부정적인 인식은 71.6%에서 63.2%로 감소한 것으로 나타났다. 같은 기간 일본인의 한국에 대한 긍정적인 인식은 25.9%에서 25.4%로 소폭 감소했고, 부정적 인식은 46.3%에서 48.8%로 다소 증가했다. 흥미로운 점은 한국인의 84.6%, 일본인의 54.8%가 '현재 한·일 간의 대립 국면을 벗어나야 한다'라고 답했다는 점이다(이창민, 2022). 연구원들의 분석에 따르면 상대국의 대중문화를 소비하는 핵심 연령대인 2030세대가 양국의 호감도를 견인하는 주요 요인이 되었다고 한다. 특히 한국인의 약 85%와 일본인의 약 55%가 한·일 관계가 대립관계에서 선린우호관계로 바뀌어야 한다는 점에 주목한다. 양국의 국민은 현재의 부정적 기류에서 벗어나 미래의 관계에 대해서는 긍정적 변화를 요구하고 있다. 양국 정부와 지도자는 현실 인식에 대한 대전환은 물론 실질적인 관계 개선을 위한 보다 적극적인 노력을 요구받고 있다고 할 것이다. 유럽에서 독일과 프랑스는 전쟁, 역사, 영토 문제 등으로 반목과 대립을 거듭한 역사를 가지고 있었지만 오늘날 이웃 국가로서 선린우호관계를 지속하고 있다. 최근 한·일 관계는 1965년 국교정상화 이후 최악이라고 평가한다. 한국과 일본은 지리적으로 가깝지만 정서적으로 가장 먼 이웃으로 남을 것인가. 우리나라와 일본도 독일과 프랑스와 같이 과거의 족쇄를 벗어버리고 호혜와 상생의 미래로 나아갈 돌파구를 마련하길 기대하는 것은 헛된 꿈에 불과할까.

📖 이어령. (1994). 《축소지향의 일본인 그 이후》. 기린원.

이창민. (2022). 《지금 다시, 일본 정독》. 더숲.

이윤주. (2022). 《한국일보》. 〈호사카 유지 "尹 정부서 일본과 관계 개선? 쉽지 않을 것"… 왜〉. 3월 31일.

김수혜. (2015). 《조선일보》. 〈"아베, 한국뿐 아니라 日 국민에도 기만해서 미안하다고 사죄해야〉. 4월 8일.

정준기. (2019). 《한국일보》. 〈하토야마 전 일본 총리 "과거사 무한책임 있다"〉. 6월 12일.

조성호. (2022). 《조선일보》. 〈독일의 '식민주의 반성'… 나이지리아에 '왕의 머리' 등 문화재 1000점 반환〉. 7월 4일.

최우리. (2019). 《한겨레》. 〈헌재 "2015년 위안부 합의는 정치적 합의" 헌소 각하〉. 12월 27일.

일본의 왕비 시해
원인은 전신선 확보

1895년 10월 8일 일본 정부의 비호 아래 일본 군부와 낭인들이 합작하여 저지른 고종의 왕비(1897년 대한제국 선포 후 명성황후로 추존됨) 시해 사건, 즉 을미왜변(乙未倭變)의 진상은 명확하다. 이 사건은 두 가지 성격을 가진다. 하나는 일왕 직속의 최고통수기관인 대본영(大本營)이 주도하여 저지른 국가범죄이며, 다른 하나는 일본군이 군사작전을 통해 민간인을 살해한 전쟁범죄라는 것이다. 전쟁범죄는 시효 없이 소급이 가능하다는 점에서 일본 정부는 법적 책임을 벗어날 수가 없다(배영대, 2017). 일본은 왕비 시해 사건이 일본 정부와 상관없는 낭인들이 저지른 짓이며 당시 미우라 고로 주한 공사의 지시 아래 자행된 사건이라고 주장하면서 진실을 은폐하거나 회피하고 있지만 시간이 흐를수록 일본의 거짓말은 드러나고 있다. 그때 우치다 사다쓰지 주한 영사는 일본 정부에 보낸 보고서 등을 통해 민비 시해 사건의 주범은 일본이고 이는 "역사상 고금을 통틀어 전례 없는 흉악한 사건이다"라고 실토하고 있다(김문자, 2011). 최근 발견된 왕비 시해에 직접 가담한 일본 외교관 호리

구치 구마이치가 고향 친구에게 보낸 편지에서도 왕비 시해를 자백하는 내용을 확인할 수 있다. 증거는 차고도 넘친다.

역사상 전례가 드문 흉악한 사건이라는 비난을 감수하면서까지 일본이 한 나라의 왕비를 살해한 진짜 이유는 무엇일까? 그 이유를 알기 위해서는 을미왜변(1895년) 바로 전 해인 1894년 7월로 돌아가 보자. 철도와 전신은 근대 전쟁을 수행하기 위한 2대 인프라에 해당한다. 근대 전쟁에서는 속도가 승패를 좌우하는 중요한 요인이 됐다. 전신선 전에는 역참이나 봉수를 이용했다. 일본이 청·일전쟁에서 승리하기 위해서는 해외 주둔 군대와 외교관에게 대본영의 명령을 신속하게 전달할 수 있는 전신선이 필요했다. 일본은 청·일전쟁(1894~1895)을 일으키기 전에 먼저 제멋대로 조선에 전신선을 부설했고, 또 조선의 전신설비를 강탈해서 일본군의 감시하에 두었다. 일본은 청나라와의 개전(開戰) 이틀 전인 1894년 7월 23일 불시에 경복궁에 침입해서 왕궁을 무력 점령하고 고종을 압박하여 '조일잠정합동조관'에 강제로 서명하게 하였다. 이 조약에 따라 일본은 경부, 경인 간 철도 부설권 및 전신선 설치·관리권, 목포항 개항 등을 강압적으로 획득했다(김문자, 2011). 통신, 수송, 병참 등 청·일전쟁을 위한 포석을 미리 깔아놓은 것이다. 장기적으로 보면 이들 인프라는 러·일전쟁(1904~1905)을 위한 사전 정비작업이기도 했다.

일본은 청·일전쟁에서 의외로 쉽게 승리하여 기고만장했다. 사대외교를 하는 중국을 상대로 이겼으니 그 기세가 어떠했을까 싶다. 그러나 일본이 아시아를 대표하는 신흥 강국으로 급부상하고 있던 중 뜻밖의 암초를 만났다. 러시아를 필두로 한 삼국간섭이 시작된 것이다. 청국은 패배 후 일본과 시모노세키조약을 체결하였는데 이 조약의 주요 사항은 세 가지로 정리할 수 있다. 첫째는 청국은 조선의 '완전무결한 독립'을 인정하고, 둘째는 배상금 2억 량(일본 화폐로 산정하면 약 3억 엔, 당시 일본 국가 예산은 8천만 엔)을 일본에 지불하며, 그리고 셋째는 랴오둥반도와 타이완 및 펑후(澎湖)제도를 일본에 할양하기로 했다. 러시아가 랴오둥반도를 일본에 할양한다는 조항에 제동을 걸고 나섰다. 러시아는 시베리아 철도 건설에 착수하여 남하정책을 추진 중이었는데 청국의 수도 베이징과 가까운 랴오둥반도가 일본에 넘어갈 경우 일본이 대륙 침략의 발판으로 삼을 것을 우려하여 프랑스, 독일과 연대하여 랴오둥반도를 청국에 다시 돌려주라고 압박했다. 러시아를 비롯한 삼국과 대결할 힘이 없었던 일본은 랴오둥반도를 포기할 수밖에 없었고 조선에 대한 간섭도 노골적으로 할 수 없게 되었다. 삼국간섭으로 일본의 약점이 드러났다. 이를 기회로 조선 조정에서도 인아거일(引俄拒日), 즉 러시아의 힘을 이용하여 일본 세력을 몰아내려는 움직임이 나타났다. 인아거일 정책의 중심에 왕비 민씨가 있었다(이종각, 2009).

다시 전신선 문제로 돌아가자. 정상적이라면 청·일전쟁 후 일본은 본토로 돌아가야 하고 전쟁 중에 강압적으로 관리했던 전신선도 조선 정부에 반환, 귀속시켜야 했다. 삼국간섭으로 일본 정부는 조선에 대해 간섭하지 않는다는 약속을 수차례 했지만 지키지 않았다. 오히려 일본 정부는 조선에 설치된 전신선을 계속 확보하기 위해 일본군 주둔을 견지하면서 조선에서의 주도권을 되찾으려고 하였다. 그러기 위해서는 눈엣가시 같은 왕비를 제거하여 친일정권을 수립해야 했다.

그때 조선의 전신선 설치 현황을 보자. 1885년 서울과 인천에 최초의 전신선이 가설되고 이를 관할하기 위해 한성전보총국(漢城電報總局)이 개국되면서 전신이 시작되었다. 이후 의주까지 전신선이 가설되어 인천－서울－의주에 이르는 서로전신선(西路電信線)이 완전 개통되었다. 이를 통하여 청나라를 거쳐 유럽까지 통하는 국제 전신도 연결되었다. 1888년 서울과 부산을 잇는 남로전신선(南路電信線)이 개통되었으며 조선은 이를 위해 서로전신선을 운영하는 한성전보총국과는 별도로 조선전보총국을 창설하였다. 1891년에는 서울에서 원산에 이르는 이른바 북로전신선(北路電信線)이 개설되었는데, 이는 본래 함경도를 거쳐 블라디보스토크까지 연결되도록 계획한 것이었다. 놀라운 것은 1884년 부산과 일본 나가사키를 잇는 해저케이블이 놓아졌다는 사실이다. 이 해저전선이 일본이 정치·경제적 목적을 위해 설치하였다는 것은 의심의 여지가 없다.

청·일전쟁이 끝난 상태에서 일본군은 조선에 주둔할 명분이 없어졌다. 일본은 그 명분을 전신선 보호에서 찾았다. 항일투쟁은 일본군이 지키는 전신선을 절단하는 것이었다. 일본의 일부 외교관들이 '전신선의 조선반환론'을 주장하기도 했지만 경질되어 본국으로 소환되었고, 대신 일본은 강경노선의 외교관을 파견했는데 그 강경론자가 바로 왕비 시해를 주도한 미우라 고로 주한공사였다. 일본은 삼국간섭과 열강의 압력으로 불법 강점하였던 전신 선로를 일시 반환하기도 했지만, 러·일전쟁 전후 더 노골적으로 조선의 통신을 강제 수탈하였다. 예를 들어 일본은 러·일전쟁 개전 이틀 전인 1904년 2월 6일 마산포에 15,000명의 육전대를 상륙시켜 이 지역을 강점하고 마산전신국을 강취했다(김종욱, 2018). 어디 통신뿐이겠는가. 러·일전쟁(1904년 2월 8일~1905년 9월 5일)이 한창 벌어지던 1904년 2월 23일, 일본은 한·일의정서(갑진늑약(甲辰勒約)이라고 하는데, 늑약은 '억지로 맺은 조약'이란 뜻이다. 1905년 11월 7일, 을사늑약(乙巳勒約)도 일본군 2만 5,000여 명이 경운궁(지금의 덕수궁)을 에워싸고 대표를 조준한 채 강압적인 분위기를 만들어 억지로 체결된 조약이다)를 체결하고 유사시 한국 내 군사 전략상 필요한 지점을 수용할 수 있도록 했다. 이 의정서는 일본이 독도에 군사 시설을 설치해 침탈하는 계기를 제공했으며, 대한제국이 식민지화의 나락으로 떨어지는 단초를 제공하게 되었다.

일본 정부와 일본군이 조선 왕비를 시해한 사건은 다음의 세 가지 상황이 상호 연결되어 있다고 할 수 있다. 첫째, 청국과 일본 간에 청·일 전쟁에 따른 강화조약이 체결된 후 러시아, 프랑스, 독일 등 삼국이 일본의 급격한 세력 팽창을 우려하여 삼국간섭을 시작하였다. 둘째, 일본 정부는 조선에서 일본이 전신선을 확보하는 데 필요한 일본군의 주둔을 관철시키기 위해 육군 중장 출신의 강경파 미우라 고로를 주한공사로 임명하였다. 셋째, 미우라 공사는 일본정부의 비호 아래 친일정권 수립의 최대 장애물이 되는 왕비를 제거하기 위해 일본 군대를 동원하였다. 결국 일본은 삼국과 열강의 눈치를 보는 듯 했지만 조선 병합이라는 야욕을 숨기면서 장애물을 하나하나 제거해 나가는 과정에서 근대전에 절대적으로 필요한 전신선 확보에 최대 장애가 되는 조선의 왕비를 제거하게 되었다.

1909년 10월 26일 안중근 의사는 하얼빈역에서 이토 히로부미를 저격, 살해한 뒤 검사의 심문에 15가지의 이유를 들었다. 그 이유들 중 첫 번째가 '명성황후를 죽인 죄'이다(최서면, 1994: 140). 이토는 조선 왕비가 시해될 당시 일본 총리였다. 안중근은 명성황후를 살해한 당사자가 일본 정부이고 당시 일본 정부의 총리였던 이토를 지목한 것이다. 안 의사는 사건의 진상을 정확하게 파악하고 있었다.

조선 왕비 시해 사건에는 일본 정부와 일본 군대가 주축이 되었지만 조선인들도 연루되었다. 그들 중 일본인 교관이 훈련시킨 조선 훈련대의 대대장이었던 우범선은 적극적으로 친일행각을 벌였고 왕비의 시신을 소각하도록 지시했다는 혐의를 받고 있다. 우범선은 씨없는 수박을 개발한 우장춘의 아버지이다. 고종은 1896년 아관파천(俄館播遷), 즉 야밤에 경복궁을 빠져나와 러시아 공사관으로 피신한 후 난신적자(亂臣賊子)들을 참수하라는 포고령을 발포한다. (고종은 일제와 친일괴뢰내각의 손아귀에서 벗어나려고 국제법상 외국영토나 다름없는 '치외법권 지역'인 러시아공사관으로 망명을 기획하고 결행했다. '아관파천'이라 불리는 고종의 러시아공사관으로의 이어(移御)는 실제 '망명(asylum)'이었으며, 일제에 대한 최대의 반격이었다. 일제와 친일파는 이 망명을 도망갔다는 의미를 나타내는 '파천'이란 단어를 사용했다(김종욱, 2018: 30 재인용). 역사를 기록하면서 어떤 단어나 용어를 사용하느냐에 따라 사실(史實)에 대한 이해가 판이하게 달라질 수 있다.) 이 난신적자의 명단에 우범선도 포함되었고 그는 고영근이라는 자객에게 일본에서 살해되었다(이종각, 2009). 고종의 복수극이었다. 고종은 정작 사건의 주모자인 일본에 대해서는 아무런 항변조차 하지 못하고 일본에 매수되어 하수인이 된 조선인에 대해 분풀이를 했다. 조선 왕비 시해 사건, 즉 국모 시해에 대한 복수극과 관련하여 백범 김구의 이야기도 빼놓을 수 없을 것이다. 김구(1876~1949)의 원래 이름은 김창수로 그는 왕비를 살해한 것으로 추정되는 일본 군인을 황해도 해주에서 살해하고 자수했다(김구의 일본 군인 살해에 대해서는 논란이 있기도 하다). 사형선고를 받고

인천 감영에서 감옥 생활을 하던 중 고종의 사면을 받아 풀려났다. 백
범은 사형 집행 전에 고종의 왕명으로 풀려났는데 그때 서울과 인천 간
에 설치된 전신선이 아니었다면 살아남지 못했을 것이다(김구, 1995). 일
본이 전쟁에 이용한 전신선이 뜻밖의 몫을 했다. 구사일생으로 목숨을
건진 김구는 우리나라 임시정부의 최고지도자로서 독립운동을 지휘했
다. 이를 두고 역사의 아이러니라고 하던가.

📖 김 구. (1995). 《백범일지》. 범우사.

김문자. (2011). 《명성황후 시해와 일본인》. 태학사.

김 훈. (2022). 《하얼빈》. 문학동네.

이종각. (2009). 《자객 고영근의 명성황후 복수기》. 동아일보사.

최서면. (1994). 《새로 쓴 안중근 의사》. 집문당.

김종욱. (2018). 〈고종의 거의밀지(擧義密旨)와 국민전쟁〉. 운강 이강년
　　　　의병대장 순국 100주년 기념 학술대회.

배영대. (2017). 《중앙선데이》. 〈황후 시해, 낭인 아닌 일본 육군 소위가
　　　　자행한 '전쟁범죄'〉. 8월 20일.

임종업. (2011). 《한겨레》. 〈을미사변의 진짜 이유〉. 6월 5일.

정광용. (2010). 《부산일보》. 〈국내 첫 전신선 개통〉. 9월 27일.

〈전신〉. 한국민족문화대백과사전.

〈조일잠정합동조관〉. 한국민족문화대백과사전.

〈한일의정서〉. 한국민족문화대백과사전.

'피 한 방울의 원칙(one-drop rule)'
지독한 순혈 이데올로기

2022년 기준 지구촌에 약 80억 명의 사람들이 살고 있다. 이 거대한 인구 중 순수 혈통을 가지고 태어난 사람이 있을까. 순수한 피가 어디 있으며, 순수하지 않은 피가 어디 있겠는가 싶다. 도대체 순수 혈통의 기준을 누가 세우고 또 그 기준이 무엇인지 모를 일이다. 저자는 이 세상에 순수 혈통은 없다고 단정하고 싶다. 진솔하게 혈통을 따지자면 어떤 민족의 피가 더 섞였느냐의 차이일 것이다. 순혈(純血) 개념은 부족이나 민족의 단결과 연대를 위해 만든 이데올로기에 다름 아니다.

근대에 나온 민족(nation)이라는 개념조차도 '상상의 정치적 공동체'라고 한다. 왜 '민족'은 실체가 아니고 인간이 상상으로 만든 개념일까? "가장 작은 민족의 일원조차도 같은 겨레를 이루는 이들 절대다수를 알거나 만나보지 못한다. 그들에 대한 얘기를 들어볼 일조차 거의 없을 것이다. 그럼에도 각자의 가슴속에는 그들의 교감에 대한 심상이 살아 숨 쉬고 있다. 민족이 발명된 18세기 이전에 압도적인 문화체계로서 종교 공동체와 왕조국가가 있었다. 종교 공동체가 흔들리면서 민족이 상

상되었다."(앤더슨, 2018)

우리나라 지도자들도 우리 민족이 나라를 잃고 구심점이 와해되었을 때 순혈주의를 이용하였다. 일제강점기에 우리 민족의 지도자들은 독립을 쟁취하기 위해 한민족을 하나로 결집시킬 필요가 있었고, 이때 단일민족은 민족적 일체감과 동질성 형성을 위한 강력한 이데올로기로 작동하였다. 과유불급이라고 했다. 순혈 이데올로기가 과잉 해석되거나 악용되면 인종주의나 배타적 국수주의로 흘러가게 된다는 것을 나치의 유대인 학살에서 보았다.

순혈이라는 말이 얼마나 허황된 모순인가를 확인하는 것은 어렵지 않다. 현대의 첨단과학기술은 내 몸의 피를 분석하여 순혈의 허구성과 모순을 알려준다. 모 일간지 기자가 직접 체험한 DNA 검사 결과에 따르면 한국인 90.3%, 일본인 8.8%, 중국인 0.6%, 동아시아인 0.3%, 아메리칸 인디언 0.1% 순으로 나타났다. 한국인의 피에는 아시아인뿐 아니라 아메리칸 인디언의 유전자도 섞여있다. 학설로 존재하던 동아시아인의 아메리카 대륙 이주가 사실로 확인된 셈이다(심재우, 2018). 중국인도 크게 다르지 않다. 베이징 출신의 한 중국인은 중국 62.66%, 한국 17.82%, 일본 6.94%로 나타났다. 중국인은 한·중·일 이외에도 동남아 DNA(베트남 9.88%, 미얀마 1.75%, 필리핀 0.93%)가 섞여 있다. 혼혈의 매개체와 정도는 지리적 특성이 크게 작용한다는 것을 알 수 있다. 전문가들에 따르면 한국인의 DNA를 분석해보면 대부분 한국을 중심으로 중국과 일본 혈통이 섞여 있고, 구성비가 작긴 하지만 몽골 등 북방민족 혈통도 들어있다. 한국·중국·일본인들의 조상을 거슬러 올라가다 보면 큰 줄기에서 만나게 된다(최준호, 2019). 이 검사 결과는 한민족을 단일민족이라거나 순혈이라고 주장하는 것이 어폐가 있다는 것을 반증한다.

세계 최대의 다민족 국가인 미국에는 '피 한 방울의 원칙(one-drop rule)'이 뿌리 깊게 남아있다. '흑인 피가 한 방울이라도 섞여 있으면 흑인'이라는 사회적 통념이다. 흑백 혼혈인들에게 적용되는 인종차별 시대의 잔재다. 피 한 방울 때문에 연방대법원에서 판결을 내린 적이 있다. 미국 사회에서 인종차별에 대한 법률적 근거를 제공한 '플레시 대 퍼거슨 판례'다. 최고법원이 인종차별의 법률적 근거를 제시하고 차별을 옹호한 판결의 발단을 좇아가보자.

1892년 6월 서른 살의 제화공이자 시민운동가였던 호머 플레시는 루이지애나주에서 기차 1등석을 예약한 후 앉아 있었다. 플레시는 8분의 7은 백인 혈통이었고 8분의 1은 흑인 혈통을 가지고 있으면서 피부색이 하얀 혼혈인이었다. 차장은 그에게 다가와 1등석은 백인만 이용할 수 있다며 흑인 칸으로 이동할 것을 요구했다. 플레시는 차장의 요구에 응하지 않았고 차장은 요구가 묵살되자 보안관에게 신고했다. 그는 현장에서 체포되어 주법원에서 재판을 받게 되었다.

주법원의 존 H. 퍼거슨 판사는 플레시가 1890년 흑백분리를 규정한 루이지애나주의 열차법을 위반했다고 판결하면서 25달러의 벌금형에 처했다. 플레시는 흑인인권단체와 함께 루이지애나 주대법원에 항소했지만 패소했다. 플레시의 변호인단은 인종차별을 금지한 수정헌법 제13조 및 제14조의 위반이라며 해당 사건을 연방대법원에 항소했다. 1896년 5월 18일 연방대법원은 최종심에서 7대 1의 압도적인 차이로 퍼거슨의 손을 들어주었다. 연방대법원의 대법관 구성원은 9명인데 1명은 개인 사정으로 불참했다. 이 판결이 바로 악명 높은 인종차별법, 즉 '분리하되 평등하다(separate but equal)'의 효시다. 이 판결로 미국 사회, 특히 남부의 백인은 합법적으로 흑인의 선거권 박탈은 물론 철도, 극장, 여관, 식당, 공원 의자, 심지어는 교회와 묘지에서까지 인종차별을 자행했다.

미국은 남북전쟁(1861~1865) 기간 중인 1863년 링컨 대통령이 노예해방을 선언했고, 1865년에는 수정헌법 제13조에서 노예제도를 폐지한 바 있다. 1868년에는 수정헌법 제14조를 비준하여 합중국 시민은 '법에 의한 평등한 보호'를 받는다고 천명했다. 정부가 관련 법률을 제정하였다고 해서 곧바로 그 효력이 나타나고 문제가 해결되는 것은 아니다. 헌법이 규정한 '합중국 시민'의 범주에서 흑인 등의 유색인은 제외되었다. '모든 시민이 법의 보호를 받는다는 것'은 법률적 수사에 그쳤다. 남부에서는 흑인을 상대로 한 반인륜적인 폭력과 린치가 일상이 될 정도였다. 연방군의 남부에 대한 군정이 종식되고 권력을 되찾은 남부 토착 백인들의 횡포를 정부와 사법부가 눈감았던 탓이다. 최고법원인 연방대법원조차 수정헌법 제14조가 오직 정부 활동에 국한된다고 판결함으로써 백인의 흑인에 대한 폭행이나 차별에 대해 법률적 정당성을 부여하는 심각한 오류를 범하였다. 남부의 백인은 연방의회가 제정한 헌법조차도 그들의 입맛에 맞게 해석하고 적용하였다. 남북전쟁이 끝난 뒤에도 미국은 합중국이 아닌 북부와 남부의 이원화된 국가체제였다고 해도 지나치지 않을 정도였다.

미국 사회에서 인종차별이 보편적인 상식처럼 되었던 시대에 플레시 판결에서 반대표를 던진 한 명의 대법관이 있다. 그는 존 M. 하렌 대법관(재임 1877~1911)으로 미국 사법 역사에서 용기 있는 법관으로 기억되고 있다. 그의 반대의견은 미국과 미국인의 양심에 폐부를 찔렀다. 다수의 대법관은 헌법 정신을 왜곡하고 흑인을 차별하는 사회적 통념과 제도를 정당화하는데 온갖 수사(修辭)를 동원했지만, 하렌 대법관의 생각은 다수의 그들과 달랐다. 아래에서는 하렌 대법관이 진술한 반대의견 중 일부를 옮겨본다.

> 미국의 헌법은 어떤 특정 인종의 공민권의 향유를 인정하는 권한을 허락하지 않았다. 모든 인간은 인종적 긍지를 지니고 있으며, 법 앞에서 자신과 동등한 다른 사람의 권한이 침해되지 않는 한 특별한 상황에서는 그러한 긍지를 표현하고 그에 기반을 둔 행동을 취할 특권이 있다. (…) 내가 보기에 루이지애나 주법령은 백인이든 흑인이든, 시민의 개인 자유 문제에 있어서 일관성이 없고 미국 헌법의 정신과 자구 모두에 어긋난다. 만약 이러한 성질의 법들이 여러 주에서 제정된다면, 필시 유해한 결과를 가져올 것이다. 법에 의해 허용되었던 노예 제도는 이 나라에서 분명히 사라졌다. 그러나 사악한 법령은 완전한 자유의 축복의 향유를 여전히 저지하고 있고, 모든 사람에게 주어진 시민권을 인종에 따라 제약하고 있으며, 많은 미국 시민을 법적으로 열등한 상태에 처하게 하고 있다.

하렌 대법관은 '미국 헌법은 인종에 구애되지 않으며 인종차별을 하지 않는다. 모든 시민은 법 앞에 평등하다'라는 요지로 반대의견을 진술했다. 그의 소수의견은 허공에 외치는 메아리처럼 들렸을지 모르겠지만 그 메아리가 돌고 돌아 새로운 판결을 위한 씨앗이 되었다. 플레시 판결, 즉 공공시설에서 '분리하되 평등하다'는 판결은 1954년에야 뒤집어졌다. 무려 58년이 걸렸다. 법률적으로 인종차별의 정당성을 제공했던 연방대법원이 반세기가 지난 뒤에 '공공시설에서 분리는 본래 위헌이다'라고 판결했다. 연방대법관 9명 전원이 찬성 의견을 냈다. 사람이 바뀐 것인지 세상이 변화한 것인지 알 수 없지만, 기득권의 마음에 한번 자리 잡은 사회적 통념은 그것이 옳든 그르든 바꾸기란 어려운 법이다.

리처드 다이어는 《화이트: 백인 재현의 정치학》에서 백인은 흑인과 원주민을 배제하고 그들만의 평등과 민주주의를 구현했다는 점에서 현대판 고대 아테네 시민일 뿐이라고 비난했다. 백인들은 순수함에 대한 오만과 집착으로 홀로코스트 만행을 저질렀고, 흑인의 피 한 방울만 섞여도 흑인으로 취급하는 노예 시대의 악덕을 계승했다고 질타했다. 다이어는 백인우월주의가 기독교를 전파하고, 인종주의, 제국주의, 식민주의 등을 정당화하는 데 기여했다는 주장도 제기했다. 백인의 혈통에 근거한 인종주의는 '나'와 '너'라는 이분법적인 이데올로기가 되어 '우리'라는 공동체 덕목이 끼어들 공간을 말살한다.

우리나라 왕조시대에도 '피 한 방울의 원칙'이 있었다고 본다. 노비제도를 두고 하는 말이다. 조선 초기만 해도 노예는 종모종부법(從母從父法), 즉 부모 중 한쪽이 천인이면 그 사이에서 태어난 자식은 무조건 천인이 되었다. 양반은 이런 제도를 환영했다. 노비는 곧 재산이었기 때문이다. 조선 태종은 종모종부법을 종부법(從父法)으로 바꿔 양인 아버지와 천인 어머니 사이에서 태어난 자식은 양인이 되는 구조로 만들었다. 양반 기득권 세력의 엄청난 저항을 무릅쓴 노비제도의 일대 개혁이었다(이한우, 2022: 322-324). 흑인 피가 한 방울이라도 섞여있으면 흑인으로 간주하는 미국 사회를 비난만 할 일은 아니다. 우리나라에서도 노비로 태어나면 영원히 노비 신분을 벗어나지 못했던 때가 있었으니 말이다.

우리나라는 국제 기준을 충족하는 다문화사회로의 진입을 눈앞에 두고 있다. 국제적으로 다문화사회의 기준은 한 나라의 인구에서 체류외국인이 차지하는 비율이 5% 이상인 경우를 말한다. 우리나라는 총인구에서 차지하는 다문화 구성원의 비율이 5%(2019년 4.87%)에 근접하고 있다. 다문화사회 구성원은 결혼이주여성, 외국인 근로자, 북한이탈주민, 외국 유학생 등 다양하다. 다문화사회는 포용성과 역동성을 요구한다. 외국에서 사람이 이주해오는 것은 단지 사람만 오는 것이 아니다. 그 사람과 함께 문화도 함께 온다. 그래서 정현종 시인은 〈방문객〉에서 이렇게 노래했다. "사람이 온다는 건/ 실은 어마어마한 일이다./ 그는/ 그의 과거와/ 현재와/ 그리고/ 그의 미래와 함께 오기 때문이다./ 한 사람의 일생이 오기 때문이다./ (…)." 맞는 말이다. 우리나라에 이주해 온 사람은 그의 과거와 현재와 그리고 미래와 함께 오는 것이다. 이주민은 가시적인 몸과 함께 언어, 종교, 사고방식, 행동양식 등 비가시적 문화와 함께 온다.

저자는 우리나라가 다문화사회를 어떻게 대응하고 관리하느냐가 우리의 미래에 매우 중요한 척도가 된다고 생각한다. 다문화사회의 성공적인 정착을 위해서는 기득권을 가진 한국인이 개방적이고 포용적인 자세를 가져야 한다. 순혈이니 단군 자손의 단일민족이니 하는 이데올로기는 성숙한 다문화사회를 만드는 데 방해가 된다는 역사적 사례를 확인했다. 미국의 경우만 해도 오늘날의 다문화사회로 이행되기까지 수

많은 시행착오를 겪었다. 자신의 경험으로는 도저히 이해되지 않은 타자를 수용하는 일은 결코 쉽지 않은 법이다. 우리나라도 농어촌, 제조업, 건설업, 숙박업 등에서는 외국인 근로자들이 절대적으로 필요하다. 피 한 방울도 섞이지 않은 사람은 아무도 없다. 다문화주의와 인종차별주의는 종이 한 장 차이다. 본격 궤도에 올라선 다문화사회 한국의 미래는 순혈의 문화, 단일민족이라는 이데올로기에서 벗어나는 것에서부터 시작된다.

📖 다이어, 리처드. (2020). 《화이트: 백인 재현의 정치학》. 박소정 옮김.

앤더슨, 베네딕트. (2018). 《상상된 공동체》. 서지원 옮김. 길.

이한우. (2021). 《태종처럼 승부하라》. 푸른 역사.

Alexander, K & Alexander, David M. (1992). *American Public School Law* (3rd ed.). St. Paul, MN: West Publishing Co.

강의정. (2018). 《중앙일보》. 〈'섞인 피'는 옳지 않다는 순혈주의의 그늘〉. 12월 10일.

심재우. (2018). 《중앙일보》. 〈내 뿌리 찾기 DNA 테스트해보니… 0.1% 아메리칸 인디언〉. 3월 19일.

최준호. (2019). 《중앙일보》. 〈침 뱉어 찾은 뿌리… 경주 최씨 기자, 한·중·일 혼혈이었다〉. 11월 21일.

〈플레시 대 퍼거슨〉. 미국 연방대법원.

《그린북》

미국 흑인 차별의 흑역사

〈그린북〉은 실화에서 영감을 얻은 영화로 천재 흑인 클래식·재즈 피아니스트이자 작곡가였던 돈 셜리(1927~2013)가 미국 남부 순회 연주를 하면서 겪은 인종차별을 고발하고 있다. 셜리는 이고르 스트라빈스키 (1882~1971)가 "그의 기교는 신의 경지"라고 평가할 정도로 뛰어난 연주자였으며, 클래식을 재즈에 접목시켜 클래식의 대중화에 기여하였다는 평가를 받고 있다.

영화의 배경은 1960년대로 거슬러간다. 영화에서 다룬 인종차별을 보기로 들면 이런 것이다. 노스 캐롤라이나주에서는 셜리가 연주회를 마치고 화장실을 사용하려고 하지만 백인 지배인은 야외 화장실을 이용하게 한다. 셜리는 호텔로 되돌아가 화장실을 이용한 후 30분 후에 다시 연주회장으로 돌아왔다. 조지아주에서는 양복을 사러 양복점에 들어갔는데 주인은 흑인이라는 이유로 옷을 입어보는 것조차 거절했다. 루이지애나주에서는 해가 진 후에 일몰타운(sundown town)에 들어가는 바람에 경관의 불시검문을 받고 유치장 신세를 지기도 한다. 당시 일몰

타운 입구에는 '흑인은 해가 지기 전에 마을을 떠나라'는 섬뜩한 포스터가 붙었다. 앨라배마주에서는 고급 레스토랑에서 크리스마스 연주회를 하는데 초청을 받은 연주자가 흑인이라는 이유로 식사를 다른 곳에서 해야 했다. 차별에 분노한 셜리는 계약 파기에 따른 손해를 감수하면서 공연을 취소한다.

영화 제목과 같은 이름의 책 《그린북》은 미국 내 흑인 여행자를 위한 가이드북으로 1936년부터 1966년까지 제작되었다. 뉴욕시 우체국에서 근무하던 흑인 빅터 그린이 제작한 책이다. 《그린북》은 《The Negro Motorist Green Book》의 약칭으로 지역별로 흑인이 이용 가능한 숙박시설, 레스토랑, 주유소, 이발소, 미용실, 나이트클럽 등을 표기한 책이다. 이 책의 부제는 'For vacation without aggravation'이다. 우리말로 옮기자면 '낭패 없는 휴가' 정도로 이해할 수 있다. 미국에서 유색인이 사전에 이용 가능한 시설에 대한 정보를 알지 못하고 남부에 여행을 가게 되면 낭패를 보거나 문전박대를 당하기 일쑤였다. 문명사회에서 특정 인종을 위한 안내 책자를 제작, 배포한다는 것은 믿기 어려운 일이다. 그것도 인권과 자유를 보편적 가치로 여긴다는 자유 민주주의 국가 미국 사회에서 말이다.

아프리카 흑인들이 유럽과 아메리카 대륙에 어떻게 이주하게 되었는가에 대해 살펴볼 필요가 있다. '이주'라는 표현은 지나치게 부적절하다. 노예 교역의 '상품'으로 팔려왔다는 표현이 적절할 것이다. 아프리카 노예 교역은 15세기 중반 포르투갈인들에 의해 시작된 것으로 본다. 일찍이 바다로 눈을 돌린 포르투갈인들은 아프리카 서해안에 출몰하면서 그곳에서 나는 후추와 상아는 물론 원주민을 노예(노예 교역업자들은 흑인을 '검은 상아'로 부르며 물건 취급을 함)로 데려와 유럽 시장에 팔았다. 포르투갈의 엔리크 왕자는 1441년부터 6년에 걸쳐 아프리카에서 1,000명이 넘는 흑인노예들을 본국에 데려왔다(정효진, 2022).

노예무역이 수지가 많이 남는다는 소문이 나면서 유럽의 다른 국가들은 너도나도 뛰어들었다. 포르투갈의 뒤를 이어 스페인, 영국, 프랑스, 네덜란드, 덴마크, 스웨덴, 독일 등이 노예무역에 합세했다. 유럽의 상인들은 아프리카 추장들에게 모직, 비단 따위의 직물과 칼, 무기, 화약, 와인을 포함 장신구, 방울, 팔찌, 유리구슬과 같은 하찮은 물건을 주면서 노예를 사들였다(콸스, 2002: 25-29). 유럽, 아프리카, 아메리카 세 대륙 간에 대규모 노예 교역이 이루어졌던 4세기 동안 1,200만에서 1,500만 명에 이르는 사람들이 화물처럼 배 밑창에 실려 대서양을 건너 아메리카로 운송되었다(메이에, 1998). 노예를 운송하는 과정에서 3분의 1가량이 배 안에서 사망했으며, 18세기 말 아메리카 대륙에 살아남은 흑인 노예는 300만 명뿐이었다(무스이, 2022: 175-166).

아프리카 흑인 노예가 본격적으로 아메리카 대륙으로 유입되기 시작한 시기는 16세기부터였다고 한다. 대부분의 흑인 노예들은 아프리카 서부 및 중부 내륙 출신으로 아프리카 지배계급의 손에 잡혀와 유럽의 노예상들을 통해 거래되었다. 참 서글프게도 유럽인들의 상술에 맛들인 아프리카 흑인 지도자들이 동족을 유럽인들에게 팔아넘겼다. 노예 선장들은 가능한 한 많은 노예를 싣기 위해 야만적인 적재 방법을 고안해냈다. 노예선의 배치도를 보면 마치 노예들을 숟가락처럼 나란히 눕혀 뱃머리를 향해 서로 포개지게 배치했다. 노예 선장들은 정원의 두 배에 달하는 노예를 생선 말리듯이 늘어놓는 방식으로 450명 정원인 선박에

600명 정도를 실었다(메이에, 1998: 57-66).

미국으로 팔려온 노예들의 생활은 어땠을까? 알렉스 헤일리의 작품 《뿌리》는 서아프리카에서 백인들에게 붙잡혀 미국으로 끌려와 노예 생활을 했던 흑인 쿤타 킨테와 그의 후손에 관한 이야기를 그리고 있다. 작가가 상상력을 동원한 문학 작품이지만 흑인들이 노예로 붙잡혀 신대륙으로 끌려와서 어떻게 생활했는가를 적나라하게 형상화하고 있다.

18세기 미국은 영국에서 독립한 뒤 북부는 상공업, 남부는 농업이 발달하였다. 특히 대농장(플랜테이션)이 많은 남부의 백인 농장주들은 노동력 부족을 해소하기 위해 아프리카 흑인 노예들을 경쟁적으로 사들였다. 백인 농장주들은 흑인 노예들을 면화, 담배, 사탕수수 등 열대작물을 재배하는 플랜테이션에 투입했다. 미국은 대량의 흑인 노예를 노동력으로 삼아 저렴한 가격의 농산물들을 유럽으로 수출하면서 큰 부를 창출할 수 있었다. 노예들이 어떤 대우를 받았는가에 대해서는 일일이 말이 필요 없을 정도다. 백인들은 흑인들을 짐승만도 못하게 다루었다. 신체적 폭행과 고문 등의 비인간적인 대우를 어떻게 표현할 수 있을까 싶다. 산업이 발달한 북부는 노예제에 반대하는 분위기였지만, 남부는 노예가 없으면 경제가 돌아가지 않을 정도로 흑인 노예가 차지하는 노동력의 비중이 높았다.

미국에서 노예제 폐지를 위해 어떤 노력을 했는가. 에이브러햄 링컨 대통령(재임 1809~1865)은 남북전쟁(1861~1865)이 한창 진행 중이던 1863년 1월 1일 노예제도를 폐지하는 노예해방선언을 했다. 종전 후 연방의회는 1865년 12월 6일 헌법 수정 제13조를 비준하였는데, 조문에는 "노예 또는 강제노역은 당사자가 정당하게 유죄판결을 받은 범죄에 대한 처벌이 아니면 합중국 또는 그 관할에 속하는 어느 장소에서도 존재할 수 없다"라고 명시하였다(서정갑, 2001: 444). 이 헌법 조문은 합중국에서의 노예제 폐지를 완성시켰다는 의미가 있다.

노예해방선언과 연방헌법 제정으로 미국에서 노예제가 종료된 뒤 인간으로서 흑인들의 기본권은 보장되었을까. 섣부른 기대다. 미국은 제도로서 노예제는 폐지하였지만 미국의 백인들은 아프리카에서 팔려온 흑인들을 인간으로서 감당할 수 없는 취급을 했다. 미국은 제1차 세계대전, 경제공황, 제2차 세계대전, 한국전쟁, 냉전 등 굵직한 국내외의 문제에 직면하게 되면서 미국 사회에서 흑인들의 인권 보장을 위한 실질적인 조치들은 무시되거나 유예되었다. 미국에서 흑인들의 인권과 사회경제적 처우 문제가 전면에 등장하기까지는 노예해방선언 이후 1세기를 필요로 했다.

영화 〈그린북〉의 배경이 된 1960년대 미국은 그야말로 백가쟁명(百家爭鳴)의 시기였다. 인종차별 이슈 말고도 베트남 전쟁, 페미니스트, 히피, 매카시즘 등 미국 사회를 떠들썩하게 만들었던 빅이슈들이 전면에 부상했다. 특히 인종차별 반대를 위한 대규모 시위는 전 세계적으로 큰 반향을 일으켰다. 인도에서 온 외교관이 호텔에서 쫓겨난 뉴스는 자유 민주주의를 대표하는 미국의 치부를 드러냈고 국제적으로도 비난을 받았다. 미국과 소련이 민주진영과 공산진영을 대표하여 냉전으로 대립하던 시기에 미국은 도덕성이 도마 위에 올라 난도질을 당했다. 미국의 체면이 말이 아니었다. 급기야 존슨 대통령은 민권법(1964년)을 제정하는 등 법률적으로 인종차별 폐지를 위해 다각적인 정치력을 발휘했다.

민권법 제정 한 해 전인 1963년 8월 마르틴 루서 킹 주니어 목사 (1929~1968)는 워싱턴 D.C.의 링컨 대통령 동상 앞에서 '나에게는 꿈이 있습니다'라는 유명한 연설을 하여 수많은 미국인과 국제사회에 커다란 반향(反響)을 일으켰다. 기념비적인 명연설이다. 그의 연설문을 읽다 보면 피가 용솟음치고 심장 박동이 빨라지는 것을 느낀다. 장문의 연설 중 일부를 옮겨보자(카슨, 2002).

100년 전, 지금 우리 위에 그림자를 드리우고 있는 저 동상의 주인공 에이브러햄 링컨이 노예해방선언에 서명했습니다. 노예해방선언은 사그라지는 불의의 불꽃 속에서 고통받아온 수백만 흑인 노예에겐 희망의 봉홧불이었으며, 기나긴 속박의 밤을 걷어내는 찬란한 기쁨의 새벽이었습니다. (중략) 오늘 우리는 치욕스러운 상황을 극적으로 전환하기 위해서 이곳에 모였습니다. 우리는 명목뿐인 수표를 현금으로 바꾸기 위해서 수도 워싱턴에 모였습니다. 미국의 건국에 참여한 사람들이 서명한 헌법과 독립선언서의 화려한 문구들은 약속어음에 비유할 수 있습니다. 이들은 흑인 백인을 가리지 않고 모든 사람에게는 양도할 수 없는 '생명권, 자유권, 행복추구권'이 있다는 내용의 약속어음에 서명을 했습니다. 미국은 흑인 시민에 대해서 이 약속을 제대로 이행하지 않고 있습니다. 미국은 흑인들에게 이 신성한 약속어음에 명시된 현금을 지급하지 않고 '예금잔고 부족'이라는 표시가 찍힌 부도수표를 되돌려주고 있습니다. 하지만 정의라는 이름의 은행(bank of justice)은 결코 파산하지 않을 것입니다. 미국이 가지고 있는 기회라는 이름의 거대한 금고 속에 충분한 잔고가 남아 있을 것입니다. 우리는 이 약속어음이 명시하는 자유와 정의를 되돌려 받기 위해서 이곳에 모였습니다.

킹 목사의 연설은 언어가 유려하면서도 강렬한 호소력을 갖추고 있으며 무엇보다 절묘한 은유와 비유로 청중들의 가슴을 후벼 파고 들었다. 34세의 젊은 목사의 연설이라고 믿기지 않을 정도다. 그는 백인들이 100년 전 노예를 해방하고 인종차별을 종식하여 흑인들에게 자유와 정의를 보장하겠다는 약속을 약속어음(promisory note)에 비유하고, 백인들은 이 약속을 지키지 않고 부도(insufficient funds)를 냈다고 일갈했다. 영성이 풍부하고 통찰력이 돋보이는 그의 연설은 미국 정부와 의회 그리고 일반 시민들의 마음을 움직였고 민권법 제정 등 흑인들의 기본권 신장을 위한 일련의 법률적, 제도적 조치들이 마련되는 계기가 되었다.

차별이 차별금지를 위한 관련 법률 제정만으로 해결되는 것을 보았는가. 법에 저촉되는 명시적 차별은 줄어들 수 있겠지만, 사람의 마음 한켠에 자리 잡고 있는 암묵적 차별은 쉽게 사라지지 않는다. 민권법은 공공장소에서 흑인을 차별할 수 없다고 명시하고 있지만, 백인들이 흑인을 차별하는 방법은 기발했다. 백인들은 '백인과 흑인을 분리하지만 동등하다'라는 논리를 만들었다. '흑백분리평등의 원리(separate but equal doctrine)'다. 백인 학교와 흑인 학교를 분리하고, 수돗물도 백인용과 유색인용을 구분하고, 심지어 영혼을 구제한다는 교회조차도 커튼으로 백인 신도와 흑인 신도를 구분하여 예배를 드렸다. 1954년 연방대법원은 브라운 판결에서 흑백분리 평등의 원리에 대해 기념비적인 위헌 판결을 내렸지만, 이후로도 흑백 분리와 흑인 차별은 백인들에게는 사회적으로 용인되는 관행으로 뿌리 깊이 자리 잡았다.

영화에서는 주인공 돈 셜리가 남부의 유력 백인들의 초청으로 피아노 연주를 하지만, 식당에서 백인들과 함께 식사를 할 수 없었으며, 하물며 식당에 있는 화장실을 사용할 수도 없었다. 당시 미국 사회에서 재능 있는 흑인들은 백인들을 위한 기쁨조에 불과했다. 오죽했으면 흑인 여행자들만을 받아주는 《그린북》을 제작하였을까 싶다.

오늘날 미국 정부를 위해 일하는 흑인들을 보면 상전벽해의 변화를 느낀다. 버락 오바마 대통령(재임 2009~2017)은 최초의 흑인 출신 대통령으로 임기를 두 번 역임했다. 다수의 흑인들이 입법부, 행정부, 사법부에서 고위직으로 일한다. 조 바이든 행정부의 로이드 제임스 오스틴은 최초의 흑인 출신 국방장관이다. 카린 장-피에르는 흑인 여성 최초로 백악관 대변인이 되었다. 바이든 대통령 출범 이후 임명된 각료 및 각료급 인사들 가운데 유색인종이 50%를 차지한다. 미국 사회에서 흑인의 사회적 진출이 활발하게 된 것은 흑인의 민권 보호를 위한 명시적 법률과 제도가 갖춰지고 시민의식 수준이 높아짐과 동시에 정부, 기업, 교육기관 등에서의 인종통합을 위한 노력이 가시적 성과로 나타난 것으로 볼 수 있다. 그렇지만 미국 사회에서 묵시적인 인종차별은 사라지지 않고 여전히 기승을 부리고 있다.

미국인의 흑인에 대한 묵시적 차별은 경찰의 공권력 행사에서 드러난다. 저자가 미국에서 1년 살면서 느낀 것은 미국 경찰의 존재감이다. 우리나라에서 경찰은 '민중의 지팡이'라는 애칭이 붙을 정도로 시민들에게 친절한 서비스의 상징이 되고 있지만, 미국의 경찰은 허리에 차고 있는 각종 장비만으로 일반 시민을 압도한다. 허리에는 권총, 수갑, 곤봉 등 마치 전시상황을 방불케 하는 무장을 하고 있다. 미국 경찰은 공권력의 집행자로서 일정 부분 면책권을 가진다. 그러다보니 종종 경찰의 흑인에 대한 과잉대응이 미국 정부와 미국인의 인종통합을 위한 노력에 찬물을 끼얹는다. 저자는 미국 경찰의 흑인에 대한 과잉대응을 암묵적 차별의 실체라고 생각한다. 2020년 5월 미네소타주 미니애폴리스에서 흑인 조지 플로이드가 백인 경찰의 가혹행위로 목숨을 잃으면서 촉발된 인종차별적 공권력의 오남용 논란을 기억할 것이다. 이 사건으로 미국에서 '흑인 생명도 소중하다(Black Lives Matter)' 시위가 불붙는 계기가 됐다. 2022년 6월 오하이오주 애크런에서 교통 단속을 피하려던 흑인 남성이 경찰관들이 쏜 총알 60발을 맞고 즉사하는 사건이 발생했다. 6초 사이에 한 사람에게 무려 60발을 쐈다. 누가 보아도 지극히 비정상적인 공권력 행사가 아닐 수 없을 것이다.

미국에서 아무런 위협도 하지 않은 흑인 시민이 경찰의 총격으로 사망한 비율은 백인의 3배에 달했다. 미국 경찰이 행사한 약 1,000건의 치명적 총격을 분석한 결과에 따르면, 백인 희생자에 비해 흑인 희생자는 총격을 당했을 때 비무장 상태였던 비율이 2배 가까이 높았다. 미국의 많은 판사가 일반적으로 백인 남성보다 흑인 남성을 더 위협적인 존재로 판결한다는 연구도 있다. 왜 이런 일들이 일어나는 것일까? 제시카 노델은 《편향의 종말》에서 차별과 편향의 원인을 밝히고 있다. 그에 따르면 인간은 본능적으로 차별할 수밖에 없도록 타고 났으며, 편향은 뇌에서 만들어져 사회로 확산한다고 한다. 무고한 흑인 시민을 범죄자로 오해하여 총을 쏴 숨지게 한 미국 교통경찰은 조사에서 "솔직히 저는 흑인이 두렵습니다"라고 말했다. "사람이 누군가를 두려워할 때 그들을 사물화하고 인간이 아닌 위협으로 대한다. 그래서 그들과 관련된 모든 것은 실제보다 공포스러워진다"라고 한다. 인종에 대한 편향된 사고가 두려움을 부르고, 이것이 과잉 대응과 무고한 사람의 죽음을 낳는다. 백인이 위협을 느끼면 흑인의 피부색이 더 검게 느끼게 된다고 한다.

영화 〈그린북〉은 60년대 미국 사회에서 흑인에 대한 백인의 명시적인 인종차별을 실감나게 묘사하였다. 오늘날 미국 사회에서 명시적 차별은 공식적으로 사라진 것으로 보고 있지만, 흑인에 대한 공권력 오남용 사례에서 보는 것처럼 암묵적 차별은 미국 사회를 분열시키는 또 하나의 뇌관이 아닐까 싶다. 60년대 미국 흑인 여행자를 위해 만든 《그린북》은 절판되었지만, 미국인, 특히 백인들은 마음속에서 《그린북》을 만들고 있는지 반문해보아야 할 때가 아닌가 싶다. 다시 미국 사회에서 《그린북》이 재발행되는 날은 마틴 루터 킹 주니어 목사가 워싱턴 D.C. 연설에서 언급한 '정의라는 이름의 은행'의 파산을 의미하는 것이 아니겠는가.

📖 노델, 제시카. (2022).《편향의 종말》. 김병화 옮김. 웅진지식하우스.
　　메이에, 장. (1998).《흑인노예와 노예상인》. 지현 옮김. 시공사.
　　무스이 류이치로. (2002).《세계사를 바꾼 커피 이야기》. 사람과 나무사이.
　　서정갑. (2001).《부조화의 정치: 미국의 경험》. 법문사.
　　카슨, 클레이븐. (2002).《나에게는 꿈이 있습니다》. 이순희 옮김. 바다.
　　콜스, 벤자민. (2002).《미국 흑인사》. 조성훈 이미숙 옮김. 백산서당.
　　헤일리, 알렉스. (1998).《뿌리》. 안정효 옮김. 문학사상사.
　　김경희. (2022).《중앙일보》.〈"개처럼 죽었다" 경찰 총 60발 맞고 즉사한 흑인… 美 뒤집혔다〉. 7월 4일.

장현구. (2017). 《연합뉴스》. 〈차별당한 미국 흑인을 위한 생존 여행 안내책 '그린북'〉. 3월 2일.

정효진. (2022). 《조선일보》. 〈미지의 땅 찾아 망망대해로… 200년간 이어진 바닷길 개척〉. 6월 22일.

〈그린북〉. (2019). 영화.

〈뿌리〉. (2016). 영화.

미국 연방대법원
옳고 그름의 기준은 무엇인가

미국 대통령 선거전 때마다 단골로 등장하는 이슈는 단연코 낙태에 대한 후보자의 견해일 것이다. 낙태에 대한 찬반은 곧 보수냐 진보냐를 판가름하는 첨예한 쟁점이라고 해도 지나치지 않을 정도다. 2008년 민주당 대통령 후보 버락 오바마와 공화당 대통령 후보 존 매케인은 유명한 목사가 사회를 보는 좌담회에 참석했다. 사회자가 두 후보에게 "어느 시점에서 아기가 인간으로서의 권리를 가진다고 봅니까?"라는 질문을 던졌다. 이에 대해 오바마는 "저는 그것을 알 위치에 있지 않습니다"라고 답한 반면, 매케인은 단도직입적으로 "바로 수정의 순간이죠"이라고 즉답했다(케스터·정, 2012: 51-52).

1973년 미국 연방대법원은 미국 사회에서 정치적 진영을 가르는 뜨거운 쟁점이 되는 낙태에 대해 역사적 판결을 내렸다. 로 대 웨이드 판결(Roe v. Wade, 410 U.S. 113)이다. 이 판결에서 연방대법원은 헌법에 기초한 사생활의 권리가 낙태할 권리를 포함한다고 판결하여 여성의 낙태 시술에 대해 찬성했다.

그렇게 49년을 지켜온 여성의 낙태할 권리가 뒤집어졌다. 2022년 6월 24일 연방대법원은 임신 15주 이후 임신 중단(낙태)을 전면 금지한 미시시피주법에 대한 위헌법률심판에서 6대 3으로 합헌 판결을 내렸다. 1973년의 로 대 웨이드 판결을 뒤집었다. 이 판결에 따라 미국 여성 수백만 명이 임신 중단에 대한 헌법상의 권리를 받지 못하게 되었으며, 개별 주에서는 임신 중단을 금지할 수 있게 됐다. 미국 50개 주 중 절반에서는 임신 중단 관련 새로운 규제나 금지 법안을 마련할 것으로 예상되는 가운데 이미 13개 주에서는 법적 효력이 발생하면 임신 중단을 자동으로 불법화하는 트리거 법들을 통과시켰다.

미국 내에서도 연방대법원의 판결에 대한 찬반 의견이 극명하게 드러난다. 판결에 찬성하는 측에서는 법원 판결에 환호하면서 "임신 중단 금지를 법으로 보장하는 것만으로는 충분하지 않다"며 "생명권을 지킨다는 것은 임신 중단을 생각조차 할 수 없게 만드는 것이다"라고 말했다. 판결에 반대하는 민주당 소속 낸시 펠로시 하원의장은 "오늘날 미국 여성은 어머니 세대보다 자유를 누리지 못한다. 이 잔인한 판결은 너무나 충격적이고 가슴을 찢어지게 한다"라고 밝혔다. 조 바이든 미국 대통령은 이번 판결에 대해 "비극적 오류"라고 말하면서 각 주에서 임신 중단을 허용하는 법을 제정할 것을 촉구했다(BBC 코리아, 2022). 미국인의 반응도 싸늘하다. 연방대법원의 낙태권 폐지 판결 이후 연방대법원에 대한 여론조사 결과에 따르면, 연방대법원을 지지한다는 응답은 전체의 38%, 지지하지 않는다는 응답자는 61%를 차지했다. 1년 전 조사에서 전체 응답자의 60%가 연방대법원 지지 의사를 밝힌 것과 비교하면 크게 하락한 것으로 나타났다(정혜정, 2022).

우리나라 헌법재판소도 낙태에 대한 판결을 내린 바 있다. 2019년 4월 헌법재판소는 "임신한 여성의 자기낙태를 처벌하는 형법 제269조 제1항과, 의사가 임신한 여성의 촉탁 또는 승낙을 받아 낙태하게 한 경우를 처벌하는 같은 법 제270조 제1항 중 '의사'에 관한 부분이 각각 임신한 여성의 자기결정권을 침해하는지 여부에 대한 재판에서, 자기낙태죄 조항은 모자보건법이 정한 예외를 제외하고는 임신기간 전체를 통틀어 모든 낙태를 전면적·일률적으로 금지하고, 이를 위반할 경우 형벌을 부과함으로써 임신의 유지·출산을 강제하고 있으므로, 임신한 여성의 자기결정권을 제한한다"라며 헌법불합치 결정을 내렸다. 그러면서 2020년 12월 31일을 시한으로 개선 입법을 요구했다(헌법재판소, 2017).

헌법불합치 결정을 내린 지 3년째임에도 입법 공백이 이어지고 있다. 낙태로 처벌받지 않는 '비범죄화'는 이뤄졌지만, 헌법재판소가 대체 입법 시한으로 제시한 2020년 12월 31일을 한참 넘겼다. 정치권의 무관심, 무책임의 결과다. 현재 관련 개정안 6건이 국회에 계류 중이며 국민의 힘은 임신 6주, 혹은 10주까지 허용하는 안, 민주당과 정의당은 낙태죄 전면 폐지, 혹은 24주 이내 허용 안을 냈다.

낙태에 대한 외국의 입법례는 어떤가? 일정한 요건을 갖춘 낙태를 비범죄화한 대륙법계 유럽 대다수 나라는 '기간 방식'과 '적응사유 방식'을 병행하고 있는 경우가 많다. 기간 방식은 대체로 마지막 생리기간의 첫날부터 14주 이내의 일정한 요건을 갖춘 낙태를 형사처벌 대상에서 제외한다. 영국은 마지막 생리기간의 첫날부터 24주 이내의 일정한 요건을 갖춘 낙태를 형사처벌 대상에서 제외하고 있다. 국제연합(UN)이 선진국 권역으로 분류하는 유럽 전 지역, 북미, 호주, 뉴질랜드, 일본에서의 각 사유별 낙태 허용 국가의 비율을 조사한 결과, 2013년을 기준으로 '임신한 여성의 생명 구조'는 96%, '임신한 여성의 신체적 건강 보호'는 88%, '임신한 여성의 정신적 건강 보호', '강간 또는 근친상간' 및 '태아의 장애'는 각각 86%, '사회적·경제적 사유'는 82%, '임신한 여성의 요청'은 71%로 나타났다고 한다(헌법재판소, 2017).

미국 연방대법원은 우리나라의 대법원과 헌법재판소의 역할을 한다. 미국 사법부의 최고법원으로서 연방대법원은 일반 소송사건의 최종심일 뿐만 아니라 위헌심사권까지 보유하는 명실상부한 미국의 최고법원으로서 역사적으로 상당한 영향력을 행사해왔다. 특히 미국 연방대법원은 상고허가제를 채택하여 발전시킨 결과 중요한 쟁점을 제시하는 사안에 대해서만 상고를 선별적으로 허용한다. 이런 제도적 특성으로 연방대법원의 대법관은 소수의 핵심 사건에 대해 그들의 역량을 집중시킬 수 있고 이로 인하여 판결의 무게와 사회적 영향이 극대화될 수밖에 없다. 실제로 미국 연방대법원은 미국의 역사에서 시대마다 다양한 이해집단 간에 첨예하게 대립하던 사회적 쟁점에 대하여 헌법 및 법률에 대한 최종적인 유권해석으로 시민들의 의식과 사회 전반의 변화를 촉진해왔으며, 이를 바탕으로 삼권분립의 한 축을 담당하는 사법부로서 국민의 신뢰를 받아왔다(이제우, 2016).

미국의 법원(法源)은 판례에 기초한다는 점에서 최고법원인 연방대법원의 판결은 고스란히 미국 사회에 투영되고 사회변화의 기폭제로 작용한다. 미국 교육법에 관심을 가지고 있는 저자에게 가장 인상적인 연방대법원의 판결은 1954년의 브라운 판결(Brown v. Board of Education, 347 U.S. 483)이다(참고로 '347 U.S. 483'은 연방대법원 판결 공식보고서인 미연

방보고서 347권 483쪽에 보고되어 있다는 의미다). 브라운 판결이 얼마나 대단한 판결인가를 이해하기 위해서는 1857년의 스콧 판결(Scott v. Sanford, 60 U.S. 393)과 1896년의 플레시 판결(Plessy v. Ferguson, 163 U.S. 537)에 대해 이해할 필요가 있다. 스콧 판결은 연방의회가 노예제도를 폐지할 권한이 없다는 판결이다. 연방대법원이 노예제도의 합헌을 선언하여 남북전쟁의 원인을 제공한 셈이었다. 플레시 판결은 흑인과 백인을 분리하지만 동등한 시설을 제공할 경우에는 합헌이라는 판결이다. 최고법원이 스콧 판결과 플레시 판결을 통해 노예제와 흑인차별을 승인하였다. 그래서 브라운 판결은 스콧 판결 이후 97년 만에, 플레시 판결 이후 58년 만에 나온 기념비적 판결이라고 부른다. 스콧 판결이 미국 헌법 사상 최악의 판결이라는 평가를 받은 반면, 브라운 판결은 연방대법원의 판결 중 가장 중요하고 훌륭한 판결로 꼽히는 것은 우연이 아닐 것이다(장호순, 2005: 277).

브라운 판결에서 연방대법원은 공립학교에서 인종차별의 근거, 즉 분리평등원칙(separate but equal doctrine)에 대해 위헌 판결을 내렸다. "공립학교에서 흑인과 백인을 분리하는 것은 본래부터 불평등하다"라는 판결, 즉 공립학교에서 인종에 기반하여 차별하는 것은 위헌이라는 판결은 미국의 공교육을 차별과 분리로부터 통합과 평등의 길로 나아가게 하는 시금석이 되었다. 오늘날에야 공립학교에서 흑인과 백인을 분리하는 것은 인종차별로 인식하고 이를 금지하고 있지만, 20세기 중반까지만 해도 미국 사회에서 흑인은 백인과 동등한 권리행사를 할 수 없는 3류 시민에 불과했다.

연방대법원은 어떤 사건에 대해 판결을 내리는가? 연방대법원에 접수되는 거의 모든 사건은 사건 선별 관할에 해당하는 사건이다. 연방대법원의 사법심사를 받고자 하는 당사자는 연방대법원에 대하여 사법심사를 요구하는 신청(certiorari)을 하고, 그 신청에 대한 연방대법원의 허가를 받아야 정식의 사법심사 판단을 받을 수 있다. 사건 선별 관할을 통하여 연방대법원의 사법심사를 신청하는 당사자는 심판받고자 하는 쟁점 사항을 기재하고, 그 쟁점이 정식의 사법심사를 받을 만한 중요성을 가지고 있다는 점을 서면으로 작성하여 제출한다. 연방대법원은 그 쟁점의 중요성을 기준으로 사건을 선별하고 선별된 사건에 한하여 정식의 사법판단을 한다. 연방대법원은 사건이 담고 있는 법적 쟁점이 중요하지 아니할 경우에는 이를 선별하지 아니하는데, 이 경우에는 해당 하급심 판단이 파기되지 아니하고 그대로 법적 효력을 갖게 된다. 연방대법원은 사건 선별에 관한 기준으로서 사건이 담고 있는 법적 쟁점이 중요하지 아니할 경우에는 하급심 법원의 판단에 명백한 오류가 있는 경우에도 이를 선별하지 아니한다. 이는 하급심의 잘못된 판단을 발견하여 교정하는 것은 더 이상 연방대법원의 역할이라고 할 수 없다는 의미이다(김진한, 2014).

정리하자면 연방대법원은 제한된 사건만을 검토하고 결정할 권한을 갖고 있는데, 예를 들어 외국대사와 영사가 관계된 사건, 주(州)가 소송의 당사자가 되는 사건, 조약 또는 연방법령의 타당성에 의문이 들 때 등이다(피셔·심멜·켈리, 2001: 35). 참고로 2019~2020년 회기(2019년 10월~2020년 6월) 동안 총 74건의 사건이 연방대법원에 회부되었으며, 이 중 11건은 코로나19 유행으로 인하여 다음 회기에 다루게 되어 총 63건의 판결이 이루어졌다.

미국 연방대법원의 낙태에 대한 판결을 보면서 법이란 무엇인가에 대해 다시 생각하게 된다. 법은 단지 옳고 그름만을 따지는 것에 그치는 것이 아닐 것이다. 연방대법원이 낙태에 대한 기존의 판결을 번복하면서 미국은 합중국(The united States)이 아니라 분열국(The Disunited States)이라는 말이 공공연하게 나오는가 하면, 임신 중지 권한을 둘러싼 갈등은 과거 '노예제 폐지' 과정을 연상케 한다는 지적도 나온다. 낙태 옹호론자들은 임신 중지를 금지한 주에 인접한 일리노이와 콜로라도가 수술을 원하는 여성들의 '피난처'를 자처한 것은, 과거 노예제에 반대했던 북부의 주들과 비슷하다고 일갈했다(허경주, 2022).

자유 민주주의 국가의 재판은 법관 개인의 성향과 그가 추구하는 가치에 따라 판결에 영향을 받는다. 재판관 역시 인간이라는 점에서 일정한 한계가 있을 수밖에 없을 것이다. 우리나라 헌법 103조에서는 "법관은 헌법과 법률에 의하여 그 양심에 따라 독립하여 심판한다"라고 명시하면서 법관의 독립을 보장하고 있다. 법관의 양심이란 무엇인가? 법관의 양심이란 법관 개인의 성향과 가치관만을 의미하는 것은 아닐 것이다. '법관의 양심'이란 인간으로서의 '주관적' 양심이 아니라, 법조인으로서의 '객관적 · 직업적' 양심을 의미(강석정, 2017)할 때 양심적인 판결이 될 것이기 때문이다.

미국 연방대법원에서 특정 사건에 대해 판결할 때는 어떤 결과가 나올 것인가를 쉽게 예상할 수 있다. 연방대법원 대법관 9명의 성향을 알면 판결의 결과는 물론 사회변화의 향방을 가늠하기 어렵지 않은 일이다. 현재 대법관 9명의 성향을 보면 보수 성향이 6명, 진보 성향이 3명으로 나타나고 있다. 이들 대법관 한 사람 한 사람이 미국 사회에 주는 파급력과 영향력은 가히 폭발적이다.

재판관의 성향과 가치관에 따라 판결이 달라질 수 있는 것은 법치주의 모순이다. 연방대법원의 대법관은 대통령이 지명하면 의회에서 청문회 절차를 거치고 다시 대통령이 임명한다. 보수 성향의 대통령은 보수 성향의 재판관을 지명, 임명하고, 진보 성향의 대통령은 진보 성향의 재판관을 지명, 임명한다. 연방대법원 대법관의 구성원이 어떤 성향을 띠느냐에 따라 미국 사회의 저울추는 보수와 진보를 왔다 갔다 한다. 저자는 대통령에게 대법관 지명과 임명 권한을 부여하는 것은 중립적이어야 할 재판정을 정파적, 정략적으로 만드는 것으로 생각한다. 양심의 보루인 사법부가 정치적 성향에 따라 판결이 될 때의 후유증은 가늠하기 어려울 정도다.

최장집 교수의 지적은 무겁게 와닿는다. 최 교수는 예일대 로버트 달 교수의 《How Democratic Is the American Constitution?》에 대한 우리말 번역서 《미국 헌법과 민주주의》 서문에서 이렇게 말하고 있다. "연방법원이 헌법해석 과정에서 내린 많은 평결은 사법부의 입법행위 또는 사법적 정책결정이라는 개념을 만들어냈다. (중략) 민주주의에서 국민의 대표로서 의회가 수행해야 할 입법기능과 정책결정기능을 선출되지 않은 법원이 수행한다는 것은, 민주주의의 규범과 원리에 정면으로 배치된다. 이 점에서 법원이 정당 간 갈등을 수반하거나 이들이 대표하는 정책결정 영역으로부터 물러나서, 민주적 기본권 및 연방제 관련 이슈에만 스스로를 한정할 것을 요구하는 달 교수의 제언은 커다란 설득력을 갖는다."(달, 2004: 32 재인용)

달 교수는 재판관의 성향과 가치관이 재판에 크게 영향을 미친다는 점에서 사법부의 중립성을 보장할 수 없다는 우려를 지적하였다. 견강부회(牽强附會)한 설명이 될지 모르겠지만, 재판관이든 일반 사람이든 일을 결정하고 판단할 때에 다산 정약용의 철학을 적용해보는 것도 시사하는 바가 클 성싶다. 다산의 철학이 나온 배경은 이러하다. 다산이 강진에 유배 중일 때 큰아들 학연이 아버지에게 편지를 보낸다. 대강 이런 내용이다. '아버지의 유배가 길어져 걱정이 많습니다. 판서로 있는 사촌 처남에게 편지를 보내 잘 봐줄 것을 부탁하고, 아버지의 정적들에게 동정을 구해보는 것이 어떻겠습니까?' 다산은 아들에게 이렇게 답장을 보낸다. '천하에는 두 가지 큰 저울(大衡)이 있다. 하나는 시비(是非)이니, 즉 옳고 그름의 저울이고 다른 하나는 이해(利害)이니, 곧 이로움과 해로움의 저울이다. 이 두 가지 큰 저울에서 네 가지 큰 등급이 생겨난다. 옳은 것을 지켜 이로움을 얻는 것이 가장 으뜸이고, 그 다음은 옳은 것을 지키다가 해로움을 입는 것이다. 그 다음은 그릇됨을 따라가서 이로움을 얻는 것이며, 가장 낮은 것은 그릇됨을 따르다가 해로움을 불러들이는 것이다.'(이덕일, 2017: 296-297) 다산은 일을 판단하고 결정할 때는 시비와 이해의 관점에서 문제를 해결하려고 했다. 다산은 아들의 전략이 옳은 것도 아니고 이로움을 얻는 것도 아닌 하책이라는 의견과 함께 세상의 이치에 대해 가르친 것이다.

　인간의 시시비비는 인간이 만든 법에 근거하여 재판관으로부터 판결을 받는다. 재판관의 판결은 하나의 선택 행위이다. 재판관들이 판결을 내리는 것은 시비와 이해라는 천하의 저울을 저울질하여 선택하는 것이다. 미국 연방대법원이 낙태를 금지하는 판결을 내리면서 미국 사회가 발칵 뒤집어졌다. 연방대법관은 어떤 저울을 저울질하였을까. 낙태는 임신한 여성의 자기결정권과 태아의 생명권이라는 이분법적인 대결 구도가 아니라 윤리적, 종교적, 과학적, 의학적, 사회학적 관점에서 들여다봐야 할 복잡한 요인들이 내재되어 있다. 미국 연방대법원이 50년 전의 판결을 번복한 사건을 통해 법관의 양심을 성찰해보고 법이 사회 변화에 주는 무게를 느낀다.

📖 달, 로버트. (2004). 《미국 헌법과 민주주의》. 박상훈·박수형 옮김. 후마니티스.

피셔, 루이스·심멜, 데이비드·켈리, 신시아. (2001). 《교사와 법》. 염철현 옮김. 원미사.

장호순. (2005). 《미국 헌법과 인권의 역사》. 개마고원.

정약용. (1986). 《여유당전서 시문집 제21권》. 성백효 옮김. 한국고전번역원.

케스터, L. 레너드·정, 사이먼. (2012). 《미국을 발칵 뒤집은 판결》. 조현미 옮김. 현암사.

강석정. (2017). 〈법관은 두 개의 양심을 가져야 하는가? – 헌법 제103조 법관의 '양심'에 관하여〉. 《사법》. 통권 제41호 제1권.

김재선. (2021). 〈最近(2020) 미국 行政判例의 動向과 分析〉. 《행정판례연구》. 제26권 제1호.

김진한. (2014). 미국 연방대법원의 사법심사 제도와 그 운영. 고려대학교 대학원 박사학위논문.

이제우. (2016). 〈미국 연방대법원 판결의 유형과 사회적 영향에 대한 연구〉. 대법원 사법정책연구원.

정혜정. (2022). 《중앙일보》. 〈美대법원 신뢰도 1년 만에 60% → 38% 급락… 낙태권 폐지 탓〉. 7월 21일.

허경주. (2022). 《한국일보》. 〈"합중국 아닌 분열국"… 대법원이 촉발한

'두 개의 미국'〉. 7월 3일.

BBC 코리아. (2022). 〈로 대 웨이드: '낙태권 보장' 미국 대법원 판결 49년 만에 뒤집혀〉. 6월 25일.

헌법재판소(2017헌바127).

제3부

희망 그리고 미래

평균의 허상
교육의 새로운 지향점

학창 시절 누구나 한 번쯤 아이큐(지능지수) 검사를 받아본 경험이 있을 것이다. 아이큐 검사가 끝나면 교실에서는 누가 아이큐가 높고 누군 낮더라는 말이 나돌았다. 아이큐가 높다는 소문이 난 친구의 학업성적은 비교적 좋은 편이었지만 항상 그런 것은 아니었다. 아이큐는 좋은데 학업성적은 별로인 친구도 있었다. 아이큐가 좋은 학생이 공부도 열심히 하면 최상의 공부 조합일 것이다. 당시에 공부를 잘한다는 것은 곧 아이큐가 높다는 인식이 강했다.

아이큐 검사는 언어영역, 수리영역, 공간영역 등 몇 가지 영역에 걸쳐 검사를 한 결과다. 검사 결과를 통해 개인의 추상적 사고력, 판단력, 추리력, 학습 능력, 순발력, 문제 해결 능력 등을 종합적으로 판단한다. 대개 아이큐가 높은 친구들은 국어, 영어, 수학 과목을 잘했다. 학교에서 부여하는 성적 중 국어, 영어, 수학 과목의 비중이 가장 높다 보니 아이큐가 높은 친구가 상위권을 차지했다(2022년 6월 〈Worldwide IQ Test〉가 발표한 국가별 평균 아이큐 점수에 따르면, 지역적으로는 한국, 일본, 중국을 포함한 동북아시아와 서유럽(미국·호주 포함), 종교적으로는 기독교와 유교 문화권 사람들이 머리가 좋은 것으로 나타났다. 진태하 교수는 "한국인이 머리가 좋은 이유는 활을 잘 쏘는 동이족(東夷族)인 것과 표음문자(한글)와 표의문자(한자)를 겸해서 쓰기 때문이다. 활을 쏘는 것은 고도의 집중력과 끈기가 필요한 운동이다. 우리 양궁 대표선수들이 국제무대에서 좋은 성적을 내는 것도 동이족의 피가 흐르는 까닭이다"라고 주장한다. 동북아시아 국가가 아이큐가 높게 나타난 데에는 한자교육의 역할이 크다고 한다. 한자를 어려서 배우면 좌·우뇌가 같이 활동하기 때문에 표음문자만 배우는 어린이보다 뇌의 발달이 촉진되고 지능이 높아지기 때문이다. 일본의 중학생을 대상으로 한자테스트를 해 본 결과, 한자 성적이 좋은 학생이 다른 학과의 성적도 좋은 반면 한자 성적이 떨어지는 학생은 다른 교과의 성적도 나쁘다는 결과가 나왔다(월간조선, 2004)).

학교에서는 예체능에 소질이 있는 친구들에 대해 관심을 두지 않았다. 대학 입학시험과는 무관하기 때문이다. 예체능을 지원하려면 별도로 학원을 찾아다니면서 입시를 준비해야 했다. 그런 친구들은 사교육에 의존할 수밖에 없었다. 학교의 교실에는 다양한 재능을 소유한 친구들이 앉아있었지만 교사는 대학입시와 직접 관련되는 과목에 매달렸다. 특히 인문계 학교는 대학 진학이라는 일방적이고 획일적인 교육목표를 설정한 뒤 학생을 따라오도록 했다.

학교 성적 이야기가 나왔는데 체벌 이야기를 빼놓으면 '팥소 없는 찐빵' 같을 것이다. 학교에서 교사의 체벌이 자유롭던 시절의 이야기다. 시험이 끝나면 교실마다 매타작으로 곡소리가 난다. 학생은 크게 두 가지 유형으로 매를 맞는다. 첫째는 교과목 교사가 학생 개개인에게 매를 때렸다. 두 번째는 담임교사가 반 전체 학생들에게 매를 들었다. 교과목

교사나 담임교사가 매를 드는 기준은 두 가지였다. 한 가지 기준은 이전 성적보다 뒤떨어지면 매를 때렸다. 또 다른 기준은 과목별 점수에서 평균에 미달한 학생은 매를 맞았다. 이 기준을 적용하면 시험 종료 후에 매를 맞지 않는 친구는 거의 없었다. 교사는 자신이 가르치는 학생이 더 높은 점수를 올리고 더 빨리 배우고 친구들을 경쟁에서 더 멀리 따돌릴 것을 요구했다. '더 높이 더 빨리 더 멀리'는 올림픽 경기의 구호다. 학교에서는 그 올림픽이 1년에도 몇 번씩 열리는 운동장이나 마찬가지였다. 학교는 공장이고 교장이 사장이라면 교사는 공장장에 해당했다. 공장에서 물건을 찍어내고 제품 출하량을 맞추는 것처럼 획일적으로 설정된 교육목표에 도달하기 위해 수단과 방법을 가리지 않았다.

교사에게 매를 맞는데 가장 억울하게 생각되는 것은 평균 미달로 매를 맞는 것이다. 집단 성적에 개인의 성적을 맞추는 것이다. 상대평가의 함정이다. 학생의 입장에서 시험을 잘 보았어도 다른 친구들이 시험을 더 잘 보았다면 매를 피할 수 없었다. 교사가 어떤 교과목에서 어떤 분야는 잘하고 어떤 분야는 보완을 해야 한다는 것에 주안점을 두었다면 교육 방식은 달라졌을 것이다. 전체 평균에 매몰되어 평균 이하의 학생은 훈육의 대상이었다. 교사와 학교는 학생을 개개인으로서 가치를 지닌 존재로서 생각하지 않았고 설령 개개인의 가치를 드러내는 학생이 있다면 강제로 집단 분위기에 맞추도록 강제했다.

체벌에 대해서는 이 정도로 해두자. 저자가 강조하고 싶은 것은 우리 교육이 추구하는 인재상은 과연 무엇인가 하는 것이다. 학교현장에서 평균 이상의 성적을 거둔 학생이 매를 피했던 것처럼 평균 이상의 인간을 목표로 하는가? 도대체 평균 이상의 인간은 어떤 인간이란 말인가?

학교는 평균 이상의 표준화된 인간을 양성하기 위해 설립되었는가? 단도직입적으로 말하면 우리 교육의 가장 심각한 문제점은 평균주의에 기반한 표준화된 교육과정을 운영하면서 평균적인 능력을 지닌 인간을 양성하는 것이다(로즈, 2018). 평균적인 능력의 소유자는 산업시대에 매뉴얼에 따라 움직이는 숙련공을 연상한다.

인간은 생각보다 훨씬 다차원적이고 복잡한 내면의 세계를 지니고 있다. 공장에서 규격 상품을 찍어내는 것하고는 달라야 한다. 우리들은 누군가 엉뚱한 생각을 하거나 행동을 할 때 4차원적이라고 말한다. 4차원적인 생각이나 행동을 하는 인간이 가장 인간적인 모습이거나 창의적인 사람일지 모른다. 체제 순응적이고 규범적인 사고체계에서는 창의성을 기대하기 어렵다. 우리 교육이 평균적인 인재상을 지향하는 한 창의적 사고가 억압받고 상상력의 날개는 꺾이게 될 것이다.

하버드대 로즈 교수는 아이큐의 들쭉날쭉한 측면을 실증적으로 제시하여 평균주의의 문제를 부각했다. 똑같은 아이큐를 가진 학생의 특성을 면밀히 분석한 결과 A학생은 공통점 찾기, 어휘력, 행렬 추리 등에서는 평균 이하였지만, 블록 짜기, 퍼즐, 상징 기호 찾기 등에서는 평균 이상을 나타냈다. B학생은 블록 짜기, 퍼즐, 숫자 암기 등에서는 평균 이하였지만, 공통점 찾기, 지식의 측면에서는 평균 이상을 나타냈다. 아이큐가 같지만 특정 영역에 따라 평균 이하가 되기도 하고 평균 이상을 나타내기도 했다(로드, 2018). 이 두 학생을 평균으로 따지면 각자의 특성들을 무시하고 잠재력을 키워주지 못한다. 우리는 인간의 능력을 단일차원이 아닌 다차원적인 측면에서 설명할 필요가 있다.

하워드 가드너의 다중지능 이론은 아이큐라는 단일 능력에 의존하는 학교교육에 인간 재능의 다차원적인 측면을 설명하는 이론적 틀을 제시했다. 가드너는 아이큐에 매몰된 근대 이후 교육철학과 교육방식에 혁신을 불러일으켰다. 가드너는 전통적인 아이큐 검사가 지능을 단일 능력 요인으로 파악하여 언어적 능력과 논리-수학적 능력만을 지나치게 강조한다고 비판했다. 그는 "지능이란 문제 해결 능력 또는 특정 문화상황에서 가치를 만들어내는 능력"으로 정의하면서 문화와 상황에 따라 다른 지능이 요구된다는 것을 강조했다. 인간의 지능은 서로 독립적이지만 상호작용하면서 여덟 가지 유형을 다룰 수 있다고 주장했다. 여덟 가지 지능은 언어 지능, 논리 수학 지능, 공간 지능, 신체 운동 지능, 음악 지능, 자기 성찰 지능, 자연친화 지능, 인간친화 지능이다(가드너, 2007).

저자도 호기심 삼아 다중지능검사(http://multiiqtest.com)에 참여했다. 총 8가지 영역에 걸쳐 56문항으로 구성된 검사지는 5지 선다형으로 참여자가 표기한 결과물을 제출하면 바로 순위를 알려준다. 저자의 경우에는 언어지능, 인간친화 지능, 자기 성찰 지능, 공간지능, 신체운동 지능, 논리수학 지능, 자연친화 지능, 음악지능 순으로 나타났다. 이 결과에 대체로 수긍한다.

우리의 교육도 아이큐와 평균주의의 허상에서 벗어나 개별 학생의 특성에 주목할 필요가 있다. 학생의 다중지능에 초점을 맞춰야 한다. 교육현장에서 교사는 학생 개개인이 지닌 지능의 특성을 고려하여 일차원 측면의 지능보다 다차원 측면의 지능의 관점에서 바라봐야 한다. 논리수학 지능이 높지 않은 학생이 신체운동 지능이나 음악지능이 높을 수 있다. 교사가 학생의 내면에 숨어 있는 잠재력을 발견하는 안목과 학생의 능동적인 학습을 도와주는 협력자가 되어야 하는 이유다. 학생이 자신의 특성에 맞춰 공부할 수 있다면 학업 동기와 효과는 올라가고 학교생활은 훨씬 더 즐겁고 행복할 것이다. 학교교육에서도 AI와 빅데이터 등 디지털 기술을 활용하여 학생 개개인의 목표와 능력을 고려한 최적의 학습을 제공하는 것도 하나의 방법이 될 수 있다(윤석만, 2021).

학생 개개인의 특성에 맞춘 교육이야말로 우리 교육이 나아가야 할 지향점으로 생각한다. 최근 교육현장에서 '맞춤형 교육'이 유행어처럼 사용되고 있다. 이때 맞춤형 교육은 학생 개개인의 특성에 맞춘 교육이 아니라 고등학교 또는 대학 진학 시험에 적합한 교육과정을 짰다는 것을 의미한다. 저자가 주장하는 맞춤형 교육이란 학생 개개인이 지닌 다차원적인 지능의 특성을 살린 교육과정을 의미한다. 로즈 교수는 융합학문으로서 '개개인학(Science of the Individual)'을 제시하였다. 개개인학은 학교교육이 주안점을 두었던 평균주의에서 벗어나 개개인성에 초점을 맞춰 학생 개인이 가진 특성을 발굴하여 지도하는 것이다. 과거의 타성에 젖은 교육방식에서 벗어난 새로운 교육 패러다임을 기대해본다.

📖 가드너, 하워드. (2007). 《다중지능》. 문용린 옮김. 웅진지식하우스.

　　로즈. 토드. (2018). 《평균의 종말》. 21세기북스.

　　오동룡·이근미. (2004). 《월간조선》. 2월호.

　　유홍림. (2021). 《중앙일보》. 〈타성에 젖은 한국 대학 일깨우는 미네르바 대학〉. 10월 25일.

　　윤석만. (2021). 《중앙일보》. 〈학교는 19세기, 학생은 21세기… AI 맞춤형 학습하자〉. 11월 3일.

독일과 프랑스의 공동 역사교과서
역사분쟁의 해결 사례

알퐁스 도데(1840~1897)의 단편소설 《마지막 수업》은 프랑스와 독일의 접경 지역인 알자스-로렌 지역을 배경으로 한다. 당시 프랑스 영토였던 알자스-로렌 지역이 독일과의 전쟁에서 패해 독일 영토로 귀속되면서 이 지역의 모든 학교는 프랑스어 수업이 아닌 독일어 수업을 하게 된다. 《마지막 수업》은 프랑스어로 이루어지는 수업의 마지막이라는 것이다. 소설에서 교사 아멜은 수업이 끝남과 동시에 칠판에 "VIVE LA FRANCE!!(프랑스 만세!!)"라고 쓴다. 민족주의적 색채가 강한 애국심을 북돋우는 소설이라 하겠다. 알자스-로렌 지역은 유럽에서 대표적인 분쟁지역의 하나였다. 중국 후한 말을 배경으로 한 소설 《삼국지》로 비유하자면 위, 촉, 오의 국경을 이루었던 형주(荊州)에 비유할 수 있을 것이다. 그러다 보니 이 지역의 소유를 둘러싼 독일과 프랑스 양국 간의 분쟁은 장구하고 치열했다.

원래 알자스-로렌 지역은 독일령이었는데 1648년 이후 프랑스에게 뺏겼다가 독일과 프랑스의 전쟁, 즉 보·불전쟁(1870~1871)의 결과로 독일이 이 지역을 강제 합병하였고, 1945년 제2차 세계대전 종결과 함께 프랑스로 완전히 재편입되었다. 프랑스와 독일은 기원전부터 적대 관계의 앙숙이었다고 할 수 있다. 갈리아족 프랑스와 게르만족 독일의 갈등으로 시작하여 중세 프랑크 왕국과 합스부르크 왕국 간의 충돌을 거쳐 19세기 나폴레옹 전쟁과 보·불 전쟁은 양국의 적대감을 최고조에 이르게 했다. 20세기에 들어서도 양차 세계대전과 전후 프랑스의 독일 자를란트 점령(1947~1956) 등으로 양국은 단순한 반감을 넘어 서로를 잠재적 적성국으로 규정하며 과거사의 앙금을 가라앉히지 못하였다. 그러던 양국 관계에 획기적인 전환을 위한 계기가 마련되었다. 1963년 1월 독일 아데나워 수상(재임 1949~1963)과 프랑스 드골 대통령(재임 1959~1969)이 체결한 '독일-프랑스 화해협력 조약(엘리제 조약)'이다(오창룡, 2022).

프랑스와 독일은 엘리제 조약 체결 이후 적대국에서 선린우호의 이웃 국가로 관계가 급진전하였다. 이는 미·소 냉전 체제의 성립 및 유럽 공동체의 모색이라는 급변하는 국제 정세에 부응하여 양국이 평화 공존을 모색하는 방향으로 나아가지 않을 수 없는 국제적인 환경도 작용했다. 엘리제 조약을 통해 두 나라는 뿌리 깊은 반목을 청산하기 위해 (1) 모든 주요 외교 현안에 대한 정책을 사전 조율하고, (2) 양국 정상회담을 연 2회로 정례화하며, (3) 인적 교류와 협력을 증진하기 위한 다양한 민관기구의 창설에 합의했다(주경철, 2007). 더 나아가 양국은 2019년 1월 엘리제 조약 체결 56주년에 '엘리제 조약 2.0 버전'을 표방하는 아헨 조약을 체결하고 더 긴밀하고 탄탄한 미래지향적인 관계 구축을 위한 토대를 마련했다. 오늘날 양국은 화해와 공존의 관계를 토대로 유럽연합에서 쌍두마차 역할을 하고 있다.

프랑스와 독일이 급속히 가까워진 데에는 양국 청년들의 교류가 크게 작용하였다. 엘리제 조약 이후 양국은 프랑스·독일 청년 사무소(FGYO)를 개설하여 지금까지 36만 회의 학생 교환 프로그램을 가동하여 900만 명의 양국 청년·청소년 교류를 지원했다. 양국의 학생교류 프로그램을 모델로 1987년에는 유럽연합 차원의 학생 교환 프로그램인 에라스무스 프로그램이 가동되었다. 이 프로그램으로 2014년까지 31개국 4,000개 대학에서 330만 명의 학생이 서로 교류했다(채인택, 2022). 인간관계와 마찬가지로 국가 간의 관계도 지속적으로 교류하고 소통하는 것이 관계를 돈독하게 하는 최선의 방법이다.

유럽에서 역사적으로 앙숙 관계였던 독일과 프랑스는 화해와 협력 관계를 토대로 청소년들이 활발하게 교류, 소통하면서 양국에 민감한 사안이 될 수도 있는 역사 문제에 대해 합의를 도출할 수 있었다. 양국은 역사교과서를 함께 편찬하여 2006년 9월부터 양국의 고등학교 졸업반 학생의 역사교재로 사용하기로 하였다. 역사교과서를 두 나라가 공동으로 편찬하기로 한 역사적 사례는 손에 꼽을 정도다.

프랑스와 독일의 공동 역사교과서 편찬의 배경을 쫓아가 보자. 2003년 엘리제 조약 40주년을 기념하여 모인 양국의 청소년 대표들은 유럽을 분열이 아닌 통합으로 이끌기 위해서는 공동의 역사교과서가 필요하다고 제안했다. 프랑스 시라크 대통령(재임 1995~2007)과 독일 슈뢰더 총리(재임 1998~2005)가 이들의 건의를 받아들였다. 젊은이들은 건설적인 어젠다를 제안하고 지도자들은 이를 수락하고 추진했다. 보기만 해도 흐뭇한 일이 아닐 수 없다. 양국의 역사학자, 지리학자, 교사 등 20

명으로 편찬위원회가 구성되었고, 2006년 첫 번째 교과서 《1945년 이후 유럽과 세계》가 출간되었다. 주목할 점은 양국 교과서 편찬위원은 치밀한 논의와 신중한 용어 선택으로 균형 잡힌 시각을 보여줬으며, 양국 편찬위원이 합의되지 않은 의견은 있는 그대로 병기해 학생들이 다른 측면에서의 시각을 알도록 했다는 점이다.

양국 편찬위원의 역사 인식이 다른 내용은 무엇일까 궁금하다. 양국 편찬위원은 제2차 세계대전 후 미국의 역할에 대해 인식차를 드러냈다. 프랑스 측은 미국과 거리를 두는 정책을 폈던 샤를 드골 전 대통령의 영향으로 미국의 역할을 별로 인정하지 않으면서 미국의 영향력 확대를 패권주의로 평가했다. 반면 독일 측은 제2차 세계대전 이후 미국의 유럽에 대한 지원과 민주주의 정착을 위한 역할을 긍정적으로 평가했다. 양측은 교과서에 다른 역사 인식을 있는 그대로 밝혔다. 또 중요한 관전 포인트는 편찬위원은 두 나라에 상처를 주었던 민족주의적 역사관을 바로잡기 위해서도 노력했다는 점이다. 양국의 관계를 대립과 갈등의 측면에서 바라봤던 과거의 사관에서 벗어나 평화와 협력의 관계도 많았다는 점을 강조했다. 편찬위원인 호르스트 뮐러 뮌헨대 교수는 "서로 차이를 비교할 수 있게 한 이런 형식은 역사교육 방법 측면에서는 물론 서로 다른 역사인식을 극복하는 하나의 방법을 제시한다"라고 주장했다(유권하, 2006).

21세기 들어 역사 분쟁을 끝내고 공존을 모색하는 방법으로 국가 간에 공동 역사서 간행이 부쩍 늘고 있다. 2003년에는 '이스라엘·팔레스타인 공동 역사서'를 간행했고, 유럽에서 역사 분쟁을 겪고 있는 국가들 간에 공동 역사서 간행을 위한 논의가 활발하게 전개되고 있다.

2016년에는 제2차 세계대전 당시 가해국인 독일과 피해국 폴란드가 양국 공동 역사교과서를 간행하여 중학교 교과서로 사용하고 있다. 양국은 지난 2008년부터 공동 교과서 제작을 진행해왔다. 여기서 눈여겨볼 대목은 가해국 독일의 자세이다. 독일은 민족주의적 자만과 제국주의적 침탈로 여러 국가에 큰 피해를 주는 오점을 남겼으나 역사 분쟁이 아니라 역사 화해의 길을 과감히 추진해 나가고 있다(황인규, 2014). 가해국이 피해국에 먼저 용서를 구하고 화해와 공존을 위해 노력하는 것이 얼마나 중요한가를 보여주고 있다.

프랑스와 독일의 공동 역사교과서 간행 소식을 들으면서 한·중·일 역사 논쟁에 생각이 미치는 것은 자연스러운 일일 것이다. 한·중·일은 역사적, 지리적으로 긴밀하게 상호작용하면서 동아시아의 미래에 중요한 역할을 담당하고 있다는 점에서 중국과 일본의 역사인식에 깊은 우려를 하지 않을 수 없다. 중국은 고구려를 중국의 고대 지방민족 정권으로 간주하고 고구려사는 중국사라는 역사인식을 갖고 있다. 우리나라 고대사를 전면 부정하는 역사관이다. 실제 중국은 2022년 7월 베이징에서 한·중 수교 30주년과 중·일 국교 정상화 50주년을 기념하여 개최된 《한·중·일 고대 청동기전》의 한국 고대사 연표에서 고구려와 발해를 삭제했다. 연표에 청동기시대를 고조선으로, 철기시대를 신라·백제·가야·통일신라·고려·조선 등으로 표기했다. 중국은 국책 학술사업이라는 이름으로 진행하고 있는 동북공정(東北工程)을 통해 고구려사와 발해사 등 한국 고대의 북방사를 중국사로 편입하려는 의도를 노골적으로 나타냈다(김효정, 2022). 정치적 목적을 위해 우리나라의 역사를 조작, 왜곡, 삭제하는 중국 정부의 의도에 섬뜩하고 광기에 찬 폭력성과 야만성을 느끼는 것은 저자만이 아닐 것이다.

일본은 과거사 문제에 대해 진정성 있는 사과는커녕 최근에는 강제 징용과 종군 위안부, 그리고 독도 영유권 문제 등을 왜곡하여 교과서를 편찬하였다. 한·중·일 세 국가는 역사 논쟁에 휘말려 미래로 나아가지 못하고 과거의 발목에 잡힌 꼴이다. 역사 논쟁의 시빗거리를 만든 쪽은 과거 역사에서 가해자 쪽이다. 우려스러운 점은 삼국의 역사 논쟁이 장기화되고 선린우호관계가 망가지면 지역의 안정과 평화를 위협할 수 있다는 점이다. 불구대천의 원수지간에서 화해와 공존의 아이콘으로 부상한 프랑스와 독일이 만든 공동 역사교과서를 보면서 한·중·일 역시 대타협으로 동아시아의 화해와 평화의 신기원을 열어가지 못하란 법은 없다고 본다. 우리나라 역사에서 중국과 일본은 최대 가해국이다. 중국과 일본은 유럽의 최대 가해국 독일이 피해국에 사죄하고 화합과 공존으로 나아가자고 손을 내밀었을 때 분쟁의 역사에서 미래의 역사로 탈바꿈한다는 사실을 직시할 필요가 있다.

한·일 간에도 프랑스와 독일과 유사한 엘리제 조약이 있었다. 1998년 10월 8일 우리나라 김대중 대통령(재임 1998~2003)과 일본의 오부치 게이조 총리(재임 1998~2000)가 '21세기 새로운 한·일 파트너십 공동선언'을 발표했다. 양국 정상은 한·일 양국이 21세기의 확고한 선린 우호협력관계를 구축해 나가기 위해 11개 항에 합의하고 공동선언문에 서명했다. 특히 선언문에는 한·일 간의 교류 확대와 상호 이해 증진에 이바지하기 위해 중·고생 교류사업의 신설을 비롯하여 정부 간의 유학생 및 청소년 교류 사업의 내실화를 기하는 동시에 양국의 청소년을 대상으로 한 취업관광사증제도를 1999년 4월부터 도입하기로 합의했다.

또한 양국 정상은 재일 한국인이 한·일 양국 국민의 상호교류·상호이해를 위한 가교역할을 담당할 수 있다는 인식에 입각하여 그 지위의 향상을 위해 양국 간 협의를 계속해 나간다는 데 의견의 일치를 보았다. 양국 정상은 한·일 포럼 및 역사 공동연구의 촉진에 관한 한·일 공동위원회 등 관계자에 의한 한·일 간 지적 교류의 의의를 높이 평가하는 동시에 이러한 노력을 계속 지지해 나간다는데 의견의 일치를 보았다(대한민국 정책브리핑, 1998 참조). 그러나 이 선언은 선언으로 그치고 말았다.

1998년 '21세기 새로운 한·일 파트너십 공동선언'이 실천에 이르지 못하고 선언에 그치고 말았지만, 이 선언문은 한·일 양국이 미래에 지향할 구체적인 방법론을 제시하였다는 점에서 매우 높게 평가되어야 한다고 생각한다. 1965년 한·일 국교정상화 이후 많은 관계자들이 양국의 관계 개선을 위한 숱한 정치적, 외교적 수사(修辭)를 생산해냈지만 구체적 대안을 이끌어내지 못했다는 점에서도 공동선언문을 발표한 것은 대단한 결실이 아닐 수 없다. 선언문은 교착상태에 빠진 한·일 관계의 해법으로 자주 인용되고 있다.

한국과 일본에도 미래지향적인 마인드를 가지고 양국의 관계 개선을 위해 노력하는 지도자들이 있다. 한·일 지도자들은 미래의 젊은이들을 생각해서라도 현재와 같이 한·일 관계를 얼어붙어 있게 놔둘 수는 없는 노릇이다. 유럽의 적성국에서 선린 우호국으로 바뀐 프랑스와 독일의 관계처럼 한·일 간에도 새로운 전기를 기대해본다.

📖 오창룡. (2022). 〈프랑스-독일 화해협력의 제도화: 엘리제 조약에서 아헨 조약으로〉. 《EU 연구》. 61권.

주경철. (2007). 〈숙적에서 동반자로: 독일과 프랑스의 역사적 화해〉. 한국연구재단.

황인규. (2014). 〈세계의 공동 역사교과서와 공동 역사서의 편찬과 간행 -현황과 실태, 그 의의를 중심으로-〉. 《역사와 교육》. 19집.

김효정. (2022). 《연합뉴스》. 〈중국, 한·중·일 고대유물 전시 한국사 연표서 고구려·발해 빼〉. 9월 13일.

유권하. (2006). 《중앙일보》. 〈독일·프랑스 공동 역사교과서 분석〉. 7월 9일.

정지섭. (2016). 《조선일보》. 〈獨·폴란드, 공동 역사 교과서 나왔다〉. 6월 23일.

채인택. (2022). 《중앙일보》. 〈독일·프랑스 전쟁 앙금 씻은 학생 교류, 한·일에도 통할까〉. 3월 16일.

대한민국 정책브리핑. (1998). 〈21세기 새로운 한·일 파트너십 공동선언〉. 10월 12일.

교학상장(教學相長)
우리는 누군가의 스승이자 제자이다

2022년 6월 8일, 국민대표 MC로 불리던 송해 씨(본명 송복희)가 향년 95세로 세상을 떠났다. 고인은 61세 되던 1988년부터 KBS 예능프로그램 '전국 노래자랑'에서 34년 동안 사회자로 활약했다. 그는 비가 오나 눈이 오나 일요일에는 여지없이 등장하여 국민들에게 행복한 웃음을 선사한 '일요일의 상남자'였고 '전 국민의 오빠'라는 애칭을 가졌다. '최고령 텔레비전 음악 경연 프로그램 진행자'로 기네스북에 등재되는 진기록도 세웠다. 한 개인에 대한 진솔한 평가는 그가 죽은 다음에 나온다. 송해는 그런 점에서 성공한 삶을 살았다. 동료 연예인뿐 아니라 일반 국민들도 그의 죽음을 애도하고 그가 남긴 유산을 높이 평가하고 있다.

고인은 방송대본이 없는 것으로 유명했다고 한다. 수십 장의 대본을 미리 외워두었다. 머릿속에 넣어 둔 대본을 토대로 방송 출연자와 지역 상황에 따라 흥(興)과 끼를 발휘했다. 마치 시험공부를 사전에 철저히 준비한 수험생이 누리는 여유랄까. 그런 여유가 있으니 전국 노래자랑에 출연하는 아마추어 가수들의 재능을 충분히 발휘하게 하는 맞춤형

MC로 장수할 수 있었을 것이다. '송해 인생 티비'에서는 이런 말을 남겼다. "만 세 살부터 백열다섯 살 되시는 분까지 만나서 이야기를 듣다보니까 정말 배우는 게 많아요. 이 순간에도 제 이야기를 경청하시는 분들이 저에게 가르침을 주시는 거예요." 그는 교학상장의 철학을 실천한 전형적인 평생학습자였으며, 평생 배우고 나누는 자세가 국민대표 MC로 자리잡게 했을 것이다.

그의 인생철학이 녹아있는 일화가 있다. 일요일마다 방송된 전국노래자랑에서 합격하면 '딩동댕'을 치고 떨어지면 '땡'을 쳤는데, 땡을 받은 출연진에게 이렇게 말했다. "땡, 땡, 땡 세 개 합치면 딩동댕 아니겠소. 우리 인생도 그런 것 아니겠습니까." 인생도 넘어지면 다시 일어나고 끈기 있게 물고 늘어지면 언젠가 성공한다는 말이었다(최보윤, 2022). 한 마디로 인생에서 "'땡'을 받아보지 못하면 '딩동댕'의 정의를 모른다"라는 말이다(강혜란, 2022). 인생이란 처음부터 탄탄대로가 아니며 피와 눈물이 켜켜이 쌓여 그 길을 낸다는 말일 것이다. 말은 화자의 삶과 공명하는 법이다. 한 세기 가까이 살면서 산전수전을 다 겪은 고인의 말이기에 설득력이 더 있다.

그래서인지 트로트 문화가 엄숙주의를 거부하는 '통속의 미학'을 특징으로 한다고 보았을 때, 고인은 방방곡곡의 서민들과 어우러져 함께 웃고 울면서 트로트의 미학을 잘 구현했다(장유정, 2022 재인용)라는 평가에 고개가 끄덕여진다. 저자는 고인이 우리 사회의 연장자로서 교학상장의 본보기였다는 점에 주목한다. 고인의 후배 방송인과 예술인들이 남긴 추모글을 읽어보면 고인은 배움의 끈을 놓지 않고 끊임없이 공부한 것으로 생각된다. 뽀빠이 이상용에게 "상용아, 우리 둘이는 절대 크지 말고 이대로 있자. 크면 가치가 떨어진다. 우리가 키 큰 사람을 이기는 방법은 공부밖에 없다. 머리로 이기자"라고 말했다. 뽀빠이는 고인이 신문을 꼼꼼히 읽고 책을 놓지 않는 것을 본 다음부터 그 역시 책과 신문을 보기 시작했다고 한다(이상용, 2022). 저자는 고인이 희극인답게 코믹하게 표현한 '절대 크지 말자'라는 말에는 좀 성공하고 인기를 누린다고 해서 '절대 교만하지 말고 겸손하자'라는 말을 함축하고 있다고 생각해본다. 그의 끊임없이 배우는 자세와 자신을 낮추는 겸손이 쌓여있다.

그는 끊임없이 경청하고 배우는 자세를 잃지 않았다. 그의 연륜과 경륜이라면 어떤 상황에서도 할 말이 많을 수 있겠지만, 그는 항상 경청하는 자세를 잃지 않았다. 그가 세계에서 최고령의 텔레비전 방송 사회자로 기네스북에 오를 수 있었던 것은 자신을 낮추고 부단히 배우려는 자세를 갖춘 덕분일 것이다. 《송해 평전: 나는 딴따라다》를 집필한 오민석에 따르면, 그는 전국노래자랑 무대에 오르기 전 해당 지역의 목욕탕에서 주민들과 대화를 나누거나 시장을 돌며 지역 분위기를 파악한 뒤에 무대에 섰다고 한다. 현장의 분위기와 정서를 알고 무대에 섰을 때 출연자들과 더 가깝게 이야기를 나눌 수 있다는 철학을 갖고 있었다고 한다(채태병, 2022). 고인이 평양에서 성악을 전공한 뒤 월남한 실향민으로 극단에 데뷔하여 가수, 코미디언을 하고 라디오와 텔레비전에서 버라이어티쇼 사회자로 '전국노래자랑'에서 국민 MC로 인정받은 데에는 그의 경청하고 배우려는 노력이 아니고는 설명할 수 없을 것이다. 송해는 전 국민의 MC이기 전에 모범적인 학습자였다.

저자는 국민 MC 송해의 일대기를 보면서 교학상장(敎學相長)을 떠올리게 된다. "좋은 안주도 먹어보지 않으면 그 맛을 알 수 없고, 참된 진리도 배우지 않으면 그 장점을 알 수 없다. 그러므로 배운 뒤에야 자신의 부족함을 알고, 가르친 후에야 비로소 어려움을 안다. 자신의 부족함을 알아야 스스로 반성하고, 어려움을 알아야 스스로 보강할 수 있다." 교학상장은 배우고 가르치면서 서로가 성장한다는 뜻이다. 학문이 아무리 깊어도 가르치다 보면 자신의 부족함을 깨닫고 배우는 것이 적지 않다는 의미다. 효학반(斅學半)도 교학상장과 뜻을 같이 한다. 효학반은 "가르치는 것은 배움의 절반이다"라는 뜻이다(신동열, 2022). 삼인행필유아사(三人行必有我師)라고 하지 않던가. 우리는 모두 누군가의 스승이면서 누군가의 제자라고 말하는 이유다.

저자도 강의 시간에 '교학상장'을 반복하여 강조하다 보니 학생들이 '미스터 교학상장'으로 부른다. 졸업생이 목판에 새겨준 '교학상장'이라는 현판을 연구실에 걸어 놓았다. 성인 학습자들을 교육하는 사이버대학에서 저자가 가르칠 분야는 많지 않다. 성인 학습자들은 자신의 영역에서 전문성을 갖추고 있는 분들도 계시고 다양한 분야에서 저자보다 깊고 넓게 사회적 경험을 쌓았다는 점에서 그들을 상대로 가르친다는 것은 여간 부담스러운 일이 아닐 수 없다. 저자가 아무리 학위를 가지고 있다고 해도 어디까지나 제한된 분야와 협소한 주제에 대해 깊이 파고들어 갔을 뿐이지 않겠는가. 그들 중에는 저자보다 가방끈이 더 긴 사람도 있고 연배가 높은 분들도 많다. 저자는 우리 대학의 성인 학습자들을 가르칠 때 늘 배운다는 자세로 임한다. 솔직함을 무기로 삼는다. 강의하다 모르는 것이 있으면 모른다고 말하고, 나중에 공부해서 다시 알려준다. 성인 학습자들을 상대로 강의하는 대학 교수의 애로사항일 수 있지만, 오히려 이런 환경이 저자를 성숙하게 만드는 기회가 된다.

국민대표 MC 송해를 통해 교학상장의 아름다운 삶의 철학을 되새겨본다. 고인은 100세 시대에 어떻게 자기를 관리하고 어떻게 살 것인가에 대해서도 소중한 본보기가 되었다. 교학상장은 배움의 자세에 그치지 않고 우리들이 살아가면서 필요로 하는 지혜를 추구하는 자세와도 관련된 듯싶다. 영면에 들어간 고인이 하늘나라에서 "전국~ 노래자랑"이 아니라 "천국~ 노래자랑"에서 명 MC로 활약할 것이라는 상상을 하며 그의 안식을 기원한다. '전국'과 '천국'은 듣기에 따라 거의 구분하기 어려운 단어 같다. 고인은 생전에 전국 방방곡곡을 다니면서 천국의 계단을 하나하나씩 쌓아놓았을 것이라는 생각을 하며 고인이 부재한 일요일의 허전함을 스스로 위로해본다.

📖 오민석. (2015). 《송해 평전: 나는 딴따라다》. 스튜디오본프리.

강혜란. (2022). 《중앙일보》. 〈전국노래자랑으로 국민MC… 그걸 시작한 것 61세였다〉. 6월 9일.

신동열. (2022). 《한국경제》. 〈[신동열의 고사성어 읽기] 教學相長(교학상장)〉. 2월 14일.

이상용. (2022). 《조선일보》. 〈국가 대표 MC 송해 형님… 오늘 國寶를 잃은 기분입니다〉. 6월 9일.

장유정. (2022). 《조선일보》. 〈영원한 '딴따라'〉. 6월 16일.

채태병. (2022). 《머니투데이》. 〈"앉으려면 저 뒤에" 공무원들에 호통… 송해가 강조한 '공평' 가치〉. 6월 14일.

최보윤. (2022). 《조선일보》. 〈34년간 국민과 웃고 울어… 이젠 '천국~ 노래자랑' MC로〉. 6월 9일.

〈송해 1927〉. (2021). 다큐 영화.

열대학 연구
인류사와 자연사의 접목

저자에게 열대(熱帶)는 크게 네 가지 관점을 떠올리게 한다. 첫째는 일상생활에서 겪는 열대야(熱帶夜)다. 우리나라에서 열대야 현상은 당일 오후 6시부터 다음날 오전 9시의 평균 기온이 25℃ 이상인 기후를 말한다. 한여름 밤 오늘날처럼 에어컨을 켜지 않았을 때 밤새 뒤척이다 가까스로 잠이 들었는데 목덜미와 이마에 땀방울이 송골송골 맺혀 끈적끈적한 그 기분은 불쾌하기 짝이 없다. 열대야가 만든 여름 풍경이었다. 원래 '열대야(熱帶夜)'는 일본 NHK 기상캐스터였던 쿠라시마 아츠시가 러시아어 '열대야'를 일본에 소개하면서 사용하게 되었다고 한다. 러시아에선 최저기온이 20℃ 이상인 밤을 열대야라고 하지만 쿠라시마가 그 기준을 25℃로 높였다(위문희, 2022). 지구온난화로 열대야는 점점 늘어나는 추세이고 앞으로 온도의 기준도 덩달아 올라갈 것으로 보인다.

둘째, 열대를 생각하면 단연 열대우림이 생각난다. 그중에서도 아마존은 지구의 대표적인 열대우림이다. 아마존은 아마존 우림(Amazon rainforest)이라는 용어가 있을 정도로 기후학에서 매우 중요한 영역을 차지하고 있다. 방송국에서 열대동식물에 대해 다큐멘터리를 촬영하는 곳은 십중팔구 아마존 열대우림이다. 아마존은 무려 9개 국가, 즉 브라질, 페루, 콜롬비아, 베네수엘라, 에콰도르, 볼리비아, 가이아나, 수리남, 프랑스령 기아나와 연결된다. 사람들은 아마존 우림을 지구의 허파라고 부른다. 지구상의 열대우림지 중 절반 이상을 차지하며 지구 산소의 20% 이상을 생성하고 있기 때문이다. 아마존 우림에서 자라는 나무는 16,000종에 3,900억 그루로 추산되고, 지구촌 동식물의 10% 이상이 아마존에서 서식한다고 한다(EurekAlert, 2013).

셋째, 죠셉 콘레드가 아프리카 콩고를 배경으로 쓴 소설《어둠의 심연》을 생각한다. 대학에서 영문학을 부전공하면서 한 학기 동안 읽었던 영어원서《Heart of Darkness》의 번역본이다. 당시 내 실력으로는 행간의 의미를 완벽하게 이해하기는 어려웠던 것으로 기억난다. 어떤 출판사에서는《어둠의 심장》으로 번역서를 내기도 했다. 이 소설은 백인 식민주의와 인종차별을 고발하고 있는데 당시 콩고는 벨기에 식민지로 벨기에 국왕 레오폴드 2세가 마치 사유지처럼 경영하면서 온갖 악행을 저질러 국제사회에서도 비난의 대상이 되었다(염철현, 2021: 209-218). 지금도 소설에서 묘사하는 정글의 생생한 모습을 생각하면 전율이 느껴질 정도다. 주인공이 시야를 가린 안개를 뚫고 콩고강을 거슬러가는 그 심연(深淵)의 열대 정글.

넷째, 열대하면 커피를 연상하는 것은 저자만이 아닐 것이다. 커피는 고대 에티오피아인에 의해 최초로 작물화되고 나중에 아라비아에 전해 졌다가 다시 전 세계로 퍼져나갔다(다이아몬드, 2013: 573). 열대기후에 적합한 커피는 서구 열강의 막대한 자본에 의해 상품화되었고, 그 과정에서 서구 자본가들은 현지인을 억압, 착취하여 커피 생산량을 극대화 하였다. 국내 성인의 하루 평균 커피 섭취량은 얼마나 될까? 2018년 기준으로 우리나라 성인 1인당 커피 소비량은 연간 353잔으로 세계 평균 소비량 132잔의 약 2.7배 수준으로 나타났다. 숭늉 대신에 커피를 섭취하는 것이 습관이 되었다고도 하는데 한국인의 커피에 대한 관심은 폭발적으로 증가하여 대표적인 국민 음료로 자리잡았다. 세계에서 최대 커피 생산국은 어느 나라일까? 남미 국가 중에서도 브라질이다. 20세기 초반 브라질은 전 세계 커피 총생산량의 4분의 3 이상을 생산하는 '세계 커피의 심장'이었다. 국민의 90%가 커피 생산에 종사했으며, 외화 수입의 90% 이상을 커피에 의존했다고 한다(무스이, 2022: 298-299).

브라질 커피 역사에 대해 몇 마디 보태지 않을 수 없다. 커피는 나폴레옹 보나파르트(1769~1821)의 대륙봉쇄령(1806년)과 관련된다. 나폴레옹은 트라팔가 해전에서 영국에게 패배한 후 영국을 경제적으로 봉쇄하기로 했는데 뜻대로 되지 않았다. 봉쇄령으로 수출입 교역이 막히자 유럽은 자국에서 모든 것을 조달해야 했다. 나폴레옹은 포르투갈이 영국 선박의 항구 출입을 허가한 것에 대한 보복으로 포르투갈을 침략했다. 이 과정에서 포르투갈 왕실의 귀족과 관리, 부유한 상인 등 약 1만여 명은 영국 해군의 호위를 받으며 브라질로 도피했다. 세계사적으로 본국이 침략을 당할 때 국가 지도자를 비롯한 지도층 인사들이 대거 식민지로 도피행각을 벌인 사례도 찾아보기 어렵다. 브라질의 리오데자네이루가 1808년부터 14년간 포르투갈의 수도가 된 배경이다.

저자는 한 국가가 외침을 당했을 때 본국을 버리고 해외로 도피했다는 역사적 사실에 한동안 넋을 놓았다. 그럴 수도 있겠구나 하는 생각도 들었지만 영토와 국민을 지켜야 할 국가 지도자의 기본 역할을 생각하면 무책임도 지나쳤다는 생각을 지울 수 없었다. 몽골의 침략(1231~1257)을 받았을 때 강화도를 왕조의 수도로 삼고 장기 저항한 고려의 무인정권, 임진왜란(1592년)이 발발했을 때 한양 도성을 버리고 야밤에 몽진을 한 조선의 선조, 병자호란(1636년) 때 강화도로 피난을 가려다 길목이 막혀 남한산성으로 피신한 인조, 구한말 일본과 서구 열강들이 호시탐탐 자신의 세력 아래 두려는 압박과 두려움을 견디다 못해 한밤중에 러시아공사관으로 옮긴 고종의 아관파천(1896년), 그리고 1950년 6.25 전쟁이 발발했을 때 라디오 방송으로 시민들에게 안심하라고 말해놓고 자신은 경무대를 떠난 이승만 대통령 등 국가 위기 상황에서 국가의 최고 지도자가 어떻게 대응하였는가를 상기하게 되는 것은 우연이 아니다.

브라질은 유럽에 차, 설탕, 금, 다이아몬드 등의 상품을 수출했지만, 봉쇄령으로 수출이 막히자 대안으로 찾게 된 상품이 바로 커피였다. 브라질 커피가 유럽시장에 처음으로 모습을 드러낸 것은 1818년이지만, 이후 브라질은 전 세계 커피 공급의 핵심기지로 부상했다. 사람들은 브라질 커피의 영향력을 떠올릴 땐 '커피는 포르투갈 말을 한다'라고 하지 않던가(무스이, 2022: 236-240).

열대는 생물 다양성의 보고로 인간의 생존과 문명화에 필요한 엄청난 원재료를 공급하고 있지만 인간의 욕구 충족을 위한 억압과 착취의 대상이 되기도 했다. 근세 이후 서구 유럽을 중심으로 한 제국주의자들이 열대에 맛들이면서 생겨난 온갖 행패는 차마 눈으로 볼 수 없을 지경이다. 저자가 열대를 새로운 관점으로 볼 수 있게 된 것은 이종찬 교수 덕분이다.

의대 교수인 그의 두 권의 저서, 《홈볼트 세계사》와 《열대의 서구, 조선의 열대》는 마치 열대 기후처럼 강렬한 메시지를 전달했다. 그의 저서를 꿰뚫고 있는 핵심은 이렇다. 인간은 열대에서 생산되는 식물, 동물, 광물을 토대로 현대 문명을 이루어냈지만, 열대를 중심으로 펼쳐지는 자연사를 은폐, 침묵, 배제하면서 인류사 중심에 치우쳐 있다. 서구 중심적 자원과 생태 환경의 관점에서 열대를 해석하다 보니 열대 자연사를 타자화했다. 실컷 열대를 이용, 착취, 억압한 뒤 효용 가치가 떨어지니 무관심하게 되었다. 토사구팽의 전형이다.

열대는 남태평양, 동아시아, 아프리카, 아메리카 지역을 통틀어 말한다. 열대학은 지역학이 아니다. 콜럼버스 이후의 인류사와 자연사를 융합적으로 탐구한다. 열대학의 인류사에는 역사사회학, 생태인류학, 생물지리학, 역사지리학, 열대의학, 역사인류학 등이 포함되고, 열대학의 자연사에는 역사지질학, 식물학, 고생물학, 동물학, 고고인류학, 광물학, 민속학, 선사학 등을 포함한다. 융합적 열대학이다. 열대학은 서구 중심의 근대를 넘어 인류사와 자연사의 융합적 지평을 추구한다.

열대학은 우리나라에서 생소한 학문 체계이지만 융합적 사고를 기초로 한다. 서구 중심의 학문과 사유 세계에 익숙해진 한국인에게 열대학은 생소할 수밖에 없을 것이다. 서구 자본주의 국가는 열대에서 나는 식물, 동물, 광물을 채취, 가공, 상품화하여 근대화의 기초를 이루었다. 열대는 서구에게 무엇을 의미했을까? 식민화를 통한 착취의 대상, 원료 보급지, 아니면 그리스도교화를 위한 전도 지역. 서구 근대화의 동력은 열대 해양무역, 열대 해양력과 군사력, 열대 자연사 및 생물 지리적 탐험에서 비롯되었다. 경제 선진국의 연대 기구인 OECD 회원치고 열대를 정복 또는 지배하지 않은 국가는 드물다. 일본만 해도 20세기 들어 버마, 필리핀 등 동아시아 열대 지역을 점령했다. 한국은 열대에서 나는 원료를 수입은 해도 열대 지역에서의 경험이 턱없이 부족하다.

이종찬은 서구 중심의 인류사 혁명에서 열대 중심의 자연사 혁명으로 돌아가자고 한다. 융합 학문으로 변화에 대응하고 있는 대학에도 열대학은 새로운 돌파구가 될 수 있다. 자연사의 토대 없이 인류사는 지속 성장, 발전을 담보할 수 없을 것이다. 자연사는 인류사를 위한 기초 학문이 아니겠는가.

📖 다이아몬드, 재레드. (2013). 《총, 균, 쇠》. 김진준 옮김. 문학사상사.
무스이 류이치로. (2022). 《세계사를 바꾼 커피 이야기》. 김수경 옮김. 사람과 나무사이.
염철현. (2021). 《현대인의 인문학》. 고려대학교출판문화원.
이종찬. (2016). 《열대의 서구, 朝鮮의 열대》. 서강대학교출판부.
_____. (2020). 《훔볼트 세계사》. 지식과 감성.
위문희. (2022). 《중앙일보》. 〈[분수대] 열대야〉. 7월 7일.
EurekAlert. (2013). 〈Field Museum scientists estimate 16,000 tree species in the Amazon〉. 10월 17일.
〈아마존〉 https://www.worldwildlife.org/places/amazon

미국 메이저리그의 혼혈 파워
선수와 단장이 함께 만든 '평평한 운동장'

2020년 8월 28일 마블 영화 〈블랙 팬서〉에서 열연한 배우 채드윅 보즈먼(1976~2020)이 암 투병 끝에 사망했다. 미국 최초의 흑인 대통령 버락 오바마도 보즈먼이 사상 첫 흑인 메이저리거 재키 로빈슨(1919~1972)을 연기한 뒤 백악관을 방문했던 일을 회상하면서 고인의 명복을 빌었다. 미국 사회에서 흑인 대통령이 탄생하고 스포츠는 말할 것도 없이 정치, 경제, 사회, 문화, 법조계 등 사회 전 분야에서 흑인들이 활약하고 있지만 6, 70년대만 해도 흑인을 비롯한 유색인종에 대한 차별은 대단했다. 정도의 차이는 있지만 예나 지금이나 인종 간의 갈등은 미국 사회를 분열시킬 뇌관이다.

2013년 재키 로빈슨의 일대기를 그린 영화가 〈42〉다. 로빈슨의 삶에 중요한 영향을 준 브렌치 리키(1881~1965) 단장역으로는 해리슨 포드가 열연했다. '42'는 로빈슨의 유니폼 번호다. '42'는 미국 프로 야구 전 구단에서 영구 결번으로 지정되었다. 전 구단에서 이 번호를 사용할 수 없다. 미국에서 로빈슨의 명성이 얼마나 대단하고, 스포츠 영웅으로 그를 기리는 마음이 얼마나 큰지를 대변한다. 그는 흑인으로 최초의 메이저리거가 되었다. 1994년 '코리안 특급'이라는 별명을 가진 박찬호 선수가 한국인으로서 처음 메이저리거로 활약한 LA 다저스(전 브루클린 다저스) 소속이었다.

로빈슨이 메이저리그에서 활약했던 1947년부터 1956년은 미국 사회에서 인종차별이 최고조에 달한 시기다. 흑인은 사람으로 취급되지 않았다. 공공시설은 물론이고 수도꼭지도 유색인용과 백인용이 따로 설치되었다. '흑인과 백인을 분리하지만 평등하다(separate but equal doctrine)'라는 해괴한 원리가 상식으로 통했다. 법원도 이 기준에 따라 판결했다. 모든 영역에서 흑과 백은 분리되었다. 야구도 니그로리그가 따로 있었다. 영혼을 구제하는 교회에서도 커튼을 치고 따로 예배를 드렸을 정도다. 영화 〈히든 피겨스〉의 주인공 흑인 여성 캐서린 존슨과 〈그린북〉에서 흑인 피아니스트 돈 셜리가 바로 옆 화장실을 놔두고 멀리 떨어진 곳의 화장실을 이용하기 위해 발을 동동 굴리는 모습을 떠올리면 된다.

로빈슨을 생각하면 다저스 단장 브렌치 리키를 떠올리게 된다. 리키와 로빈슨의 만남으로부터 미국 야구계는 새로운 바람이 불게 된다. 두 사람은 사회에 만연한 인종 편견과 차별을 극복하고 사람들의 의식에 변화를 일으키는 감동의 드라마를 연출했다. 리키는 능력을 보고 선수를 스카우트하였다. 리키 단장은 재키를 영입하면서 다짐을 받아 둔다. "훌륭한 흑인 선수를 찾고 있네. 경기만 잘하는 선수가 아니야. 남들이 모욕을 주거나 비난을 해도 그냥 넘어갈 수 있는 여유와 배짱을 가진 선수라야 하네. 한마디로 흑인의 기수가 될 만한 자격을 갖춘 사람이라야 해. 만약 어떤 녀석이 2루로 슬라이딩을 들어오면서 '이 빌어먹을 깜둥이 놈아' 하고 욕을 했다고 치세. 자네 같으면 당연히 주먹을 휘두르겠지. 솔직하게 말하면 나도 그런 대응이 틀렸다고 생각하지 않아. 그러나 잘 생각해보라고. 자네가 맞서 싸운다면 이 문제는 20년은 더 후퇴하는 거야. 이것을 참아낼 수 있는 용기를 가진 사람이 필요해. 자네가 그걸 해낼 수 있겠나?" 한참 침묵한 후에 로빈슨은 이렇게 말했다. "그런 도박을 벌일 계획이라면 아무런 문제가 없을 거라고 약속드립니다." 리키와 로빈슨은 이렇게 의기투합하였다. 미국 야구 역사, 더 나아가 스포츠 역사와 스포츠계에서 인종차별 종식의 대장정을 시작한 순간이다.

예상대로 로빈슨에 대한 거부감은 대단했다. 언론에서도 리키가 잘못 알고 있는 자유주의를 실천하기 위해 그의 재주를 희생한다는 비난을 쏟아냈다. 로빈슨의 재능을 모르는 비판가들은 그의 다저스팀 입단을 '특혜'라고 비난했다. 1946년만 해도 16개 프로야구팀 선수 400명 전원이 백인이었다. 로빈슨 1명만이 유일하게 유색인이었다. 살해 위협 편지를 보내는가 하면 같은 팀의 백인 선수들은 탄원서에 서명하여 보이콧을 선언했다. 영화 〈42〉에서 브루클린 다저스의 감독 레오 두로셔(1905~1991)는 백인 선수들의 청원에 대해 이런 식으로 일축한다. "나는 너희들이 노랗든 까맣든 얼룩말처럼 줄무늬가 있든 상관하지 않는다. 우리 팀의 승리에 도움이 되고 내가 원하는 걸 할 수 있다면 누구든 우리 구단에서 뛸 수 있다." 단장과 감독이 하나 된 마음으로 팀원들의 인종차별을 일축하고 그들을 설득시켰다. 로빈슨도 집행부의 격려와 지지에 성적으로 보답했다.

리키는 스포츠계의 링컨으로 불린다. 링컨 대통령이 노예해방의 업적을 쌓았듯이 그가 처음으로 스포츠계에서 흑인 선수를 영입하였기 때문이다. 무엇이든 '최초'라는 수식어를 쉽게 달 수는 없다. 야구 선수 출신이기도 한 리키는 선수에게 헬멧을 착용하게 하고 스프링 캠프와 피칭 머신 등 체계적인 야구를 도입하였다. 그는 선수 스카우트의 기준을 인종이 아닌 실력으로 삼았고 뛰어난 성과를 거두었다. 혼혈 파워다.

유명한 홈런왕 헨리 루이스 행크 에런(1934~)을 비롯한 미국 스포츠계의 영웅들은 리키와 로빈슨이 다져 놓은 '평평한 운동장'에서 재능을 펼칠 수 있었다. 리키 단장의 어록이다. '운은 계획에서 비롯된다(Luck is the residue of design).' 재키 로빈슨이 어느 날 갑자기 하늘에서 뚝 떨어진 것은 아니었다. 리키는 야구계를 변화시킬 치밀하고 원대한 계획을 세우고 이를 하나하나 실천에 옮겼다. 요즘 말로 '그는 다 계획이 있었다.' 미국 야구계는 1997년 4월 15일, 로빈슨의 입단 50주년을 기념하여 그의 등번호 42번을 전 구단 영구 결번으로 지정하였다. 입단일을 'Jackie Robinson Day'로 기념하고 이날 선수들은 42번 등번호를 달고 시합한다. 이 퍼포먼스는 피부색이 노랗든 까맣든 하얗든 모두가 같은 사람이니 차별하지 말라는 메시지다. 리키와 재키가 남긴 유산이다.

미국 야구계는 흑백 분리가 아니라 흑백 통합으로 변화와 발전의 두 마리 토끼를 잡았다. 사회가 변화하고 앞으로 나아가려면 차별과 편견을 뛰어넘어야 하고, 서로 다른 생각과 관점을 섞어야 한다. 다양성(diversity)이다. 동종이식은 폐쇄성을 상징한다. 오늘날 실력을 보고 선수를 스카우트하고 구단을 운영하는 미국 프로 야구가 스포츠 중 최고

의 인기를 누리는 이유다. 로빈슨과 리키가 초석을 놓은 그 운동장에서
한국인 메이저리거들이 활약하고 있는 소회가 새로운 이유다.

📖 크로스비, 페이. (2009).《끝나지 않은 논쟁, 차별철폐정책》. 염철현 옮김.
　　　한울.
　〈42〉. (2013). 영화.
　〈히든 피겨스〉. (2017). 영화.
　〈그린북〉. (2019). 영화.

북촌(北村)의 역사와 현대적 의미
부동산 개발업자 정세권의 등장

조선시대 한양에서는 신분이나 직업에 따라 거주지가 달랐는데 그 경계는 종로였다. 왕족과 양반 관료는 경복궁과 창덕궁을 연결하는 직선이북 지역, 지금의 계동, 가회동, 재동, 원서동, 안국동 등의 북촌 지역에 살았다. 한양을 남촌과 북촌으로 나누면 그 중간 지대인 청계천 일대를 위항(委巷)이라고 한다. 위항은 좁은 골목길에 다닥다닥 붙어있는 민가를 말한다. 양반계급이 사는 거주지와 대비되는 표현이다. 인왕산 일대의 누상동, 누하동도 위항이었다. 위항 지역인 청계천 일대에는 역관이나 의원에서부터 상인에 이르기까지 재산이 넉넉한 중인들이 살았다. 인왕산 언저리에는 주로 중앙 하급 관리인 경아전(서리나 아전)이 많이 살았다. 지대가 높고 외져 집값이 쌌기 때문이었다. 조선 후기에는 한양을 중심으로 위항 문학이 싹트기 시작했는데 중인, 서얼, 서리 출신의 하급관리와 평민들에 의해 이루어진 문학 양식을 위항 문학 또는 여항 문학으로 부른다.

일제는 병합 이후 한성을 경성으로 개명하였다. 경성에는 근대식 건물과 거리가 만들어지고, 총독부는 근대적 도시 계획을 기획, 디자인하였다. 또한 급속한 도시화 과정을 거치며 인구가 과밀해져 경성은 도시문제, 주거문제에 직면하였다. 일본인들이 이주하며 도시를 점유하게 되면서, 1910년대 중반 경성은 일본인이 많이 거주하는 청계천 남쪽과 조선인이 다수인 청계천 북쪽으로 양분된 상태였다. 1920년대로 접어들면서 청계천 남쪽 지역이 급증한 일본인들을 모두 수용할 수 없게 되자, 총독부는 정부기관을 국공유지에 먼저 입주시킨 뒤 일본인을 진출시키는 방식으로 청계천 북쪽으로 일본인의 세력 확장을 본격화하였다.

이때 민족의식이 강한 건축업자 기농(基農) 정세권(1888~1965)이 등장한다. 그는 경남 고성에서 면장을 하다 상경했다. 정세권은 우리 민족 최초의 대규모 주거단지개발업자라고 할 수 있다. 정세권을 주축으로 김종량, 이민구 등 조선계 건설업자들이 조선인의 영역을 지키고자 민간 주택건설사업에 진출하였다. 이들은 기존 귀족이 소유하였던 넓은 토지나 택지를 분할하여 여러 채 작은 규모의 한옥을 대량 공급함으로써 조선인의 주거지역을 확보하였으며, 조선인들이 일본인들에게 밀려나면서 고유의 주거지역과 주거방식을 잃어버리는 것을 막았다. (전라북도 전주시 풍남동과 교동 일대는 700여 채의 한옥이 군락을 이루고 있는 국내 최대 규모의 전통 한옥촌이 자리를 잡고 있다. 전주 한옥촌도 1910년대 일본인 주택에 대한 대립의식과 일본인의 세력 확장에 대한 반발에서 형성되었다고 한다. 국권을 상실하고 나라를 빼앗긴 우리 국민은 한민족의 자긍심을 한옥 보존을 통해 지키고자 하였다.)

한옥 집단지구에 공급된 한옥은 전통한옥의 구조를 ㅁ자 안에 집약하고, 부엌과 화장실을 신식으로 개선하는 등 근대적인 편리함과 생활양식을 반영한 도시한옥(개량 한옥)이었다. 종로구 가회동 31번지는 대규모 도시 한옥 단지로 개발되었는데, 이곳이 현재의 북촌 한옥마을이다.

정세권이 대규모 주택단지를 판매하는 방식은 독특했다. 그는 분양 후 개발이 아닌 선개발 후분양이라는 당시로서는 독특한 소비자 지향형 판매방식을 도입했다.

정세권은 1920년대 북촌과 익선동, 성북동, 혜화동, 서대문, 왕십리 등 경성 지역에 한옥 대단지를 조성하였다. 그는 전통 한옥에 근대적 생활양식을 반영한 개량 한옥을 대량 공급하여 조선인의 주거지를 확보하고 조선인의 주거문화를 개선하는 데 공헌하였다. 그는 단순히 부동산 개발업자가 아니었다. 그는 민족자본가로서 부동산 개발로 벌어들인 자본을 조선물산장려운동과 조선어학회 운동에 지원하며 독립운동을 했다. 조선어학회 건물을 지어 기증하기도 했다. 승승장구하던 정세권은 조선어학회 사건으로 몰락하게 된다. 그는 학자들의 감형을 조건으로 건축면허를 반납하고 재산의 상당 부분을 압류당했다. 학자들을 구하기 위해 사업과 땅을 잃었다(박종인, 2022). 일제강점기 우리 민족은 다양한 방식으로 독립운동을 펼쳤지만 정세권과 같이 애국지사들을 보호하기 위해 자신이 가진 사업체와 재산을 거래한 사례는 찾아보기 어렵다.

정세권은 요즘식의 용어로 표현하면 '디벨로퍼 독립운동가'다. 늦은 감이 있지만 최근 그에 대한 평가가 활발하게 이루어지고 있어 퍽 다행이라고 생각한다. 2019년 서울시는 3.1운동 100주년 기념 일환으로 그의 업적을 재조명하고 국민에게 널리 알리는 사업을 진행하고 있다. 2019년 4월에는 일제강점기에 민족문화를 지켜낸 정세권을 기리는 「북촌, 민족문화 방파제-정세권과 조선집」 전시회와 아카데미를 개최하였다. 2021년 3월에는 '북촌 한옥역사관'을 완공하여 지금의 북촌 한옥마을을 있게 한 정세권을 기리기 위한 상설전시회를 열고 있다. 전철 3호선 안국역에서 하차하여 마을버스 2번을 타고 감사원 방면으로 가다보면 북촌 한옥마을이 나오는데 그 정류장 표지판에도 '정세권 활동 지역'이라고 표기하고 있다. 인문학이 인간의 동선과 흔적을 따라 그 의미를 탐색하는 것을 주목적으로 한다는 점에서, 조선의 대표적인 건축가이면서 독립운동가였던 정세권의 흔적을 좇아가보는 것은 그 의미가 크다. 일제 강점기의 독립운동가들은 다양한 직업에 종사하면서 독립운동에 참여했지만 우리나라 최초의 디벨로퍼 독립운동가 정세권의 활약상이 특별한 관심을 끄는 이유다.

북촌은 해방과 근대화, 산업화를 거치는 과정에서 보존과 개발의 경계선상에 놓여 있었다. 1983년 한옥 보존지구로 지정되고, 1991년 한옥 보존지구가 해제되면서 건축규제도 완화(10m 고도제한)되었다. 1994년 고도제한 해제 후 한옥들이 철거되면서 빌라, 다세대 주택 건축 등 난개발이 진행되었다. 현재 북촌의 한옥 외에 빌라와 다세대 주택들은 그 당시 건축된 건물이다. 2000년대 한류의 영향 등으로 외국 관광객이 쇄도하면서 2006년에는 북촌 장기 종합대책을 수립하고 북촌 팔경(八景)을 지정하는가 하면 지자체에서 한옥을 매입하거나 박물관을 설립하는 등 장기적 보존 대책을 진행하고 있다. 북촌 팔경은 전통과 현대가 조화를 이룬 서울의 보기 드문 풍경이다. 1경은 북촌에서 바라보는 창덕궁, 2경은 원서동 공방길, 3경은 가회동 11번지 일대, 4경은 가회동 31번지 언덕, 5경은 가회동 골목길(내림), 6경은 가회동 골목길(오름), 7경은 가회동 31번지, 8경은 삼청동 돌계단길.

2000년대 이후 북촌은 상업 공간을 중심으로 카페나 공방, 갤러리 등이 들어서고 유동 인구가 늘고 상권이 활성화되었다. 대형 프랜차이즈 점포가 입점하는 등 자본이 유입되면서 대규모 상업지구로 변모하였다. 이러한 변화에 따라 치솟은 임대료를 감당할 수 없게 된 기존의 소규모 상인과 원주민들이 거주지역을 떠나는 젠트리피케이션이 진행되면서 사회적 문제가 되고 있다.

오늘날 북촌은 한국의 전통문화를 확인하고자 하는 외국 관광객의 인기 방문지로서 관광산업의 성쇠(盛衰)를 가늠하는 저울추와 같은 역할을 한다. 예를 들어, 중국의 사드 보복에 따른 중국 관광객 감소로 북촌 일대의 상가가 썰렁하였지만, 대신 동남아 지역의 관광객 수가 증가하였다. 북촌 관광객은 2016년(268만 명), 2017년(368만 명), 2018년(470만 명)으로 매년 증가 추세에 있다.

2020년부터 시작된 '코로나19'로 인해 관광객으로 활기찬 북촌의 모습은 사라졌다. 외부 환경의 변화로 가장 타격을 많이 받은 관광지 중 한 곳으로 꼽혔다. 2022년 5월 윤석열 정부 들어 청와대가 국민에게 개방되면서 북촌과 바로 인접한 삼청동 일대는 관광객으로 다시 활기를 되찾는 모습이다. 청와대 개방으로 북촌이 활기찬 관광지로 명성을 되찾아 많은 관광객이 우리나라 전통 한옥문화를 보았으면 하는 바람이다.

우리나라 국민은 부동산에 대한 애착이 유달리 높은 편이고 부동산 개발과 관련하여 많은 사회적, 경제적 문제들이 대형이슈로 부상하는 일이 다반사이다. 그 근저에는 활용가능한 국토면적이 제한되어 있는

가운데 인구의 도시 집중화와 이를 이용한 정치꾼과 기업을 비롯한 부동산개발업자의 이권과 탐욕이 문제를 부채질한다고 생각한다. 일본에 주권을 뺏긴 일제강점기에 일본의 의도적인 도시계획으로 일본인 주거지로 바뀔 뻔했던 북촌에 개량 한옥을 보급하면서 전통문화와 시대변화의 요구를 반영한 정세권의 프로젝트가 돋보이는 이유다.

📖 김경민. (2017). 《건축왕, 경성을 만들다》. 이마.

허경진. (2016). 《조선의 중인들》. 알에이치코리아.

최준식. (2018). 《동 북촌 이야기》. 주류성.

박종인. (2022). 《조선일보》. 〈거기, 北村 골목길에 남은 거인의 발자국〉. 9월 7일.

서울시 새소식. (2019). 〈「북촌, 민족문화 방파제」 기능 정세권 선생 기념 전시〉. 4월 10일.

달리기에 대해 말할 때

점은 선이 되고, 선은 우리의 삶이 된다

저자는 허우대만 멀쩡한 약체였다. 형제들은 그런 저자를 보면서 막내로 태어나 모유(母乳)를 충분히 먹지 못해 약하다고 위로했지만 누굴 탓하겠는가 싶다. 호흡기가 약해 환절기에는 제일 먼저 감기에 걸렸고 조금이라도 과로하면 몸살로 직행했다. 2016년에는 겨울 내내 기침이 멈추지 않았던 적도 있었다. 목구멍이 간질간질하고 이물질이 걸려있는 느낌이었다. 어린이들이 주로 걸리는 백일해라고 생각할 정도였다. 낮에는 견딜 만한데 저녁에는 연이은 기침으로 거의 잠을 이룰 수 없어 아침에 거울을 보면 눈이 퀭하게 보였다. 기침에 좋다는 배즙, 생강청, 무꿀즙, 도라지액, 파뿌리차를 참 많이도 복용하고 마셨다.

몸을 리모델링할 계기가 찾아왔다. 2017년 3월 학교에서 동아마라톤 대회에 단체로 참가하기로 하였다. 저자도 10km에 도전장을 냈다. 달리기를 꾸준히 해 온 사람은 10km를 가볍게 뛸 수 있지만 초보자에게는 5km도 벅차다. 50대 후반이지만 마음은 젊은이 못지않았고 학교 운동장, 경복궁 담장길, 인왕산 자락길, 청계천에서 틈나는 대로 연습을 했다. 무리하게 연습을 했고 대회가 임박했을 때는 무릎 통증이 찾아왔다. 마음만 앞선 초보자다운 준비였다. 송파 올림픽공원에서 출발한 마라톤에서는 1km 지점에서 멈추고 목적지까지 걸었다. 병원에서는 앞으로 달리기는 '절대' 하지 말라고 했다.

그래도 달리고 싶은 마음이 굴뚝같았다. 달리기를 하고 땀을 흘리고 나면 몸이 가벼워지고 기분도 상쾌했다. 무엇보다 달리기를 하고 난 뒤부터 단골손님이었던 감기에 걸리지 않았다. 면역력이 강화된 느낌이었고 활동이 과해 몸살 기운이 있어도 회복 속도가 빨랐다. 이왕 시작했으니 의사의 말을 참고하면서 조금씩 거리를 늘려가기로 계획을 세웠다. 체중을 줄여 무릎에 부담을 줄이고 근육을 키우면서 달리기에 알맞은 몸을 만들어 나갔다. 달리기 노트에 달린 거리와 몸 상태를 기록하면서 누적 거리를 계산하는 재미를 붙였다. 무라카미 하루키의 《달리기를 말할 때 내가 하고 싶은 이야기》를 읽고 달리기에 대한 철학적 의미와 달려야 하는 이유도 마음에 새겼다.

2017년부터 시작한 달리기는 생활습관이 되었고 그 습관이 저자의 건강을 지키는 수호천사 역할을 하고 있다. 일주일에 평균 두 번을 달리고 한 번에 7~8km를 달린다고 치면 월간 8회, 연간 100회를 달리는 셈이다. 연간 누적거리로 따지면 700~800km로 서울에서 부산까지 왕복하고 남는 거리다. 달리기는 저자의 면역체계를 완전히 바꿔놓았다. 달리기를 시작한 지난 5년 동안 딱 한 번 감기에 걸렸고 금세 회복되었다. 저자의 건강은 달리기 이전과 이후로 구분할 수 있다. 면역력에 관한 한 과거의 내가 아니다.

마라톤 대회에서 겪었던 잊을 수 없는 에피소드가 있다. 2020년 1월 여수마라톤대회 하프에 참가했다. 꾸준히 연습을 했고 다리에 잔근육이 어느 정도 생겼다고 판단하고 하프에 도전하였다. 하프는 마라톤 풀코스의 절반인 21.0975km를 달린다. 여수 EXPO 박람회장을 출발하여 오동도, 돌산대교, 만성리 해수욕장을 돌아오는 코스였다. 15km 지점인 것으로 기억한다. 갑자기 몸이 꼼짝도 하지 않았다. 다리가 풀렸고 팔을 저을 힘도 없을 정도로 기진맥진해졌다. 그대로 바닥에 눕고 싶었다. 함께 뛴 건각(健脚)들은 앞서 가버리고 뒤에는 몇 사람 보이지 않았다. 여수의 매서운 겨울 바다 바람은 땀을 빨리도 식혔고 체온이 떨어지면서 피로감이 몰려왔다. 길옆으로 이동하여 서서히 걸으면서 컨디션을 회복하기 위해 노력했다. 유심히 살펴보았더니 주변의 건각들은 허리춤 벨트에서 간단한 에너자이저를 꺼내먹곤 했다. 혼자 동네에서 달렸던 저자는 몸과 마음만 앞섰지 장거리에 필요한 비상식품을 챙길 줄 몰랐다. 뭔가 먹거나 마시면서 에너지를 얻어야 했다. 거의 꼴찌로 간식대에 도착한 저자의 몫은 없었다. 앞에서 흘린 초코파이 가루만 보였다. 봉사하는 학생이 바닥을 손으로 훔쳐 초콜릿 주먹밥을 만들어 주었다. 잊을 수 없는 친절과 배려였다. 10km와 하프는 전혀 다른 세상이었다. 무조건 달린다고 해서 되는 것이 아니었다. 무모한 도전이었지만 달리기를 더 겸손하게 대하는 계기가 되었다.

저자의 개인적인 경험은 옆길로 밀어놓고 달리기를 우리의 삶에 연결시켜보자. '천 리 길도 한 걸음부터'라는 말이 있는 것처럼, 달리기도 한 발을 앞으로 내밀며 시작한다. 주자(走者)가 앞으로 내민 한 발자국은 한 점이고 그 점들이 모이면 선이 된다. 달리기의 점(點)에 대해 말하자면 2005년 스티브 잡스(1955~2011)의 스탠퍼드대 졸업식 연설을 떠올리게 된다. 잡스는 사회로 나가는 젊은이들에게 '점들의 연결(connecting the dots)'에 대해 연설했다. 잡스의 연설 중 해당 대목을 음미해보자.

> 물론 제가 대학을 다닐 때는 미래를 보고 점들을 연결하는 건 불가능한 일이었습니다. 하지만 10년 후 되돌아보았을 때 그것은 분명했습니다. 다시 말해 지금 여러분은 점들을 연결할 수는 없습니다. 과거를 되돌아보았을 때 그것들을 연결할 수 있습니다. 그래서 지금의 점들이 여러분의 미래에 어떤 식으로든지 연결된다는 것을 믿어야 합니다. 여러분의 배짱, 운명, 삶, 업보 등 무엇이든지 간에 여러분의 미래와 연결되어야 한다는 믿음을 가져야 합니다. 현재의 점들이 미래로 연결된다는 믿음이 여러분의 가슴을 따라 살아갈 자신감을 줄 것이기 때문입니다.

잡스는 왜 위와 같은 연설을 했을까? 그가 경험했던 특별한 과거의 점이 있었을 것이다. 잡스는 오리건주 포틀랜드 소재 리드칼리지에 입학하였다. 이 대학은 인문학과 과학 중심 교육으로 명성이 높다. 잡스는 대학에서 서체(캘리그라피) 수업을 듣고 서체의 아름다움에 대해 알게 되었는데, 이 경험은 10년 후 그가 첫 번째 매킨토시 컴퓨터를 구상할 때 진가를 발휘했다. 매킨토시는 아름다운 서체를 가진 최초의 컴퓨터가 되었다. 잡스가 대학에서 서체 수업을 듣지 않았더라면 PC는 아름다운 글씨체를 가질 수 없었을지도 모른다. 잡스에게 과거의 특별한 점(點)은 서체 강의를 들었던 경험이었다. 잡스는 인간이 겪은 어느 시기의 경험이 점이라면 그 점들이 모여 자신의 미래에 영향을 미친다는 점을 강조하고 있다. '초년고생은 사서라도 한다'라는 속담이 맞는 말이다.

달리기의 점이 잡스의 점과 연결되면서 묘한 시너지 효과를 나타낸다. 과거의 점, 그것이 고생이든 실수든 우연한 일이든 인간의 미래에 영향을 미친다. 달리기 역시 한 점 한 점이 모여 선이 되고 그 선들이 모여 5km, 10km, 하프, 풀코스가 된다. 달리기하는 사람의 뒷모습을 유심히 보라. 그는 마치 누에나 거미가 실을 뽑아내듯이 점을 이어 선으로 이어나간다. 그가 뽑아낸 실을 모으면 수많은 옷을 짓고도 남을 정도다. 점을 생각하면 사막에서 낙타 등에 짐을 싣고 모래언덕 위를 줄지어 이동하는 대상(隊商)이 떠오른다. 대상들은 작렬하는 태양 아래 끝없이 펼쳐진 사막의 모래 위를 한 점 한 점 찍으며 목적지에 도달한다. 그 점들이 연결되면 오아시스에 이르는 길로 이어지게 할 것이다.

저자는 무라카미 하루키(1949~)를 작가로서 보다는 달리기 마니아로 더 좋아한다. 하루키는 평생을 달린 마라토너로도 명성이 높다. 그는 이틀에 걸쳐 100km를 달린 적도 있다. 그가 작가로서 롱런할 수 있는 비결도 달리기와 관련이 있을 성싶다. 그의 달리기에 관한 어록은 강렬하다. "근육은 기억하고 인내한다. 어느 정도 향상도 된다. 그러나 타협은 하지 않는다. 융통성을 부리지도 않는다." 어쩌다 달리기를 하면 몸은 무겁고 근력은 어느새 약해져 있다는 것을 안다. 근육은 정직하여 노력한 만큼 보상을 돌려준다. 타협도 하지 않고 융통성도 부리지 않는다고 하니 말로는 통하지 않는다. 세상에 거저 얻는 것은 없다는 교훈이다.

저자가 애송하는 시 중에 에드가 A. 게스트(1881~1959)의 〈결실과 장미〉의 구절을 음미해보자.

크건 작건 간에,
꽃들이 여기저기 피어 있는
아름다운 정원을 갖고자 하는 이는
허리를 굽혀서 땅을 파야만 한다.

소망만으로 얻을 수 있는 것은
이 세상에서 극히 적은 까닭에
우리가 원하는 가치 있는 것은 무엇이건
일함으로써 얻어야 한다.

당신이 어떤 것을 추구하는가 하는 것은
문제가 아니다.
그것의 비밀이 여기 쉬고 있기에
당신은 끊임없이 흙을 파야 한다.
결실이나 장미를 얻기 위해선.

원하는 것을 얻으려면 땀을 흘려야 한다는 평범한 진리다. 달리기를 하려면 근육이 탄탄해야 하고 그 근육은 꾸준히 관심을 받을 때에 근육으로서 역할을 할 수 있다. 근육은 타협할 대상도 아니고 융통성도 없다고 하지 않은가. 정원에 심은 나무에서 아름다운 열매를 얻기 위해서는 허리를 굽혀 흙을 파고 잡초를 뽑는 수고를 해야 하듯이 계속 달리는 기쁨과 행복을 누리려고 하면 쉬지 않고 근육을 단련하는 수밖에 없다. 오히려 달릴 수 있다는 것만으로도 얼마나 감사한 일인가? 달리면서 착지할 때마다 체중의 세 배가 되는 충격이 발에 가해진다. 무릎은 침묵하면서 그 충격을 견뎌내고 있다. 뼈가 받는 무게의 임계치가 넘으면 탈이 생기기 마련이다. 러너에게는 무릎이 침묵할 때가 좋을 때다. 침묵한다고 해서 마구 사용하면 문제가 생길 것이다. 침묵을 깨뜨리지 않도록 소중히 다뤄야 한다. 말 없는 사람이 말하기 시작하면 진짜 문제가 생겼다는 신호를 보낸다는 이치와 같다.

바둑 역시 한 점에서 시작한다는 점에서 달리기와 닮았다. 달리기의 한 점 한 점이 모여 선이 되고 이 선들이 수십 미터, 수십 킬로로 집계되는 것처럼, 바둑 역시 가로 세로 열아홉 줄에 놓인 점들을 연결하여 선으로 만들기 때문이다. 서봉수 명인은 바둑이란 "점을 이어 선으로 만드는 것이다"라고 정의 내린다. 한 방울 한 방울이 모이면 냇물이 되고 바닷물에 이르는 것처럼 세상의 이치가 다 그런 것이다. 점 하나는 과거에 묻힌 것 같지만 미래의 어느 순간 우리의 인생에 빛을 발하는 보석이 된다. 스티브 잡스가 서체 공부에서 얻은 영감으로 컴퓨터에서 아름다운 서체를 구현한 것에서 보듯이 과거의 한 점은 현재와 연결되고 미래를 결정짓는 힘이 된다. 이른 아침 운동화 끈을 단단하게 고쳐 매고 달리기의 첫 발을 내딛는다. 저자의 삶에 어떤 의미를 부여할지 모르는 소중한 '한 점'이다.

📖 류시화. (2006). 《지금 알고 있는 걸 그때도 알았더라면》. 열림원.
　　무라카미 하루키. (2017). 《달리기를 말할 때 내가 하고 싶은 이야기》.
　　　　임홍빈 옮김. 문학사상.

칙센트미하이, 미하이·듀란소, 크리스틴·래터, 필립. (2019). 《달리기, 몰입의 즐거움》. 제효영 옮김. 샘터.

잡스, 스티브. (2005). 〈스탠퍼드대 졸업식 연설문〉.

자서전의 품격
진정성과 솔직함이 좌우

누군가의 자서전을 읽는다는 것은 그 사람의 생애를 통째로 이해하는 행위이다. 인간이 자서전을 남기는 것은 기록을 통해 자신의 일대기를 정리한다는 일차적인 의미 외에도 주인공이 살아온 삶의 종적, 횡적 의미를 자신 외의 다른 사람들과 공유하고자 하는 소박한 바람에서 그럴 것이다. 자서전이란 자신에 대한 진솔한 기록물을 타자와 공감하고자 하는 인간의 욕구를 드러내는 행위이다. 자신만이 그려온 삶의 의미를 탐색하고자 하는 인간의 본질을 추구하는 숭고한 행위임에 틀림없다.

기록은 만물의 영장으로서 다른 동물과 차별화된 인간 고유의 상징 문화이며 특권이다. 영장류 중에서 인간 외에 체계적인 기록을 남긴 흔적은 아직 발견되지 않고 있다. 지금 이 시간에도 자신이 살아온 삶의 궤적을 글로 옮기는 작업을 하고 있는 사람들이 많을 것이다. 주변에서 자서전 출간은 삶의 원숙기에 접어든 사람들의 버킷 리스트 맨 위를 차지하는 것을 본다. 다른 사람이 자신을 평가하고 회고하는 평전이 2차적 자료라고 한다면, 자서전은 한 인간의 진면목을 가장 적나라하게 표현한 원시자료(raw data)라는 점에서 '그는 어떤 사람인가?'라는 평가를 위한 기초가 된다.

자서전의 특징은 한 시대를 치열하게 살아온 주인공이 자신이 태어나서 현재에 이르기까지 일어났던 다양한 사건이나 직간접적으로 겪었던 경험들을 일인칭 시점에서 해석하고 세부 설명을 덧붙이는 통사(通史)이다. 한 사람의 생애를 통으로 이해하거나 그가 살았던 동시대를 이해하는 데 자서전만큼 친절하게 설명해놓은 책도 드물 것이다.

저자는 존경하는 인생 선배가 쓴 자서전을 읽고 자서전이란 '이런 맛과 멋이 있구나'하는 느낌이 들었다. 자서전의 품격이랄까. 사실 서점에 진열된 자서전에는 정계, 경제계, 또는 예체능의 스타들이 주인공으로 등장하는데, 글의 내용을 보면 전문 작가들이 주인공을 통한 구술이나 자료를 바탕으로 대신 집필하는 경우가 허다하다. 글의 내용이나 전개 방식은 버터를 바른 것처럼 부드럽고 가독성 또한 좋지만 자서전에 기대하는 진솔한 삶의 기승전결을 놓고 보면 함량 미달이다. 유독 눈에 거슬리는 것은 미사여구를 사용하여 주인공의 생각과 행동을 과대 포장하고 당대의 사람들에게서 찾아보기 어려운 영웅담의 서사로 글을 채우는 경우다. 자서전이 회칠한 무덤이 되고 마는 이유이다. 정치인이 유권자의 표를 얻을 목적으로 출간한 이른바 기획 소설이나 정치적 자서전이 이에 해당한다. 과유불급을 떠올린다. 얼굴에 화장을 웬만큼 해야지 지나치게 하면 원형을 훼손하고 만다.

자서전에도 갖추어야 할 품격이 있을 것이다. 누구나 자서전을 쓸 수 있지만, 모든 것이 다 자서전의 품격을 갖추었다고 볼 수는 없다. 첫 번째로 꼽을 수 있는 품격은 '자신의 삶에 대한 솔직함'을 담는 것이다.

자서전은 자기 고백서의 성격을 나타내기 때문이다. 자서전의 그릇에는 잘한 일이든 못한 일이든 있는 그대로를 담아야 한다. 저자가 자서전을 쓰게 된다면 '나는 이렇게 살아왔다. 나의 삶의 철학은 무엇이고, 나는 고난과 역경을 이렇게 극복했다. 인간관계는 이렇게 관리하고 누구로부터 영향을 받았다. 나는 자신을 둘러싼 사람으로부터 이런 사람으로 기억되고 싶다'라는 내용을 담고 싶다. 이런 자서전에 진정성이 결여되거나 과장법으로 회칠을 한다면 자서전의 주인공은 허구의 인물이 되거나, 그 내용 또한 픽션으로 얼룩진 생애가 되고 말 것이다. 자기 발목에 스스로 족쇄를 채우는 꼴이다.

두 번째의 품격은 독자에게 '감동'을 주어야 한다. 이 감동은 독자의 몫이다. 자서전의 내용을 독자에게 감동을 줄 목적으로 이른바 소설처럼 시나리오를 기획하고 감동적인 요소들로 채울 수 있겠지만, 이 또한 주인공의 삶을 흠집내거나 불명예를 초래하는 원인을 제공한다. 어떤 자서전은 주인공을 마치 하늘에서 내린 숭고한 사람이라거나 불세출의 영웅으로 대중을 지도하는 리더로 예정된 인물로 묘사하기에 급급하다. 이런 꼴불견은 대중의 인기를 의식하거나 자신의 존재감을 부풀리고 싶어 하는 정치인에게서 흔히 볼 수 있다. 이런 유형의 자서전은 독자들에게 희망고문을 하는 것이고, 차라리 소설을 읽는 것이 나을 것이다.

세 번째의 품격은 자서전의 내용이나 저자가 주장하는 메시지가 독자의 생각과 삶에 '의미 있는 영향력'을 주어야 한다. 독자들이 자서전의 행간에서 풍겨 나오는 의미를 음미하면서 자신의 삶에 플러스가 되는 메시지를 얻거나 공유하는 내용이 많을수록 좋을 것이다. 타산지석이고 역지사지라고 하던가. 독자가 주인공과 동시대 사람이라면 주인공의 살아온 세계나 환경에 연대의식을 느낄 수 있을 것이고, 주인공보다 젊은 세대라면 그 세계와 환경에 미리 가보는 것이다. 자서전은 개인의 사적 기록물의 의미를 넘어 남녀노소와 연령과 세대를 넘나드는 공공 유산이 되는 것이다.

글을 '잘' 쓴다는 것
글, 읽고 생각하는 힘의 결정체

웬만큼 배운 사람이라면 글을 쓸 수 있다. 문제는 글을 쓰되 '잘' 쓰는 것이다. "글을 잘 쓴다는 것은 잘 생각하는 것이다." 프랑스 수필가 미셸 드 몽테뉴(1533~1592)의 말이다. 글을 잘 쓰기 위한 첫 번째 조건은 잘 생각하는 것이다. 데카르트는 "나는 생각한다. 고로 존재한다"라고 하면서 인간을 이성적 존재로 부각했다. 생각하는 존재로 태어난 인간이라고 해서 누구든지 잘 생각하는 것은 아닐 것이다. 어떻게 해야 생각을 잘할 수 있을까? 저자는 잘 생각한다는 행위는 의식적이든 무의식적이든 마음속에 자리 잡고 있는 생각을 잘 끄집어내는 것과 같다고 생각한다. '생각'이 칼이고 '마음'이 칼집이라면 칼집에서 칼을 잘 뽑는 이치다. 사람의 생각을 끄집어내는 것은 '마중물'에 비유할 수도 있다. 상수도가 제대로 구비되지 않았던 시절 집집마다 작두 모양의 수동펌프를 설치하여 지하수를 끌어올렸다. 펌프질을 열심히 한다고 하여 물을 끌어올릴 수는 없는 노릇이다. 마중물을 한 바가지쯤 부어야 펌프가 작동한다.

참새가 방앗간을 그냥 지나치지 않는다고 한다. 교육학 전공자인 저자도 이 대목에서 한 마디 짚고 넘어가야겠다. 마중물에서 번뜩이는 영감이 떠올랐다. 내면 깊숙한 곳에 자리 잡고 있는 생각을 밖으로 끄집어내는 마중물 역할을 하는 사람이 교사라는 생각이다. 교육을 뜻하는 영어 'education'의 유래 역시 사람이 가지고 있는 잠재성을 밖으로 끄집어내는 것이라고 하지 않던가. 교사는 학습자의 잠재성을 발견하고 그것을 밖으로 발현하도록 도와주는 도우미요 코치요 퍼실리테이터다. AI가 인간의 일을 대신하는 시대에 교사의 역할도 변해야 한다. 교사는 구태의연하게 단순히 교과서의 지식을 가르치는 지식 전수자의 역할에서 벗어나 학습자의 내면에서 잠자고 있는 가능성과 위대성의 정체를 알아보고 그것을 최적화할 수 있는 마중물 역할을 어떻게 할 것인가에 대해 연구해야 한다.

다시 본론으로 돌아가자. 사람의 생각을 끄집어내는 마중물은 무엇일까? 저자는 우선적으로 독서라고 생각한다. 사람이 원하는 모든 것을 직접 경험하는 데는 한계가 있을 수밖에 없다. 독서만큼 간접 경험을 하는 데 최상의 방법은 없을 것이다. 독서라는 마중물을 우리의 생각이라는 펌프에 부었을 때 생각은 샘물이 솟듯 할 것이다. 결국 글을 잘 쓰는 사람은 책을 잘 읽는 사람이고 책을 읽으면 생각을 잘할 수 있게 된다. 이와 관련해서는 김대중, 노무현 대통령의 연설비서관으로 근무했던 강원국의 《대통령의 글쓰기》에 잘 소개되어 있다. 강원국은 김대중, 노무현 대통령의 독서 습관을 본보기로 들면서 "책을 읽지 않으면 생각할 수 없고, 생각하지 않으면 글을 쓸 수 없다. 따라서 독서 없이 글을 잘 쓸 수 없으며, 글을 잘 쓰는 사람 치고 책을 멀리하는 사람은 없다"라고 한다(강원국, 2016: 46-50). 두 대통령은 애독가로 잘 알려져 있지만 독서로 소양을 쌓는데 그치지 않고 독서를 국가정책 개발이나 국정 아이디어를 심화시키는 밑거름으로 삼았다고 하니 독서가의 본보기가 된다고 할 것이다.

저자는 지난 2년 반 동안 브런치에 200개의 글을 올렸다. 한 주 평균 두서너 개의 글을 업로드한 셈이다. 글의 수준과 완성도와는 별개로 저자의 글을 다른 사람들과 공유하기 위해 글을 쓰고 업로드한다는 것 또한 보통 어려운 일이 아니다. 어떤 글은 잘 쓴 글도 있고, 어떤 글은 충분히 탈고를 하지 못해 완성도가 떨어지는 글도 있다. 부족한 글에 대한 질책을 받을 낯 두꺼운 용기가 없다면 도전할 수 없었을 것이다. 저자는 브런치에 올린 글들을 기초로 수정을 반복한 끝에 세 권의 책을 출간하였다. 저자 자신이 생각해도 대단한 일이다. 브런치가 없었다면 지속적으로 글을 쓸 수도 출간의 기회도 없었을 것이다. 저자에게 브런치는 브런치가 추구하는 모토이기도 한 '글이 작품이 되는 공간'이 되었다.

저자는 글을 '잘' 쓰기 위한 노력을 꾸준히 하고 있다. 사투(死鬪)에 가까울 정도로 치열하게 노력한다. 한 편의 글이 나오기까지의 과정을 산모가 겪는 해산의 고통에 비유하면 지나칠까 싶다. 글을 쓰는 전략은 사람마다 조금씩 다르다. 글을 잘 쓰기 위한 저자만의 전략을 공유하고 싶다.

첫째, 다양한 분야의 독서를 한다. 역사와 문화에 관련된 책을 주로 읽는 편이지만, 경영이나 과학, 예술 분야로 확장시키고 있다. 편식에서 벗어나 다양한 분야에 걸쳐 읽으려고 노력한다. 관련 분야의 기초지식이 부족한 상태에서 독서를 하는 것은 지루하고 따분할 수 있지만, 시간이 지나면서 조금씩 시야가 넓어진다는 느낌을 가질 때의 희열은 각별하다. 신간을 구입하는 방식은 매주 토요일 언론에 소개되는 서평을 읽으면서 관심이 있었거나 새로 관심을 가질 만한 분야의 책을 구입한다. 신문사의 서평은 담당 기자나 전문가들이 해당 분야에 대해 꽤 깊이 있게 다루고 있다는 점에서 눈여겨 볼만하다. 서평을 읽은 다음 인터넷 사이트에서 해당 도서의 목차를 보면 도서의 내용과 저자의 관심 분야와의 일치도를 판단할 수 있다. 도서가 두껍거나 내용이 난해하여 진도가 잘 나가지 않은 경우에는 관심 있는 목차의 내용을 먼저 읽고 나중에 다른 목차를 읽기도 하지만, 아예 읽지 못하고 서가에 꽂아 놓는 경우도 있다. 독서에는 일간지와 주간 또는 월간 잡지도 포함한다. 일간지는 서너 가지를 보면서 국내외 뉴스를 두루 접한다. 국제 관계 뉴스는 꼭 챙겨보는데 초연결 시대에 우리나라 뉴스는 곧바로 국제 정세와 연결되거나 국제감각을 키울 수 있기 때문이다. 정치면의 경우에는 거의 건너뛰는데 굳이 시간을 들여 정독을 할 필요가 없는 내용으로 채워지기 때문이다. 대신 다양한 분야의 칼럼은 꼭 읽는데 해당 전문가들이 시대 변화상의 핵심을 짚어주고 방향성을 제시하기 때문에 배울 점이 많다.

둘째, 메모를 한다. 사람의 기억은 제한적이다. 나이가 먹을수록 기억력은 떨어진다. 글쓴이에게 메모 습관은 매우 중요하다. 기억력 테스트를 할 필요없다. 신기하게 메모는 메모하기 곤란한 상황에서 메모할 생각이 떠오른다는 점이다. 가장 왕성하게 사고 작용이 일어나는 때는 달리기와 걷기를 할 때이다. 달리기를 하면서 떠오르는 생각을 메모하고 싶을 때가 있지만 메모를 위해 중간에 달리기를 멈추고 싶지는 않다. 달리기에서 오는 쾌감을 지속하고 싶기 때문이다. 둘 중에 하나를 포기하라고 하면 메모를 포기할 것이다. 걸을 때도 사고 작용이 활발하게 일어난다. 걸을 때 떠오르는 아이디어는 스마트폰에 기록하거나 겉옷에 준비된 메모지에 키워드를 적어 연구실에 도착하자마자 컴퓨터에 기록하거나 작성하고 있던 글과 연결짓는다.

몸의 움직임과 생각의 흐름에는 매우 밀접한 관계가 있다. 걷는 것은 글 쓰는 사람의 중요한 생각의 원동력이다. 헨리 소로우(1817~1862)는 걷기에 대해 이렇게 말했다(오마라, 2022: 192 재인용). "다리가 움직이는 순간, 내 생각은 마치 폐쇄되어 있던 물줄기 끝의 수문을 개방한 것과 같이 흐르기 시작하고, 물줄기 상류에서는 분수와 같이 새로운 물이 더 흘러내리는 결과로 이어진다. 생각이 물줄기의 원천에서 수천 개의 실개천이 되어 넘쳐흐르고, 나의 뇌를 비옥하게 만든다. (중략) 움직이고 있을 때만이 순환이 완벽해진다. 습관적으로 앉아 있기만 한 상태에서 쓴 글은 기계적이고, 딱딱하고 지루하다." 소로우는 사람이 움직임으로 생각 작용을 왕성하게 한 다음에 쓴 글이야말로 '잘' 쓴 글이라고 강조하고 있다. 소로우의 '걷는다'는 의미를 조직에 적용하면 이런 비유가 성립할 수 있을 것이다. 회사에서 상사에게 보고서를 쓰는데 책상에 가만히 앉아 작성하는 보고서와 직접 발품을 팔아 작업 현장을 찾아보고 느끼고 확인한 내용을 담은 보고서는 많은 차이가 날 것이다. 걷기는 단순한 운동을 넘어 글을 쓰는 등의 창의적인 활동에도 중요한 영향을 미친다는 것을 알 수 있다.

셋째, 주제 또는 주제어가 생각나면 초고는 거칠게 두서없이 쓴다.

글은 한 문장 한 단락이라도 쓰는 것이 중요하다. 시작이 반이라고 하지 않던가. 시작해놓으면 언젠가는 한 편의 글로 완성된다. 저자는 독서를 하거나 길을 걷거나 달리기를 할 때 천둥이나 번개처럼 번뜩 떠오르는 영감을 놓치지 않으려고 노력한다. 영감은 곧 주제 또는 주제어가 된다. 주제어만 잘 잡는다면 전체 글의 반은 쓴 것이나 다름없다고 생각한다. 글쓰기에 일물일어(一物一語)의 법칙이 있다. 프랑스 소설가 플로베르가 '하나의 사물을 나타내는 단어는 오직 하나밖에 없다'라고 하는 말에서 유래되었다고 한다. 글쓰기를 하는 사람은 문맥에 맞는 정확한 단어를 구사해야 한다(임재춘, 2002: 112-113). 문맥에 맞는 정확한 단어를 찾을 수 없을 때가 있다. 이럴 때는 원본을 고치는 작업을 반복하면서 문맥에 가장 정확한 단어를 찾게 된다.

어니스트 헤밍웨이(1899~1961)는 《노인과 바다》를 탈고하면서 200번이 넘는 수정 작업을 거듭했다고 한다(염철현, 2021). 모방송에서 어떤 강사가 글을 쓸 때 처음에는 '쓰레기처럼 써라'고 조언하지만, 이는 글쓰는 것을 어렵게 생각 말고 생각나는 대로 연필 가는 대로 쓰는 것이 중요하다는 말일 것이다. 저자의 경우에는 브런치 '작가의 서랍 가기' 코너에 거칠고 조잡한 초고를 올려놓고 학교에서 고치고 집에 와서 고치고 이동 중에는 모바일로 고치기를 반복한다. 브런치에 글을 쓰기 이전에는 저장된 파일을 이메일로 보내 놓고 다시 꺼내 수정하거나, 카톡으로 전송하여 꺼내 저장하는 작업을 반복하다 보면 원본과 수정본이 섞이는 경우도 경험했다. 어느 특정 회사의 브랜드를 홍보하려는 마음은 아니지만 브런치는 우리나라 글 쓰는 사람들에게 큰 기여를 하고 있다. 글 쓰는 사람들이 마음 놓고 언제 어디서든지 쓰고 고칠 수 있는 유비쿼터스 환경을 제공하기 때문이다.

넷째, 잘 생각하고 잘 쓰기 위해서는 경험을 많이 해야 한다. 경험만큼 확실한 글쓰기 소재는 없다. 직접 경험할 수 없다면 관련 분야에 대한 독서를 지속적으로 하는 수밖에 없다. 노벨문학상을 수상한 헤밍웨이는 글을 잘 쓰기 위해 필요한 세 가지 방법을 강조했다. 첫째, 아는 것만 쓰라. 누구보다 경험을 중요하게 생각한 헤밍웨이는 자신이 직접 보고 겪지 않은 것을 쓰면 곧 바닥이 드러난다고 믿었다. 작가의 상상력 또한 경험에서 비롯된다고 믿었다. 둘째, 명확하게 쓰라. 명확한 글쓰기는 글의 내용을 정확하게 파악하는 것에서 비롯된다. 독자가 글의 내용을 제대로 이해하지 못하면 글쓴이가 글의 내용을 일부러 복잡하게 썼거나, 뜻이 잘 전달되게 쓸 능력이 없다고 보았다. 셋째, 사람을 이해하기 위해 노력하라. 다른 사람 머릿속에 들어가는 연습을 해보라고 권유한다. 글쓴이는 누구를 판단하라는 게 아니라 사람을 이해하는 것이라고 강조한다(김석일, 2017). 헤밍웨이가 글을 잘 쓰기 위해 필요하다고 강조한 세 가지는 서로 연결되어 있다. 아는 것을 쓰게 되면 명확하게 쓸 수 있고 사람을 이해하면 글을 잘 쓸 수 있기 때문이다. 세 가지 방법은 헤밍웨이가 풋볼선수, 의용병, 종군기자, 사냥, 투우, 바다낚시, 여행 등 다양한 경험을 통해 얻은 글쓰기 방법이다. 그는 진실한 한 문장을 쓰기 위해 끝없는 도전과 모험을 마다하지 않았다. 저자 역시 글의 소재와 관련된 실체가 보존되어 있다면 현장을 방문하고 현장에서의 느낌을 쓰려고 노력한다.

다섯째, '그러나', '그런데'와 같은 접속사의 사용을 최소화한다. 접속사를 사용하면 독자의 생각이 접속사에 한정된다. 접속사는 독자의 몫으로 놔둔다. 접속사를 사용하지 않게 되면서 문장이 간결해지고 군더더기가 사라졌다는 생각을 하게 된다. 접속사는 마치 물이 흐르는데 중간에 막고 있는 거대한 바윗덩어리와 같을 때가 있다. 바윗덩어리를 치워버리면 물은 자유롭게 잘 흘러갈 것이다. 김훈의 장편소설 《하얼빈》을 읽어보라. 그는 거의 접속사를 사용하지 않으면서도 시종 매끄럽게 한편의 소설을 마무리하고 있다. 오히려 접속사가 없다보니 막힘이 없고 문장마다 마치 윤활유를 칠해놓은 듯 부드럽게 읽힌다. 독자가 맥락에 따라 재량껏 접속사를 사용할 권리를 침해할 필요는 없을 것이다.

글을 '잘' 쓴다는 말은 곧 좋은 글을 쓴다는 말이다. 세계 3대 문학상 중 하나인 맨부커상을 수상한 캐나다 작가 얀 마텔(1963~)은 좋은 글에는 어느 시대에 열어도 사람들에게 감동을 주는 여행 가방이 들어있다고 말한다. 그 여행 가방에는 감동의 여운과 지적인 통찰이 들어있어 시대가 달라져도 신선함을 잃지 않으면서 계속 전해질 수 있다(샤, 2022: 82-83 재인용). 저자는 오늘도 감동의 여운과 지적 통찰을 결합한 좋은 글을 쓰기 위해 비지땀을 흘린다. 머릿속에서 어렴풋이 잡히는 생각의 실마리를 찾기 위해 노력하지만 결코 쉽지 않은 일이다. 천재성이 부재한 평범한 글쓴이의 비애다. 포기하지 않고 고치고 또 고치는 작업을 반복하는 수밖에 없다. 최고의 학습법은 반복학습이 아니겠는가. 다행히 사람에게는 마르지 않은 샘물처럼 영감을 제공하는 독서가 있지 않은가. 독서를 할 수 있는 한 글쓰기를 계속할 수 있고 잘 쓸 수 있다고 생각한다. 읽고 생각하고 쓰다 보면 한 편의 글이 된다는 신념으로 버텨본다.

📖 강원국. (2016).《대통령의 글쓰기》. 메디치.

김　훈. (2022).《하얼빈》. 문학동네.

샤, 비카스. (2022).《생각을 바꾸는 생각들》. 임경은 옮김. 인플루엔셜

염철현. (2021).《학습예찬》. 박영story.

오마라. (2022).《걷기의 세계》. 구희성 옮김. 미래의 창.

유시민. (2015).《유시민의 글쓰기 특강》. 생각의 길.

임재춘. (2002).《한국의 이공계는 글쓰기가 두렵다》. 마이너.

헤밍웨이, 어네스트. (2009).《헤밍웨이의 글쓰기》. 이혜경 옮김. 스마트
　　비즈니스.

김석일. (2017).《매일경제》. 〈[이야기 책세상] 헤밍웨이가 강조한 '글쓰
　　기 원칙' 세 가지〉. 8월 30일.

대통령의 말
말은 공명한다

생물이나 무생물이나 격(格)이 있다. 사람의 격을 됨됨이 또는 인품이라고도 한다. 인품은 그 사람의 품격이고 수준이다. 인품의 총합이 곧 인격(人格)이다. 지구촌의 80억 명이 넘는 인구가 있지만 각자 격이 있기 마련이다. 말에도 격이 있다. 언격(言格)이다.

우리나라 대통령은 행정부를 대표하는 선출직이지만, 국가를 대표하는 최상위 공직자의 자리에 있다. 국군을 통솔하는 군 통수권자이기도 하다. 대통령직은 그 자리가 가지는 권위와 권한만큼이나 책무감 또한 크다. 미국의 해리 트루만 대통령(재임 1945~1953)은 집무 책상 위에 'The buck stops here'라고 쓰인 팻말을 놓고 일을 했다고 한다. 대통령은 국정의 최종 책임을 지는 자리라는 뜻이다.

대통령의 말 한마디는 곧 국가를 대표하고 그만큼 무게감이 실린다. 대통령의 입에서 나온 말은 뭇사람들의 말하고는 엄연히 다르다. 대통령의 말은 실천을 전제로 하는 약속의 언어이고 약속어음이기 때문이다. 대통령의 말이 실행에 옮겨지지 않으면 부도를 낸 것이나 마찬가지다. 부도를 내면 신뢰 관계가 망가져 지속적인 거래를 할 수 없는 것처럼, 국민들은 부도낸 대통령을 더 이상 지지하지 않을 것이다. '남아일언중천금'이라는 말이 있지만, '대통령일언중천금'이다.

저자는 세계의 지도자들 중에서 미국의 로날드 레이건 대통령(재임 1981~1989)과 버락 오바마 대통령(재임 2009~2017), 영국의 윈스턴 처칠 수상(재임 1940~1945/ 1951~1955), 그리고 남아프리카공화국의 넬슨 만델라 대통령(재임 1994~1999)을 좋아하고 존경한다.

레이건 대통령에 대한 이야기를 해보자. 레이건은 대통령으로서 미국이 처한 어려운 국내외 상황 속에서도 국민에게 희망을 주었다는 점에서 그의 지도력을 높이 평가하고 싶다. 그는 말에 품위를 입혔으며 희망을 담은 미래지향적인 언어를 사용했다. 레이건 시절 미국 경제는 침체를 겪었고 경상수지와 재정수지 모두 쌍둥이 적자를 면치 못했다. 그러나 레이건은 대통령으로서 미국과 미국인에게 품위와 희망의 상징이 되었다. 그의 말을 듣는 국민들은 웃었고 뭔가 더 나아질 것이라는 희망을 가질 수 있었다. 무엇보다 레이건은 유머를 잃지 않았다. 레이건 이래 지도자의 자격 조건으로 유머가 추가되었다고 한다. 레이건이 얼마나 유머러스한가에 대해서는 다음의 일화가 말해준다.

1981년 레이건은 워싱턴 D.C.에서 존 힝클리라는 25세 청년(2022년 6월, 41년 만에 자유 신분이 됨)으로부터 저격을 당했다. 총알은 70세 레이건의 심장을 살짝 비켜갔다. 수술실에 들어가는 레이건을 안심시키기 위해 자신의 손을 잡아주던 간호사에게 "혹시 낸시가 우리 사이를 눈치챘을까요?"라고 농을 건넸고, 황급히 도착한 낸시 여사에게 "여보, 내가 엎드리는 걸 깜빡했어"라고 말했다." 의사들이 총알을 빼내는 수술을 집도하려고 할 때는 이렇게 말했다. "당신들이 공화당원이라고 얘기해 주시구려." 민주당원이었던 의사들도 "각하, 오늘만큼은 우리 모두 공화당원입니다"라고 말했다. 위급한 상황에서 레이건 대통령은 유머로 긴장감을 해소하고 걱정하는 국민들을 안도시켰다. 레이건은 암살을 모면하고 생사의 기로에서 유머 있게 말을 한 덕분에 대통령직을 두 번하면서도 높은 인기를 누릴 수 있었다. 레이건이 대통령이 되어 국민들을 특별히 잘 살게 해 준 것도 아니지만, 미국인들은 레이건의 말을 듣는 것 자체가 즐겁고 행복했다. 국민은 대통령이 위기에 닥쳤을 때 어떻게 대처하는가를 보는 것이다.

저자는 2022년 5월 10일 임기를 시작한 윤석열 대통령의 말을 주의 깊게 듣고 있다. 윤 대통령의 화법과 어투는 한마디로 직설적이고 정제되지 않았다. 좋게 생각하면 말하고 싶은 것을 있는 그대로 하는 솔직한 스타일이라고 평가할 수 있을 것이다. 그러나 아쉬움과 실망이 크다. 대통령이 하는 말의 무게를 생각하면 더욱 그렇다. 세 가지의 사례를 짚고 가보자.

첫째, 공감과 배려에 관한 것이다. 2022년 5월 9일 문재인 대통령이 임기를 마치고 경남 양산의 사저로 내려갔다. 일반 시민으로 돌아간 전직 대통령의 집 앞에서 반문(反文) 단체들이 연일 집회를 열고 확성기를 틀면서 욕설을 퍼붓었다고 한다. 윤 대통령은 "문 대통령 양산 사저 시위가 계속되고 있는데 어떻게 보고 있느냐?"는 기자들의 질의에 "글쎄 뭐 다 대통령 집무실도 시위가 허가되는 판이니까… 다 법에 따라 되지 않겠느냐"라고 답변했다. 저자는 순간 귀를 의심했다. 육법전서로 공부하여 사법고시에 패스하고 그 법의 잣대를 들이대 법을 집행하는 검사 출신이라도 그렇지 그건 아니다 싶었다. 대통령의 말은 현직 검사가 이제 막 부임했을 때 하는 투의 말이었다. 누가 '법대로 하자'라는 생각을 못해서 질문을 했겠는가. 대통령은 국민의 입장을 헤아리며 입을 열어야 한다. 대통령의 말에는 타인에 대한 공감과 배려를 찾아보기 어렵다. 전직 대통령을 특별히 배려하자는 뜻은 아니다. 현직 대통령이라면 전임 대통령이 겪는 고초에 대해 최소한 이런 식으로 말해야 하지 않을까 싶다. "저도 문 대통령 내외분이 겪는 고통을 생각하면 참 안타깝고 송구합니다. 위로의 말씀을 드립니다. 법에 따라 시위를 할 수 있다고 하지만 누군가의 삶을 불안하게 만들고 고통스럽게 하는 것은 피해야 한다고 생각합니다. 문제를 해결하는 데도 도움이 되지 않습니다"라고 했으면 좋았을 것이다. 선진 법치국가는 인간의 존엄을 앞에 놓지 법을 앞에 놓지는 않는다. 이 세상에 가장 하기 쉬운 말이면서 가장 실행하기 어려운 말은 '그래, 법대로 해보자'이다. 대통령의 말에는 전체 국민을 아우르는 통합의 메시지를 담아야 하는 이유다.

둘째, 인사에 관한 것이다. 김영삼 대통령은 '인사는 만사다'라는 철학을 국정에 반영하기 위해 노력한 것으로 기억한다. 임현사능(任賢使能), 즉 유능한 인재를 적재적소에 배치하는 인재 경영 철학이다. 작은 조직에서도 인재를 발굴하고 적재적소에 기용하는 일은 대단히 어려운 법이다. 국정을 담당하는 인재를 찾아 기용하는 것은 더더욱 어려운 일일 것이다. 유비가 제갈공명을 찾아 삼고초려했듯이 필요하면 사고초려라도 해야 할 것이다. 역대 대통령의 역량은 인사에서 갈리게 된다. 정파나 진영의 틀을 벗어나지 못하고 인재를 찾으려고 하면 인재풀이 한정되어 적재적소에 필요한 인재를 찾을 수 없을뿐더러 비슷한 생각을 가진 사람들만 모아놓으면 창의적인 생각이 모아질 리가 없다. 생물이 동종교배를 하다 보면 언젠가 소멸되고 만다는 것은 진화론의 제일 법칙에 해당한다. 조직이 발전하려면 이종교배를 시켜야 하고 다른 생각을 가진 사람들을 모아야 한다. 혼혈파워라고 하지 않던가.

다시 윤석열 대통령의 경우를 보자. 취임 초기 대통령에게 필요로 하는 인재를 기용하는 일은 급선무이다. 대통령 혼자 국정을 운영할 수는 없는 일이다. 국민들도 대통령이 어떤 사람을 기용할 것인가에 대해 관심이 높다. 어떤 인사들을 기용하는가를 보면 앞으로 국정의 방향을 알수 있기 때문이다. 인사 문제는 대통령의 지지도에도 커다란 영향을 준다. 윤 대통령은 '인사 실패'와 관련된 기자들의 질문에 "그럼 전 정권에 지명된 장관 중에 이렇게 훌륭한 사람 봤어요?"라고 되물었다. 또 "인사에서 반복되는 문제는 사전에 충분히 검증이 가능했지 않았느냐?"라는 질문에는 "다른 정권 때와 한번 비교를 해보라. 사람들의 자질이나 이런 것을"이라고 했다. 대통령의 말이라고 믿기지가 않는다. 기자들이 질문의 대상으로 삼은 장관급 후보자들은 명백하게 음주운전 경력에 성희롱을 한 사실이 있는 사람들이었다. 대통령이라면 이렇게 발언을 해야 할 것이다. "도덕성과 전문성을 겸비한 능력 있는 인사를 찾기가 이렇게 어려운 줄 몰랐습니다. 검증을 한다고 해도 이렇게 문제가 생기고 국민들의 눈높이에 맞추기가 어렵습니다. 국정을 책임지는 중요한 인사인 만큼 조금 늦더라도 최선을 다해보겠습니다. 여하튼 국민께 심려를 끼쳐 송구합니다." 대통령의 말은 모든 국민들이 듣고 평가한다. 대통령의 말 한마디 한마디는 공적(公的)이다. 국민들은 대통령이일을 하다 의도치 않게 실수한 것에 대해서는 너그럽지만 잘못된 자세와 태도에 대해서는 엄격한 잣대를 들이댄다. 그 자세와 태도는 말을 통해 나타난다. '말 한마디에 천 냥 빚도 갚는다'라는 속담도 있지 않는가.

윤 대통령이 당선 이후 '협치'니 '통합'이니 하는 말을 수십 번도 더 강조하는 것을 보고 이번 내각은 좀 다르겠구나 하는 기대를 했는데 별반 다르지 않았다. 국회 인사청문회 대상이 되는 장관급 이상의 후보들 중에는 적재적소의 능력 있는 인물로 고개가 끄덕여지는 적임자도 있었지만, 대다수는 국민의 눈에 식상한 인물들이었다. 대통령의 인력풀이 한정되어 있으면 야당과 전임 정부에서 일했던 사람들에게도 러브콜을 보내고, 필요하면 국민공모제 또는 추천제를 통해 사방팔방으로 수소문하여 삼고초려하려는 마음이 있었는지 모르겠다. 미국의 바이든 대통령을 보라. 그는 여성, 성소수자, 유색인 등 다채로운 인종과 이력을 가진 사람들로 내각을 채웠다. 국정 운영을 해야 하는 고위공직자에겐 '능력'이 필요하지만, 그 능력에는 다중적인 요소들을 포함한다. 능력이 해당 분야의 전문성만을 요구하는 것은 아닐 것이다. 도덕성, 공감능력, 리더십, 유머감각, 국제감각, 추진력 등도 중요한 능력에 속한다. 전문성이 능력으로 둔갑하는 순간 우리 사회는 수단과 방법을 가리지 않은 정글의 경쟁사회가 되고 말 것이다. 아무나 협치나 통합을 함부로 할 말은 아닌 것 같다. 감내하기 어려운 큰 말이다.

셋째, 국민과의 소통방식에 관한 것이다. 우리나라 역대 대통령이 취임하게 되면 국민들과 어떻게 소통할 것인가에 대해 많은 관심을 갖게 된다. 미국의 대통령은 거의 하루 걸러 대국민 브리핑을 하고 뉴스를 탄다. 부러운 일이지만 어떻게 보면 자연스러운 일이기도 하다. 국민들이 뽑은 대통령이 국민이 낸 세금으로 국정을 운영하면서 국민들이 꼭 알아야 일들을 직접 보고하는 것은 이른바 보고 책임(accountability)이라고 할 수 있다. 국민은 중요하고 필요한 사안에 대해 국정의 최고책임자로서 대통령이 직접 보고하는 것을 원하지 관련 장관이나 대변인이 대신 발표하는 것을 원하지 않는다. 우리나라 대통령이 제왕적이니 구중궁궐에서 숨어 보이지 않느니 하는 말이 나오는 것은 모두 역대 대통령의 노력이 부족한 탓일 것이다. 우리나라가 군주제도 아니지 않은가.

윤석열 대통령은 용산에 대통령실을 마련하고 국민들과 적극 소통하기 위해 1층에 기자실을 설치하고 출근길에 이른바 도어스테핑을 하다 중단하였다. 도어스테핑이란 대통령이 출근길에 기자들의 질문에 답하는 약식 기자회견을 말한다. 도어스테핑이 중단된 이유에 대해서는 잘 모르겠지만 국민들과 적극적으로 소통하겠다는 신선한 발상이라고 생각한다. 그러나 도어스테핑을 충분히 준비하지 않고 기자들의 질문에 답변하게 되면 오히려 민심의 이반을 가져오는 자업자득이 될 수도 있다. 국사(國事)란 얼마나 복잡하고 민감한 사안이 많던가. 이반된 민심은 대통령에 대한 지지율로 나타나는데, 윤 대통령은 '지지율은 신경쓰지 않는다. 오로지 국민만 보고 일하겠다'라고 말한다. 이 말을 뒤집어보면 '자신을 지지하는 국민만 보고 일하겠다'라는 식으로 들린다. 정치인 그것도 대통령은 국민의 지지율에 목숨이 달려있는 법이다. 왜 매주 대통령의 직무수행에 대한 여론조사결과를 발표하겠는가. 국민 앞에서 그런 말은 농담이라도 하는 것이 아니다. 지지율은 대양에 떠있는 배를 떠받치고 있는 바닷물과 같다. 그 바닷물이 화가 나 출렁이고 큰 파도를 만들면 그 배는 뒤집히고 마는 것이다. 국민들은 대통령이 도어

스태핑을 통해 기자들의 송곳같이 날카로운 질문에도 유쾌하고 따뜻한 유머를 섞어 여유 있게 답변하면서 하루를 시작하는 모습을 기대한다.

자유민주주의 국가에서 대통령제는 다양한 행위자들이 일정한 영향력을 행사하고 있는 권력공유제다. 대통령의 정치적 영향력은 다른 권력자들과 상호의존적일 수밖에 없고 협상을 통해 이루어지게 된다. 이 협상에서 대통령이 활용할 수 있는 자원은 크게 세 가지로 요약할 수 있다. 첫째는 대통령직 자체가 지닌 고유한 이점(利點)들이다. 대표적으로 대통령이 가진 고유한 이점들을 나열하면 헌법에 명시된 대통령의 권한들, 국가원수로서 국가를 대표하는 직위가 지닌 권위, 다른 모든 행위자들의 기대에 부응하도록 주도권을 행사할 수 있는 점 등이다. 둘째는 정치인으로서 대통령의 정치적 평판이다. 평판은 다른 정치행위자들이 평가한 결과이지만, 이 평판은 대통령이 다른 행위자들을 설득할 수 있는 강력한 자원이 된다. 셋째는 대중적 지지다. 대중이 대통령을 어떻게 보고 있는지, 그리고 대통령을 지지할 경우 대중들이 자신을 어떻게 생각할지에 대한 전망에 따라 정치행위자들의 행동이 변화할 수 있다(박창재, 2018: 154 재인용). 폴 C. 라이트는 그의 저서 《대통령학》에서 대통령이 성공적으로 직무를 수행하기 위해서는 세 가지의 자원을 가져야 한다고 주장했다. 여당의 의석수, 당선득표율, 지지율이다. 이 세 가지의 자원은 상호작용을 하며 영향을 미친다. 여당의 의석수는 대통령 당선 이전에 주어진 자원이고, 당선득표율은 대통령에 당선되면서 유권자로부터 얻은 표라면, 지지율은 당선 후에 대통령의 정치적 행위에 대한 대중의 정치적 판단이다. 지지율은 대통령이 국정을 수행하는 데 중요한 동력이 된다. 당선득표율이 낮았거나 여당의 의석수가 소수당이더라도 국민의 지지율이 높다면 다수당인 야당도 대통령을 함부로 대하지 못할 것이며 국정에도 적극 협력할 가능성이 높다고 할 것이다. 지지율이 높은 대통령에게 협력하지 않은 다수당은 다음 선거에서 소수당으로 전락할 위험이 있기 때문이다. 정치는 선의적인 의도만으로 되는 것이 아니다. 오죽했으면 정치공학이라는 용어까지 만들어내겠는가. "지지율은 신경쓰지 않는다. 오로지 국민만 보고 일하겠다"라는 말은 국민이 대통령의 선의(善意)를 잘 알고 판단할 것이라는 기대를 담은 겸손한 말인 것 같지만 실상은 '정치를 잘 모른다'라는 말을 에둘러 표현한 것에 지나지 않다. 솔직하게 "열심히 한다고 하는데 지지율이 생각만큼 높지 않아 아쉽게 생각합니다. 앞으로 더 분발하여 국민의 눈높이에서 최선을 다해 기대에 부응해나가겠습니다"라고 말했다면 좋았을 성싶다. 국민은 국정의 성과에도 관심이 높지만 국정의 최고책임자가 보여주는 자세와 태도에 더 민감하게 반응하는 법이다.

프랑스 어느 카페의 메뉴판이다. 고객이 커피를 주문할 때 구사하는 말의 품격에 따라 커피의 가격을 차등 적용하는 것이다. '말 한마디에 천냥 빚을 갚는다'라는 격언이 맞다. 사람은 이름값을 해야 한다는 말이 있듯이, 사람이 하는 말은 말 값을 해야 하지 않겠는가 싶다. 대통령이 하는 말 값은 더 말할 필요가 없다.

- 커피: 7유로
- 커피 주세요: 4.25유로
- 안녕하세요. 커피 한 잔 주세요: 1.40유로

'내면의 수양이 부족한 자는 말이 번잡하며 마음에 주관이 없는 자는 말이 거칠다'라고 한다. 사람의 입 밖으로 튀어나온 말은 화자의 내면세계를 고스란히 드러내는 행위이다(이기주, 2018: 136-137). 마음이 심란하고 불안하면 아름다운 말이 나오기 어렵다. 반면 마음이 안정적이고 편안하면 아름다운 말이 나오는 법이다. 남아프리카공화국의 만델라 대통령의 어록은 보석처럼 반짝인다. "난 말을 결코 가볍게 하지 않는다. 27년간의 옥살이가 내게 준 것이 있다면 그것은 고독의 침묵을 통해 말이 얼마나 귀중한 것이고 말이 얼마나 사람에게 큰 영향을 끼치는지 알게 됐다는 것이다." 만델라가 30년 가까이 감옥살이를 하면서 깨달은 말이라고 하니 그 말의 중량감은 얼마나 무거운가.

윤 대통령은 국민과의 소통을 더 활발하게 하기 위해 구중궁궐이라 원성을 받은 청와대를 국민의 품에 돌려주고 자신은 좁고 불편한 용산을 선택했다. 그것은 진심으로 국민을 중심에 두고 내린 용단이었을 것이라 믿는다. 대통령이 그런 넓고 관대한 마음으로 소통을 이어나가길 기대하는 것은 저자만이 아닐 것이다. 말은 공명(共鳴)한다. 내뱉은 말은 메아리가 되어 되돌아온다. 이 세상에 가장 하기 쉬운 것이 말이지만, 아무런 말이나 쉽게 말해도 된다는 것은 아닐 것이다. 품(品)은 입구(口)가 세 개다. 입에서 하는 말이 쌓이면 인품(人品)이 된다. 우리나라 대통령의 말이 국민들에게 본보기가 되고 인구에 회자되는 말이었으면 좋겠다.

📖 라이트, 폴. (2009). 《대통령학》. 차재훈 옮김. 한울아카데미.

이기주. (2018). 《말의 품격》. 황소북스.

백창재. (2018). 〈미국 대통령의 권력자원 리더십〉. 《국가전략》. 제24권 4호.

임재준. (2020). 《중앙일보》. 〈레이건 대통령이 보여준 VIP 환자의 품격〉. 1월 8일.

한경닷컴뉴스룸. (2013). 《한경》. 〈'살아있는 성인' 넬슨 만델라, 수많은 명언 남겨〉. 12월 6일.

농촌 출신이라고 해서
농촌에 대해 잘 아는 것은 아니다
농사도 과학이다

농촌에서 나고 자란 저자는 농촌에 대해 잘 알고 있다고 생각했다. 어쩌다 도시 출신 학생들과 농촌으로 답사를 갈 때면 농촌 생활과 관련된 이모저모에 대해 아는 척을 많이 했다. 저자가 말하면 학생들도 딴지를 걸지 못했다. 도시 출신의 학생들은 저자의 말이나 설명에 뭔가 신빙성이 떨어진 것 같아도 별다른 이의를 제기하지 않았다. 선무당이 사람 잡는 식이었다. 어깨너머로 보고 들었던 것을 나만의 방식으로 풀어 아는 체를 한 것이었다.

여름방학을 이용하여 고향에서 며칠 시간을 보냈다. 이 세상에서 가장 살기 좋은 곳은 자신이 태어나고 자란 고향과 샌프란시스코라는 말이 있다. 고향은 이해가 되는데, 샌프란시스코는 왜 등장하는지 선뜻 이해하기 어렵다. 누구나 고향 얘기가 나오면 마음이 설레고 추억과 향수에 젖게 될 것이다. 저자가 느끼는 고향의 정경은 대강 이렇다. 이른 아침에 선선한 바람을 느끼며 마당을 걷는 시간은 잠자리에 들기 전부터 설레게 한다. 소나기가 내린 후 병풍처럼 두른 앞산에서 운무가 바람에 몸을 맡기며 춤을 추며 모였다 흩어졌다를 반복하는 모습은 대자연의 경이로움을 시각적으로 경험하는 시간이다. 폭염경보가 내린 낮에 이마에서는 연신 땀이 흐르지만 산속 어디선가에서 뻐꾸기가 연신 뻐꾹뻐꾹 울어대면 작렬하는 태양도 미안한 마음이 들어서인지 서쪽으로 발걸음을 재촉하는 듯하다. 대지에 어둠이 깔리면 개천과 논밭에서 개구리의 개골 소리와 풀벌레 소리가 정겨운 합창 경연대회를 열 때, 일정한 간격으로 들려오는 축사의 소울음소리는 실로폰의 '딩동댕'으로 들린다. 하늘의 별들은 무대를 밝히는 조명이다. 고인이 되신 국민대표 MC 송해 씨가 사회를 보는 전국노래자랑이 연상된다고 하면 지나친 비유일까 싶다. 하늘과 땅과 사람이 연출하는 하모니가 스펙터클하다. 이렇게 하루를 보고 느끼며 보내다보면 저절로 한시름을 놓아버리고 몸도 마음도 힐링이 된다. 아리스토텔레스가 말했던 행복(에우다이모니아), 즉 '최상의 좋음'일 것이다.

저자는 농촌의 분위기와 정서에 흠뻑 취할 정도로 농촌에 대해 잘 알고 있다고 생각했다. 그러나 농촌에 대해 알고 있던 지식(?)들이 정확하지도 못하고 전후 맥락도 없는 허깨비였구나 하는 생각을 하게 된 계기가 생겼다.

세 가지 경우를 들어보자. 농촌 마을에서는 어둑해지면 가로등이 켜지게 되어 있다. 이상하게도 저자의 집 근처에 있는 가로등은 소등이 되어 있었다. 점등이 되지 않으니 주변은 어두컴컴하여 무섭기도 하고 불안감과 함께 궁금증이 발동했다. 다음날 가로등을 관리하는 집으로 찾아가 밤중에 가로등이 켜지지 않는 이유를 여쭈었다. 주인은 친절하게 설명했다. 밤에 가로등이 켜지면 작물들이 열매를 맺지 않고 웃자라기만 한다고 한다. 어둡지만 작물을 살리기 위한 고육지책으로 가로등을 소등한다는 답변을 들었다. 가로등 아래에는 주인이 가꾸는 텃밭에 작물들이 자라고 있다. 저자는 얼굴이 빨개졌다. 명색이 농촌을 터전으로 삼아 꽤 오래 살았는데 작물 성장과 관련된 기본 원리도 몰랐다니. 부끄러워 '아, 그런 원리가 있었네요. 잘 배웠습니다'라고 말하고 집에 돌아가 관련 자료를 찾아봤다.

가로등 아래 불빛은 밝기는 어느 정도일까? 30에서 50룩스로 가장 밝은 보름달의 밝기(0.3룩스)보다 10배나 훤하다고 한다. 밤중에 작물을 심어놓은 밭에 가로등을 비추면 그 작물은 키만 웃자란 채 결실을 맺지 못한다. 작물을 잠 못 들게 하는 가로등 불빛은 작물에게는 엄청난 스트레스다. 벼의 경우에는 하루에 12시간 이상 빛을 받게 되면 웃자라기만 할 뿐 열매를 맺지 못하고 영양 성장만 하게 된다. 연구에 따르면 정상적으로 자란 벼와 밤새 조명을 받은 벼는 이삭과 벼 알의 충실도가 확연하게 차이가 났다. 수확이 늦은 만생종인 경우 가로등의 밝기가 10룩스 이상일 때 수확량은 15% 정도 감소한다. 가로등 불빛의 피해는 가로등 높이(10m 안팎), 전등의 밝기, 전등의 종류(형광등·백열등·LED)에 따라 다르다. 농작물의 종류와 생육단계에 따라서도 반응이 다르게 나타난다. 농촌에서는 농작물의 야간조명 피해를 줄이기 위해 가로등의 각도 조절로 불빛 방향을 바꾸거나 등에 갓을 씌워 주변 농작물의 빛 쪼임을 막는다. 재배작물은 조생품종을 선택하거나 중만생종은 가로등으로부터 20m 이상 떨어진 곳에 심는 것도 피해를 줄이는 방법이다. 고추나 토마토, 가지 등 불빛에 둔감한 농작물을 심는 것이 좋다고 한다(김철수, 2013). 빛에 민감한 작물이 있는가 하면 둔감한 작물도 있었다. 땅에서 열매를 맺는 작물들은 나름의 생체시계가 작동한다. 그 질서와 원리를 존중해야 하는 것이다.

저자가 어렸을 적 본 적이 없던 새로운 풍경이 눈에 들어왔다. 야간에 축사의 가림막이 붉은색 조명으로 바뀌었다. 축사와 관련하여 이유가 분명히 있을 것으로 생각하였지만 막연하기만 했다. 며칠 후 축사를 지나는 길에 그 이유를 물었다. 축사 주인은 빛의 파장을 이용하여 모기, 벌레 등 해충을 퇴치하기 위해서라고 한다. 모든 것이 과학이었다. 과거 저자가 어렸을 적에 경험했던 농촌에 대한 지식은 낡거나 불필요한 것들이 많았다. 농촌도 과학농법으로 농사를 짓고 생산하고 유통한다.

더 부끄러웠던 것은 텃밭에 물주는 방식이었다. 저자는 땡볕이 내리쬐는 여름철 날씨에는 텃밭의 작물들에게 수시로 자주 물을 주면 좋은 줄 알았다. 한 더위에 갈증을 느낀 사람이 수시로 물을 마시듯이… 틈나는 대로 텃밭에 물호스를 대놓고 물을 주었다. 이런 경우를 과유불급이라고 하던가. 이번에도 이웃집 아저씨의 노하우를 전수받았다. 작물에게 물을 주는 것도 과학적 원리가 숨겨 있었다. 물을 많이 주면 뿌리가 땅으로 뻗어나가지 못해 땅속으로 스며드는 영양분을 흡수하지 못한다고 한다. 물을 주는 타이밍도 중요했다. 작물이 광합성을 하려면 물, 햇빛, 이산화탄소가 필요한데 활발한 광합성을 위해서는 아침 일찍 물을 주는 것이 바람직하다고 한다. 물을 주면 식물의 뿌리가 물을 흡수하기 시작하는데 식물은 자외선이 강한 오전에 활발한 광합성 작용을 하기 때문이다. 아침에 물을 주는 타이밍을 놓쳤다면 해질 무렵에 주는 것이 좋다고 한다. 다음 날 오전에 식물이 광합성을 하는 데 도움이 되기 때문이다. 시기와 상관없이 작물이 시들하면 바로 물을 주는 것은 인지상정에 해당한다. 한여름에는 낮 시간을 피해 물을 주어야 한다. 낮 시간대에 사람이 더우면 작물도 더울 것이라 생각하여 물을 주게 되면 뿌리 쪽 온도가 급격히 올라가 작물에게 문제가 될 수 있기 때문이다.

저자는 은퇴 후에 귀농, 귀촌을 하면 그 누구보다 농사도 잘 짓고 농촌생활을 성공적으로 할 수 있을 줄 알았다. 한낱 자만이었다. 때에 맞춰 땅에 씨앗을 심으면 만사형통이라고 생각하였다. 땅에 심긴 작물의 생육에도 자연의 원리와 법칙이 숨어있는 줄 잘 몰랐다. 저자는 무늬만 농촌 출신이었다. 초등학교 때 광주로 유학을 간 저자는 중학교, 고등학교까지 광주에서 학창 시절을 보냈고 주말이나 방학 중에만 고향 시골에 살지 않았던가. 부모님의 농사를 거들었지만 지금 생각해보면 저자가 주도적으로 농사 계획을 세우고 실천에 옮긴 것이 아니었다. 직영이 아닌 간접적인 도우미 역할에 머물렀다. 농사에 대해 여러 가지를 아는 것 같지만 깊이 들어가 보면 헛물만 켜는 식의 지식수준이었다. 농촌 출신이라고 해서 반드시 농사에 대해 잘 안다는 보장은 없다. 저자는 농촌에 대해 가지고 있는 정서적 동질감을 농촌에 대해 잘 알고 있는 것으로 착각을 한 것이 아닐까 싶다.

저자가 농촌 출신에 걸맞은 지식은 턱없이 부족하지만 농촌에서 나고 자란 것에 대한 남다른 자부심에는 변함이 없다. 농촌의 환경에서 자라난 것을 행운이라고 생각하고 있다. 도시인이 가질 수 없는 농촌환경에서 함양할 수 있는 감성과 자연과의 교감능력을 소유할 수 있었다고 생각하기 때문이다. 수구초심(首丘初心)이라고 하던가. 은퇴한 선배들의 얘기를 들어보면 나이가 먹을수록 고향 생각이 더 난다고 한다. 자연스러운 현상으로 이해한다. 내가 태어나고 자란 고향에 대한 향수는 진하고 소중하다. 농촌 출신이라고 농촌에 대해 아는 체하지 말자. 저자의 사이비 지식이 농촌을 일구고 지키는 수많은 농업인에게 누를 끼칠 수도 있을 것이다. 농촌에 숨어있는 자연의 섭리와 과학을 겸손하게 배우고 경청할 일이다.

📖 김철수. (2013).《YTN 과학뉴스》.〈가로등 불빛에 잠 못 드는 농작물〉. 8월 30일.

갑(甲)의 귀환

그 모양이 동그라미였으면…

7년 전 고인이 되신 아버지가 회갑을 맞이했던 1980년 10월 광주와 전남 지역의 분위기는 분노와 절망이 교차했다. 5.18 광주 민중항쟁으로 수백 명의 사람이 죽거나 행방불명이 되었다. 박정희 대통령이 김재규 중앙정보부장에 의해 시해된 후 정국은 극도로 혼란스러웠고 이 틈을 이용하여 전두환, 노태우를 주축으로 하는 신군부가 쿠데타를 일으켜 정권을 탈취하여 '체육관 대통령'(1980년 9월)이 되었고 우리 사회는 탈법과 독재와 권위주의가 판을 쳤다. 광주의 모든 학교는 5월 중순 휴교 조치가 내려진 뒤 9월에야 교문을 열었다. 다른 지역의 또래 고3 친구들이 한창 대학입시 준비에 열을 쏟을 때 광주의 학교는 굳게 닫혔다. 광주의 고3 학생들은 상대적으로 입시 준비에 필요한 시간이 부족했다. 휴교 전에는 본고사를 준비했는데 복교 후에는 본고사가 사라졌다.

  80년대만 해도 회갑은 대단한 의미가 있었다. 아버지의 회갑을 맞아 우리 형제들은 당시 사회적 분위기를 의식하면서도 일가친지와 동네 사람들을 모두 초청하여 나름 성대한 잔치를 준비했다. 가족을 위해 헌신하고 희생해 오신 아버지의 노고에 감사하고 아버지에 대한 사랑과 무병장수를 기원하고자 하는 마음을 담았다. 집성촌의 씨족사회를 이루고 사는 마을에서 한 집안의 희로애락은 으레 마을 사람들과 함께 한다. 마당에는 하늘을 가리는 천막을 치고 돼지를 잡고 홍어에 막걸리를 푸짐하게 준비했다. 잔칫날에 지역마다 준비하는 음식이 다르겠지만 저자의 고장에서는 돼지고기, 홍어, 막걸리가 빠지면 제대로 된 잔치가 아니었다. 잔치를 시작하기 며칠 전부터 항아리에 넣은 홍어를 짚과 소금을 넣고 삭힌다. 홍어에서는 암모니아가 발생하여 지린내가 나는데, 이 암모니아가 세균 번식을 막고 오래 둬도 살이 썩지 않도록 한다. 분홍빛 살점을 돼지 삼겹살과 함께 묵은 김치에 싸 먹으며 탁주를 곁들인 것이 홍탁삼합(洪濁三合)이다. 사람들은 콕 쏘는 듯한 냄새가 역겨워 코를 잡고서도 홍어를 먹는다. 그만큼 중독성이 강하다.

회갑연과 관련된 세시풍속에 따르면 연회 도중에 장성한 자식들이 어린이와 같은 옷을 입고 환갑을 맞은 부모에게 재롱을 부린다고 하지만 형과 매형은 양복을 입었고 여자 형제들은 한복을 입고 저자는 검은색 동복을 입었다. 바로 위 중형은 5.18 항쟁 가담자로 수배 중이라 참석하지 못했다. 이후로도 몇 년 동안 중형은 명절 등의 가족행사에 불참하지 않으면 안 되었다. 관할 경찰서의 담당 형사들이 수시로 집에 들러 부모님에게 "아들 왔어요?"라고 묻곤 하였다. 5.18 광주항쟁 당시 전남대학교 총학생회 간부로 활동했던 중형은 당국의 감시를 받으며 도피생활을 하다 30대가 다 되어 입대하는 등 시쳇말로 인생의 진로가 꼬였다.

지금도 기억에 선명하게 남아있는 것은 축하연의 주인공인 아버지가 대취(大醉)하여 잔치 중간에 거의 인사불성이 되었다는 것이다. 아버지는 기분 좋아서 한 잔, 축수를 기원하는 아들, 딸과 사위들이 건네주는 한 잔, 일가친지와 친구들이 건네주는 한 잔에 몸을 가눌 수가 없으셨다. 술이 센 선친도 어쩔 수 없었을 것이다. 천고마비의 10월 말 날씨는 청명하고 즐거운 시간을 보내기에 안성맞춤이었다. 기계에서 흘러나오는 음악에 맞춰 덩실덩실 춤을 추고 너나 할 것 없이 한 곡조를 뽑았다. 아버지는 회갑연 이후 36년을 더 사시다 돌아가셨으니 꽤 장수의 축복을 누렸다 할 것이다. 병원 신세도 몇 개월밖에 지지 않으셨다.

요즘 회갑 잔치를 한다는 말을 거의 듣지 못한다. 대신 가족들이 모여 단출하게 식사를 하거나 여행을 다녀왔다는 얘기를 듣곤 한다. 평균 기대수명이 80세를 훌쩍 넘는 시대이다 보니 나이 60은 명함도 못 내미는 처지일 것이다. 아무리 그래도 60은 개인 생애사적으로 매우 중요한 의미를 담고 있다. 육십 성상(星霜)이 지난 후에 자신이 태어난 해를 다시 맞이하는 것이 아니겠는가. 해맞이를 육십 번 해야 한다. 환갑(還甲)은 육십갑자이면서 갑(甲)의 귀환(歸還)이다. 그래서인지 사람에 따라서는 회갑의 의미를 '이제 한 살 먹었다'라고 너스레를 떨기도 하고 인생은 60부터라며 추켜세운다.

저자도 작년 갑(甲)이 귀환하는 해였다. 인생 마라톤 코스를 한 바퀴 돈 것이다. 마음은 아직도 코흘리개 적 마을에서 친구들과 놀던 시절에 가 있는데, 60이라는 숫자를 보고 나니 꽤 오래 살았구나 하는 생각도 든다. 조선시대 평균수명이 40대 중반이었고, 저자의 부모님 세대 평균 수명이 50대 중반이었음을 상기하면 괜한 생각은 아닐 것이다. 저자는 나 자신의 내면을 자세히 들여다볼 수 없겠지만 저자의 형제와 자녀 그리고 지인들은 저자의 갑이 어떤 모습으로 귀환했는지 더 잘 알 수 있을 것 같다는 생각을 해본다. 그들이 지금까지 저자를 지켜보고 내린 평가가 훨씬 더 객관적일 것이다. 사람이란 자신에 대해서는 점수가 후하기 때문이다.

저자의 귀환하는 갑의 모습이 동그라미 형태였으면 한다. 반듯하게 네모진 것도 아니고 뾰족한 삼각형이 아니면 좋겠다. 동그라미를 떠올리게 하는 단어는 원만(圓滿)이다. 사전적 의미는 '성격이 모난 데가 없이 부드럽고 너그럽다'이다. 70년대 국민가요가 되었던 〈얼굴〉의 첫 구절에 "동그라미 그리려다 무심코 그린 얼굴"이라는 가사가 나온다. 동그라미를 그리려다 자기 얼굴을 그렸거나 자신의 얼굴 모양이 동그랗다고 생각하여 그렸을 수도 있다. 사실 우리네 얼굴 모양도 길쭉하게 생긴 둥근 모양이다. 저자의 귀환한 갑의 모습이 동그라미이길 바라는 것은 저자의 얼굴이 동그라미가 아니고 저자의 보이지 않은 내면의 세계가 동그라미였으면 하는 바람 때문이다. 60세월이라는 조각칼이 저자의 뾰족하고 각진 모양을 깎고 다듬어 동그란 모습을 만들었으면 한다. 동그라미는 겉모양이 모나지 않아서도 좋지만 무엇보다 만월(滿月)처럼 꽉 찬 느낌이 좋다. 저자도 동그라미의 특성처럼 살고 싶다. 모나지 않으면서 뭔가 속이 꽉 찬 사람이길 바라기 때문이다.

저자는 60대 선친과 지금의 나를 비교해본다. 비교 결과에 따르면 저자는 사회 경제적 활동 측면에서도 선친에 비해 턱없이 부족하다는 자평을 한다. 저자를 선친과 비교하는 것은 한마디로 비교 불가다. 저자도 열심히 살아왔다고 자부하지만 선친에 비하면 그 양과 질에서 비교 불가다. 가족과 이웃, 그리고 지기들에 대한 마음 씀씀이를 따져보아도 비교 불가다. 선친을 잘 알고 있는 사람들로부터 교만하다는 말을 들을 수도 있지만, 억지로라도 선친보다 잘하고 있다고 자평하고 싶은 것을 하나 꼽아보면 '자기관리' 영역에 대해서는 자신 있다. 예컨대 선친은 90대에도 술로 인사불성이 되어 어머니와 자녀들의 걱정을 끼친 적이 꽤 되었지만, 저자는 40대 이후에는 적당량의 술을 마셨다. 그야말로 약주로서 마셨다. 선친은 타고난 건강체를 지녀 잔병치레 없이 건강한 생활을 했지만, 저자는 약한 체질로 태어나 이를 보강하기 위해 부단하게 운동하면서 건강을 지켜나가고 있다. 건강한 사람은 건강에 해로운 습관을 가지고 있고, 건강하지 않은 사람은 건강에 이로운 습관을 만들어가면서 개인의 평균수명이 비슷해지는 것 같다.

저자는 갑의 귀환을 계기 삼아, 다시 말해 또 다른 육십갑자의 여정을 시작하면서 다섯 가지의 약속을 한다. 계로록(戒老錄), 즉 늙음을 경계하자는 약속이다.

첫째, 건강관리를 잘하자. 건강하게 살아야 한다는 것은 백 번 강조해도 지나치지 않을 것이다. 건강을 잃으면 모든 것을 다 잃는 것이라고 하지 않던가. 몇 달 전 안면마비(구안와사)를 겪으면서 과로, 스트레스가 얼마나 내 몸에 치명적인가를 체험했다. 충격적인 경험이었다. '코로나19'로 마스크를 쓴 덕분에 안면을 가릴 수 있었다. 아니었으면 일부러 마스크를 쓰면서 생활했어야 했을 것이다. 일상에서 임계치를 넘는 행동이나 생각을 경계하자. 지나치면 하지 않는 것보다 못하다. 특히 넘어지지 않도록 조심하자. 우리나라 사람의 평균 기대수명은 80세가 넘지만 평균 17년은 병원 신세를 진다는 통계가 있다. 오래 사는 것보다 더 중요한 것은 건강하게 사는 것이다. 건강은 우리 삶의 주춧돌이다.

둘째, 행동을 조심스럽게 하자. 물건을 집을 때는 반드시 양손으로 잡자. 한쪽 손에 뭔가를 들고 다른 한 손으로 일을 본다는 것이 얼마나 위험스러운가. 한 손은 불안하다. 흘리고 떨어뜨리기 일쑤다. 털썩 앉지도 급히 일어서지도 말자. 바쁜 일도 아닌데 잘못된 습관 때문에 척추와 관절에 문제가 생길 수도 있음을 명심하자. 반복적인 행동을 할 때는 습관적이라고 말하지만, 습관은 나에게 이로움보다 해를 끼치는 적(敵)이 될 수도 있다(정철, 2022). 택배 물건을 열거나 접착제를 벗겨낼 때도 의자에 앉거나 무릎을 꿇은 안전한 자세로 하자. '이왕 죽을 목숨인데 왜 그리 서둘러 갈 필요가 없다'라는 선승의 말도 있잖은가.

셋째, 정리원융(情理圓融), 즉 감정과 이성의 조화를 추구하자. 인간의 감정을 상징하는 뜨거운 가슴도 이성을 나타내는 차가운 머리도 임계치를 넘어서까지 써보았다. 이제는 알 것 같다. 한쪽으로 치우친 마음, 생각, 관계가 얼마나 치명적인 독이 되는가를 말이다. 고려대학교 철학과 김충렬 명예교수는 정리원융의 대가다. 그가 태어난 원주에는 그의 호를 딴 중천(中天) 시립도서관이 있을 정도다. 중천은 이렇게 말한다. "정(情)을 제쳐놓고 인간문제를 논하는 것은 죽은 송장을 놓고 대화하는 것이다. 세상의 법이나 제도 심지어 예의와 법도 역시 정과 소통을 잘하기 위해 만들어 놓은 것이다." 정과 이의 조화를 꾀하면서 균형을 맞추는 것은 일생에 걸쳐 마음에 새기며 추구해야 할 가치라고 생각한다.

넷째, 소식소탐(小食小貪)을 하자. 나이가 먹을수록 위장 기능은 저하될 수밖에 없다. 입에 적게 넣고 꼭꼭 씹어 소화를 잘 시키자. 식탐은 경계하고 또 경계하자. 소화되지 않은 잉여 음식은 내 몸에 독이 된다.

일도 음식과 같은 이치다. 하고 싶은 일도 적당량으로 줄이자. 원고 청탁이 들어와도 과부하가 걸리지 않도록 조절하자. 달리기도 지나치게 목표를 설정하지 말고 적당한 거리를 달리자. 하고 싶다고 다 되지도 않지만, 괜한 욕심을 부리면 신체적, 정신적으로 탈이 생길 수 있음이다.

다섯째, 저자 자신과 다른 사람에게 좀 더 너그러워지자. 저자는 '욱'하는 성질을 참지 못해 인간관계를 불편하게 한 경우도 있었다. 욱하는 성질은 일종의 분노조절장애다. 저자 스스로 왜 욱하는가에 대해 분석해보았다. 우선적으로 꼽을 수 있는 점은 나 자신이 상대에 의해 무시당했다고 생각하기 때문이다. 상대방은 전혀 그런 의도가 아니었음에도 나 스스로 그렇게 예단을 하고 안에서 끓어오르는 감정을 참지 못한 결과다. 진짜 자존감이 무엇인지 알 나이가 되었지 않았는가. 내가 주인이 아닌 다른 무엇이 나를 지배하도록 하지 말자. 참을 인(忍) 자 셋이면 살인도 면한다고 하지 않던가. 연구에 따르면 부신에서 나온 에피네프린과 노르에피네프린은 심장박동을 늘리고, 혈압을 높이고, 혈당치를 올리는 역할을 하는 데 사람이 화를 낼 때 이 두 호르몬이 증가한다. 두 호르몬은 분비된 뒤 효소에 순식간에 분해되어 10~20초 정도면 원래 수준으로 되돌아간다고 한다. 화가 치밀어 올랐다가도 심호흡을 서너 번하다 보면 호르몬이 줄어 화가 나지 않을 수 있다(나흥식, 2022). 속담이 빈 말이 아니다.

여섯째, 정신적, 정서적으로 늙지 말자. 신체는 누구나 늙게 되어 있다. 대자연의 순리를 운운할 필요도 없다. 문제는 정신적, 정서적으로 늙어버리는 것이다. 젊은이도 정서적으로 메말라 있으면 이미 젊음을 잃어버린 것이나 마찬가지다. 하물며 신체적으로 노인인 사람이 정서까지 메말라 버리면 그야말로 완전 노인이 되고 만다. 간혹 지하철 좌석에 앉아 책을 읽고 있는 노인을 보면 다시 보게 된다. 지적 호기심을 잃어버리지 않고 정서적으로 풍성한 감성을 소유한 노인을 보면 머리가 저절로 숙여지고 존경의 마음이 생긴다. 나도 그러고 싶다. 음악도 듣고 영화도 보고 책을 놓지 않으면서 사회에서 일어나는 일에도 관심을 갖자.

연세대 김형석 명예교수(1920~)는 인생을 세 단계로 구분한다. 103세 철학자의 인생 조언이라 그런지 더 신뢰가 간다. 30세까지는 자기계발을 하는 단계이고, 65세쯤까지는 직장과 더불어 일하는 단계(대학교수의 정년 65세를 기준으로 했지만, 개인의 직장 정년을 기준으로 해도 될 성싶다), 90세까지는 지식과 경험을 살려 사회를 위해 일하는 단계라고 한다. 노인의 유형을 늙은이, 어르신, 액티브 시니어, 선배 시민(senior citizen) 4가지로 구분하기도 한다. '늙은이'는 생존을 위해 폐지를 주워 하루하루 연명하는 이미지를 연상하게 된다. 'No人', 잉여인간, 이등국민 취급을 받는다. '어르신'은 지혜롭고 존경받는 현명한 존재다. 'Know 人'의 지위에 있다. 개인적으로 부담스러운 호칭이다. '액티브 시니어'는 취미와 여가를 즐기며 왕성하게 활동하는 성공한 노인이다. 경력과 재력이 뒷받침되어야 한다. '선배 시민'은 시민권(citizenship)을 권리로 인식하고 공동체에서 이것을 함께 나누고 실천하는 노인이다(홍인철, 2022). 나이를 먹는 것과 삶의 지향점은 뗄 수 없는 깊은 관계를 맺고 있음을 알 수 있다.

갑의 귀환을 맞은 저자의 삶의 지향점은 무엇일까? 분명히 늙은이는 아니다. 어르신은 부담스럽다. 액티브 시니어와 선배 시민이 바람직하다고 생각한다. 다시 시작하는 앞으로의 여정은 그런 방향으로 살 것이다. 조부와 선친을 보면 우리 집안은 장수 DNA를 가지고 있다. 앞으로 인생 3단계에 해당하는 30년은 액티브 시니어로 선배 시민으로 건강하고 활기차게 활동하면서 나 자신과 사회를 위해 유익한 일을 하고 싶다. 갑의 귀환 기념으로 받은 동그라미 거울을 비춰보며 원만하고 의미 있는 삶이 되도록 노력할 것이다. 정리원융의 철학을 잊지 말자.

📖　소노 아야코. (2004). 《나는 이렇게 나이 들고 싶다: 계로록》. 오경순 옮김. 리수.

정　철. (2022). 《영감달력》. 블랙피쉬.

나홍식. (2022). 《조선일보》. 〈'참을 인' 세 번이면 살인도 피하는 이유, 화낼 때 나오는 호르몬 20초 뒤 사라져〉. 8월 25일.

장세정. (2020). 《중앙일보》. 〈100세 철학자 김형석 "살아보니 열매 맺는 60~90세 가장 소중"〉. 9월 28일.

홍인철. (2022). 《연합뉴스》. 〈[100세 인간] ③ "어떤 노인으로 살 것인가"… 4가지 노인의 유형〉. 8월 21일.

화양연화(花樣年華)를 꿈꾸며…
어느 시인의 해법

화양연화는 '인생에서 가장 아름답고 행복한 순간(The most beautiful moments in your life)'을 표현하는 말이다. 영화, 드라마, 심지어는 음식점의 이름으로도 자주 사용된다. 누구나 화양연화를 꿈꾼다. 아직 오지 않은 그때를 위해 열심히 준비하는 사람이 있는가 하면, 지금보다 더 행복하고 더 아름다운 인생을 기대하는 사람도 있을 것이다. 시인 정현종은 〈모든 순간이 꽃봉오리인 것을〉에서 우리 인생의 화양연화는 '언제'인가에 대해 시적인 답을 내놓는다. 바로 '모든 순간'이 가장 행복하고 아름다울 수 있다고 한다. 물론 '내 열심에 따라'라는 단서를 붙이는 것을 잊지 않는다.

> 나는 가끔 후회한다
> 그때 그 일이
> 노다지였을지도 모르는데……
> 그때 그 사람이
> 그때 그 물건이

노다지였을지도 모르는데……
더 열심히 파고들고
더 열심히 말을 걸고
더 열심히 귀 기울이고
더 열심히 사랑할 걸……

반벙어리처럼
귀머거리처럼
보내지는 않았는가
우두커니처럼……
더 열심히 그 순간을
사랑할 것을……

모든 순간이 다아
꽃봉오리인 것을,
내 열심에 따라 피어날
꽃봉오리인 것을!

영어 'present'는 '지금', '현재'라는 뜻과 함께 '선물'이라는 뜻도 담고 있다. 우리가 사는 오늘, 지금, 현재는 매일 찾아오는 최고의 선물이다. 오늘이 없는 내일은 없다. 인생의 가장 젊은 날은 바로 '오늘'이다. '오늘' '현재' '지금'이 중요하다는 것을 모르는 사람이 누가 있겠는가 싶다. 유한한 생명체인 인간이 오늘보다 내일, 과거보다 미래의 보다 나은 삶을 위해 과거에 집착도 해보고 미래에 희망을 걸어보는 것이 아니겠는

가. 지극히 인간적인 생각이고 행동이다. 달라이 라마, 틱낫한과 함께 세계적인 영적 지도자로 손꼽히는 에크하르트 톨레(1948~)는 "과거는 우리에게 우리의 정체성을 선물하고, 미래는 어떤 식으로든 구원과 성취를 약속하지만 모두 환상이다"라고 단호하게 말한다. 그러면서 '지금'이 중요한 이유를 설명한다. '지금'이 아닌 삶이라는 건 존재한 적도 없으며, 앞으로도 결코 존재할 수 없을 것이다. '영원한 현재'는 우리의 전체 삶이 펼쳐지는 무대이며, 언제나 우리와 함께 남아 있다. 과거의 기억과 미래의 기대감이 우리의 마음속에 꿰차고 들어앉게 되면 현재 순간을 존중하고 인정하지 않으며, 현재 순간이 존재할 수 있도록 허락하지도 않는다(톨레, 2008: 79-80 재인용). 울림을 주는 말이다. 우리는 점점 희미해지는 과거의 기억과 손에 잡힐 듯 말 듯한 미래의 기대감으로 살 수는 없는 일이다. 시인의 해법처럼 꽃봉오리를 피우기 위해서는 바로 '지금'에 집중해야 한다.

미래의 화양연화를 꿈꾼다면 현재에 충실하면 된다. 순간순간이 쌓여 하루, 일주일, 한 달, 일 년, 십 년이 된다. 티끌모아 태산이다. 그 순간이 다 꽃봉오리라고 한다. 꽃만 해도 어느 날 갑자기 피는 꽃은 없다. 사람이 보기에는 꽃이 저절로 피는 것 같지만 세상에 그들의 얼굴을 드러내는 날까지 매 순간순간 최선을 다했을 것이다.

류시화의 시 〈달에 관한 명상〉 역시 화양연화를 위해 매 순간 최선을 다하는 사람에게 큰 힘을 준다. "완전해야만 빛나는 것은/ 아니다/ 너는 너의 안에 언제나 빛날 수 있는/ 너를 가지고 있다/ 겉으로 보이는 너보다/ 더 큰 너를/ 달을 보라/ 완전하지 않을 때에도/ 매 순간 빛나는 달을." 인간에게 '완전'이란 단어만큼 추상적이고 모호한 의미가 있을까 싶다. 지극히 주관적이고 상대적인 개념이다. 누군가에게는 바로 '지금'이 화양연화일지 모르지만 '완전'이란 추상적인 기준에 맞추다 보니 느끼지 못하는 것은 아닐까. 완전해야만 빛나는 것은 아니다. 완전하지 않아도 빛이 날 수 있다. 둥글지 않지만 매 순간 빛나는 달을 보면 알 것이다. 인간은 달의 크기와 모양에 따라 초승달, 상현달, 보름달, 하현달, 그믐달로 이름을 붙여 부르지만, 이것은 어디까지나 인간의 기준일 뿐 달이 인간에게 주는 메시지는 '너도 나처럼 빛날 수 있어'라는 것이 아닐까.

화양연화를 생각하면 떠올리는 정원수가 있다. 시골 정원에 은목서(銀木犀) 한 그루가 펼친 우산 모양을 하며 자리하고 있다. 목서의 속명 '오스만투스(Osmanthus)'는 그리스어로 '향기'를 뜻하는 '오스메(osme)'와 '꽃'을 뜻하는 '안토스(anthos)'의 합성어다. '향기를 가진 꽃'이다. 꽃마다 향기가 있는데 얼마나 그 향기가 대단했으면 '향기를 가진 꽃'이라고 이름 붙였을까 싶다. 저자는 유달리 목서가족을 좋아한다. 저자의 성장 과정을 쏙 빼닮은 것 같기 때문이다. 목서는 대부분의 화초와 나무들이 한 해를 마무리하고 월동에 들어가는 늦가을에 꽃을 피운다. 주변에는 목서 외에 꽃을 피우는 나무가 거의 없다. 향기도 빼어나지만 이목을 집중시키는 개화 전략도 단연 으뜸이다. 꽃들이 만개하는 봄부터 여름까지는 사람들의 관심 밖에 있는 나무다. 늦깎이 만성형(晚成型, late bloomer)이지만 그 향기가 만리까지 간다고 하여 '만리향'이라는 애칭까지 얻었다. 인간이 꽃향기에 부여할 수 있는 최고의 찬사다. 명품 향수 샤넬의 주원료도 목서 꽃이라고 한다. 추사 김정희(1786~1856)도 완당전집(阮堂全集)에 "넓고 아득한 대지에/ 비릿한 냄새가 코를 스치네/ 바로 앞의 묘한 향기는/ 누구라서 그 신비를 발견하리/ 목서 향기는 숨길 수가 없네……"라는 시를 실었다(박상진, 2018: 234 재인용).

코끝을 스치는 강한 향기를 내뿜는 목서가 꽃을 피우기까지 저자가 그를 위해 한 일이라곤 특별한 게 없다. 가끔 물을 주었던 기억밖에 없다. 목서는 만인의 이목을 끄는 꽃봉오리를 터트리기 위해 얼마나 노력했을까. 엄동설한을 이겨내고 장마와 가뭄을 물리치고 모진 비바람과 태풍도 견뎌냈다. 목서야말로 화양연화의 자격이 충분하며 만리향의 찬사를 받을 만하다. 김현승(1913~1975)의 〈가을의 기도〉에는 "(…) 가을에는/ 사랑하게 하소서……/ 오직 한 사람을 택하게 하소서./ 가장 아름다운 열매를 위하여/ 이 비옥한 시간을 가꾸게 하소서. (…)"라는 시구절이 있다. 조물주가 가을에 가꾼 가장 아름다운 열매는 목서 꽃이 아닐까 싶다. 복숭아와 살구 향을 섞은 듯한 목서 꽃과 향기가 없다면 이 가을은 얼마나 황량할까.

세상에 저절로 되는 것은 없다. 저절로 되는 것처럼 보일 뿐이다. 나의 꽃봉오리를 피우기 위해 '오늘'이란 선물을 소중하게 다루자. 오늘의 순간순간을 소중하게 잘 사용하면 후회 없는 내일이 되고, 그 내일이 켜켜이 모이면 화양연화의 꽃봉오리가 된다.

📖 박상진. (2018). 《우리나무의 세계 2》. 김영사.

류시화. (2022). 《꽃샘바람에 흔들린다면 너는 꽃》. 수오서재.

정현종. (2021). 《섬》. 문학판.

톨레, 에크하르트. (2008). 《지금 이 순간을 살아라》. 노혜숙 · 유영일 옮김. 양문.

〈가을꽃 향기의 으뜸 '은목서'〉. 천리포수목원.

참고자료

책

가드너, 하워드. (2007). 《다중지능》. 문용린 옮김. 웅진지식하우스.

강원국. (2016). 《대통령의 글쓰기》. 메디치.

고규홍. (2014). 《나무가 말하였네》. 마음산책.

글래드웰, 말콤. (2015). 《다윗과 골리앗》. 선대인 옮김. 21세기 북스.

김경민. (2017). 《건축왕, 경성을 만들다》. 이마.

김 구. (1995). 《백범일지》. 범우사.

김만선. (2008). 《유배》. 갤리온.

김문자. (2011). 《명성황후 시해와 일본인》. 태학사.

김재홍·송연. (2005). 《옛길을 가다》. 한얼미디어.

김학주. (2014). 《묵자》. 명문당.

김 훈. (2011). 《흑산》. 학고재.

＿＿＿. (2022). 《하얼빈》. 문학동네.

김흥식. (2007). 《세계의 모든 지식》. 서해문집.

노델, 제시카. (2022). 《편향의 종말》. 김병화 옮김. 웅진지식하우스.

다이아몬드, 재레드. (2013). 《총, 균, 쇠》. 김진준 옮김. 문학사상사.

＿＿＿. (2019). 《대변동》. 강주헌 옮김. 김영사.

다이어, 리처드. (2020). 《화이트: 백인 재현의 정치학》. 박소정 옮김.

달, 로버트. (2004). 《미국 헌법과 민주주의》. 박상훈·박수형 옮김. 후마니티스.

도로로키. (2002). 《삼남대로 답사기》. 성지문화사.

라이트, 폴. (2009). 《대통령학》. 차재훈 옮김. 한울아카데미.

로즈. 토드. (2018). 《평균의 종말》. 21세기북스.

록스트룀, 요한·가프니, 오웬. (2022). 《브레이킹 바운더리스》. 전병옥 옮김.

사이언스북스.

류시화. (2006). 《지금 알고 있는 걸 그때도 알았더라면》. 열림원.

_____. (2020). 《마음 챙김의 시》. 수오서재.

_____. (2022). 《꽃샘바람에 흔들린다면 너는 꽃》. 수오서재.

리프킨, 제러미. (2022). 《회복력 시대》. 안진환 옮김. 민음사.

마샬, 팀. (2016). 《지리의 힘》. 김미선 옮김. 사이.

메이에, 장. (1998). 《흑인노예와 노예상인》. 지현 옮김. 시공사.

모로아, 앙드레. (1994). 《미국사》. 신용석 옮김. 기린원.

무라카미 하루키. (2017). 《달리기를 말할 때 내가 하고 싶은 이야기》. 임홍빈 옮김. 문학사상.

무스이 류이치로. (2022). 《세계사를 바꾼 커피 이야기》. 김수경 옮김. 사람과 나무사이.

밀먼, 올리버. (2022). 《인섹타겟돈》. 황선영 옮김. 블랙피쉬.

박상진. (2018). 《우리나무의 세계 2》. 김영사.

박석무. (2019). 《다산 정약용 평전》. 민음사.

브라운, 디. (2003). 《나를 운디드니에 묻어주오》. 최준석 옮김. 나무 심는 사람.

브링클리, 앨런. (2005). 《있는 그대로의 미국사》. 황혜성 외 옮김. 휴머니스트.

빅 히스토리 연구소. (2018). 《빅 스토리》. 윤신영·이영혜·우아영·최지원 옮김. 사이언스 북스.

샤, 비카스. (2022). 《생각을 바꾸는 생각들》. 임경은 옮김. 인플루엔셜.

서정갑. (2001). 《부조화의 정치: 미국의 경험》. 법문사.

소노 아야코. (2004). 《나는 이렇게 나이 들고 싶다: 계로록》. 오경순 옮김. 리수.

알렌, 테드·고든, 시드니. (1993). 《닥터 노먼 베쑨》. 천희상 옮김. 실천문학사.

앤더슨, 베네딕트. (2018). 《상상된 공동체》. 서지원 옮김. 길.

엘리엇, 로렌스. (2004). 《땅콩박사》. 곽안전 옮김. 대학기독교서회.

염철현. (2021). 《학습예찬》. 박영story.

_____. (2021). 《현대인의 인문학》. 고려대학교 출판문화원.

_____. (2022). 《인문의 눈으로 세상을 보다》. 박영story.

오마라. (2022). 《걷기의 세계》. 구희성 옮김. 미래의 창.

오민석. (2015). 《송해 평전: 나는 딴따라다》. 스튜디오본프리.

오오이시 스스무·고사명·이형낭·이규수. (2010). 《후세 다츠지》. 임희경 옮김. 지식여행.

유시민. (2015). 《유시민의 글쓰기 특강》. 생각의 길.

윤동환. (2005). 《다산 정약용》. (사)다산기념사업회.

이기주. (2016). 《언어의 온도》. 말글터.

_____. (2018). 《말의 품격》. 황소북스.

이덕일. (2015). 《정약용과 그의 형제들 1》. 다산북스.

_____. (2017). 《이회영과 젊은 그들》. 역사의 아침.

이어령. (1994). 《축소지향의 일본인 그 이후》. 기린원.

이종각. (2009). 《자객 고영근의 명성황후 복수기》. 동아일보사.

이종찬. (2016). 《열대의 서구, 朝鮮의 열대》. 서강대학교출판부.

_____. (2020). 《훔볼트 세계사》. 지식과 감성.

이주영. (2005). 《미국사》. 대한교과서.

이창민. (2022). 《지금 다시, 일본 정독》. 더숲.

이태원. (2004). 《현산어보를 찾아서》. 청어람미디어.

이한우. (2021). 《태종처럼 승부하라》. 푸른 역사.

임재춘. (2002). 《한국의 이공계는 글쓰기가 두렵다》. 마이너.

장석주. (2015). 《대추 한 알》. 이야기꽃.

장호순. (2005). 《미국 헌법과 인권의 역사》. 개마고원.

정 민. (2011). 《삶을 바꾼 만남》. 문학동네.

_____. (2011). 《서학, 조선을 관통하다》. 김영사.

정약용. (1986). 《여유당전서 시문집 제21권》. 성백효 옮김. 한국고전번역원.

_____. (1994). 《다산시문집 4, 5권》. 양홍렬 옮김. 한국고전번역원.

정 철. (2022). 《영감달력》. 블랙피쉬.

정현종. (2021). 《섬》. 문학판.

주요한. (2015). 《안도산전서》. 흥산단출판부.

중국 베쑨 정신연구회. (2017). 《노먼 베쑨》. 허유영 옮김. 그림씨.

최보식. (2010). 《매혹》. Human & Books.

최서면. (1994). 《새로 쓴 안중근 의사》. 집문당.

최준식. (2018). 《동 북촌 이야기》. 주류성.

칙센트미하이, 미하이·듀란소, 크리스틴·래터, 필립. (2019). 《달리기, 몰입의 즐거움》. 제효영 옮김. 샘터.

카슨, 클레이븐. (2002). 《나에게는 꿈이 있습니다》. 이순희 옮김. 바다.

케스터, L. 레너드·정, 사이먼. (2012). 《미국을 발칵 뒤집은 판결》. 조현미옮김. 현암사.

콸스, 벤자민. (2002). 《미국 흑인사》. 조성훈·이미숙 옮김. 백산서당.

코비, 스티븐. (2007). 《성공하는 사람들의 7가지 습관》. 김경섭 옮김. 김영사.

쿠크, 알리스테어. (1997). 《도큐멘터리 미국사》. 윤종혁 옮김. 한마음사.

크로스비, 페이. (2009). 《끝나지 않은 논쟁, 차별철폐정책》. 염철현 옮김. 한울.

톨레, 에크하르트. (2008). 《지금 이 순간을 살아라》. 노혜숙·유영일 옮김. 양문.

테일러, 마크. (2022). 《침묵을 보다》. 임상훈 옮김. 예문아카이브.

펄린, 존. (2006). 《숲의 서사시》. 송명규 옮김. 따님.

피셔, 루이스·심멜, 데이비드·켈리, 신시아. (2001). 《교사와 법》. 염철현 옮김. 원미사.

허경진. (2016). 《조선의 중인들》. 알에이치코리아.

허승철. (2008). 《나의 사랑 우크라이나》. 도서출판 뿌쉬낀하우스.

_____. (2018). 《우크라이나 현대사》. 고려대학교출판부.

헤밍웨이, 어네스트. (2009). 《헤밍웨이의 글쓰기》. 이혜경 옮김. 스마트비즈니스.

헤일리, 알렉스. (1998). 《뿌리》. 안정효 옮김. 문학사상사.

Alexander, K & Alexander, David M. (1992). American Public School Law (3rd ed.). St. Paul, MN: West Publishing Co.

논문

강석정. (2017). 〈법관은 두 개의 양심을 가져야 하는가? − 헌법 제103조 법관의 '양심'에 관하여〉. 《사법》. 통권 제41호 제1권.

김재선. (2021). 〈最近(2020) 미국 行政判例의 動向과 分析〉. 《행정판례연구》. 제26권 제1호.

김종욱. (2018). 〈고종의 거의밀지(擧義密旨)와 국민전쟁〉. 운강 이강년 의병대장 순국 100주년 기념 학술대회.

김진한. (2014). 미국 연방대법원의 사법심사 제도와 그 운영. 고려대학교 대학원 박사학위논문.

백창재. (2018). 〈미국 대통령의 권력자원 리더십〉. 《국가전략》. 제24권 4호.

오동석. (2022). 〈지구법학 관점에서 본 교육 전환의 과제〉. 《2022년 제1회 경기교육포럼》.

오창룡. (2022). 〈프랑스−독일 화해협력의 제도화: 엘리제 조약에서 아헨 조약으로〉. 《EU 연구》. 61권.

우준모. (2009). 〈러시아의 지정학적 경계설정과 영토의식〉. 《신진연구자지원사업(인문사회)》.

윤현명. (2019). 〈근대 일본의 시베리아 출병에 대한 일고찰〉. 《한국학연구》. 53

이규수. (2002). 〈일제하 토지회수운동의 전개과정〉. 《한국독립운동사연구》. 19.

_____. (2003). 〈후세 다츠지의 한국인식〉. 《한국근현대사연구》. 25.

이선정·임종수·강진택. (2019). 〈주요 산림수종의 표준 탄소흡수량〉. 《산림정책이슈》. 129.

이인재. (2014). 〈인간 대상 연구에서의 윤리〉. 《대한피부미용학회지》. 제12권 제2호.

이제우. (2016). 〈미국 연방대법원 판결의 유형과 사회적 영향에 대한 연구〉. 대법원 사법정책연구원.

주경철. (2007). 〈숙적에서 동반자로: 독일과 프랑스의 역사적 화해〉. 한국연구재단.

차정미. (2019). 〈북중관계의 지정학〉. 《동서연구》. 31(2).

최운도. (2020). 〈후세 타츠지의 이념적 재평가: 공산주의자인가 민주주의자인가〉. 《민족연구》. 75.

한국생명윤리학회. (2000). 〈벨몬트 보고서〉. 《생명윤리》. 제1권 제1호.

황인규. (2014). 〈세계의 공동 역사교과서와 공동 역사서의 편찬과 간행 – 현황과 실태, 그 의의를 중심으로-〉. 《역사와 교육》. 19집.

신문 및 잡지

《바티칸 뉴스》. (2022). 〈교황, 러 정교회 수장 키릴 총대주교 통화 "교회는 정치 언어 아닌 예수님 언어 사용해야"〉. 3월 16일.

강대호. (2020). 《오피니언 뉴스》. 〈몸의 질병은 물론 사회의 질병과도 싸운 의사 '노먼 베순'〉. 2년 8일.

강의정. (2018). 《중앙일보》. 〈'섞인 피'는 옳지 않다는 순혈주의의 그늘〉. 12월 10일.

강종훈. (2022). 《연합뉴스》. 〈러 정교회, 교황에 "키릴 총대주교 관련 발언, 대화에 무익" 반발〉. 5월 4일.

강혜란. (2022). 《중앙일보》. 〈전국노래자랑으로 국민MC… 그걸 시작한 것 61세였다〉. 6월 9일.

강혜진. (2022). 《크리스천투데이》. 〈'푸틴 지지' 키릴 총대주교 때문에… 세계정교회 분열 조짐〉. 3월 16일.

고은경. (2020). 《한국일보》. 〈전 세계는 지금 멸종위기 '꿀벌' 구하기 나섰다〉. 7월 19일.

고재원. (2021). 《동아사이언스》. 〈호주 산불, 기후변화가 원인이었다〉. 4월 5일.

구자룡. (2018). 《동아일보》. 〈우크라이나를 보면 한반도가 보인다〉. 5월 21일.

국사편찬위원회 보도자료. (2019). 〈프랑스에서 전해온 어느 독립운동가 이야기〉. 8월 19일.

권 호. (2022). 《중앙일보》. 〈나토 품에 안기는 중립국… 바이든 "유럽 주둔 미군 늘릴 것"〉. 6월 30일.

권기창. (2022). 《중앙일보》. 〈정치인들은 우크라이나 전쟁의 세계사적 중요성 인색해야〉. 4월 18일.

김경태. (2021). 《농수축산신문》. 〈세계 꿀벌의 날을 맞이하여〉. 5월 18일.

김경희. (2022). 《중앙일보》. 〈"개처럼 죽었다" 경찰 총 60발 맞고 즉사한 흑인… 美 뒤집혔다〉. 7월 4일.

김나영. (2022). 《조선일보》. 〈"우크라 가서 전사하면 모든 죄가 씻길 것"〉. 9월 29일.

김동현. (2022). 《조선일보》. 〈"위협당할 때 물러서면 국민만 희생… 역사의 비극에서 배워라"〉. 7월 14일.

김리안. (2022). 《한국경제》. 〈불안한 덴마크, 29년 만에 EU안보 '동참'〉. 6월 22일.

김미향. (2022). 《한겨레》. 〈"요렇게 바싹 마른 꼴 처음" 22년 내 최대 산불, 기후 역습의 시작〉. 3월 12일.

김민제. (2022). 《한겨레》. 〈꿀벌 60억 마리가 갑자기 사라졌다. 왜〉. 3월 15일.

_____. (2022). 《한겨레》. 〈최근 '10년 평균 2.5배' 산불… 기후변화와의 연관성은?〉. 3월 3일.

김범수. (2022). 《한국일보》. 〈우크라이나의 핀란드화 해법〉. 2월 9일.

김삼웅. (2019). 《오마이뉴스》. 〈일왕 폭살 미수 박열의 도쿄재판〉. 2월 13일.

김석일. (2017). 《매일경제》. 〈[이야기 책세상] 헤밍웨이가 강조한 '글쓰기 원칙' 세 가지〉. 8월 30일.

김수혜. (2015). 《조선일보》. 〈"아베, 한국뿐 아니라 日 국민에도 기만해서 미안하다고 사죄해야〉. 4월 8일.

김승범. (2022). 《조선일보》. 〈美·EU 탄소국경세에 대비책 있나〉. 9월 13일.

김영권. (2022). 《파이낸셜 뉴스》. 〈EU, 탄소국경세 항목 확대 등 강화 전망 … 기업 부담 가중 우려〉. 4월 3일.

김웅수. (2013). 《의사신문》. 〈여러 수술기구를 만든 창의적인 의사-노먼 베순〉. 5월 6일.

김정형. (2009). 《주간조선》. 〈일본의 쉰들러, 후세 다쓰지를 아십니까〉. 12월 1일.

김지은. (2015). 《한겨레》. 〈캐나다 기숙학교의 비극… "따귀 맞고 머리카락 뜯기고 밤이면 성추행"〉. 6월 3일.

김진욱. (2021). 《한국일보》. 〈美 서부 기록적 폭우, 대형 산불까지 껐다… 의외의 순기능?〉. 10월 26일.

김철수. (2013). 《YTN》. 〈가로등 불빛에 잠 못 드는 농작물〉. 8월 30일.

김한솔. (2021). 《경향신문》. 〈'명백히 인간에 의한' 전례 없는 기후변화… 곧 1.5도 상승 가능성↑〉. 8월 9일.

_____. (2022). 《경향신문》. 〈그 많던 꿀벌은 어디로 갔을까… 2022년 꿀벌 실종 사건의 전말〉. 3월 31일.

김형자. (2022). 《조선일보》. 〈꿀벌 사라지면 수박, 호박, 아몬드 못 먹을 수도 있어요〉. 3월 29일.

김효정. (2022). 《연합뉴스》. 〈중국, 한·중·일 고대유물 전시 한국사 연표서 고구려·발해 빼〈. 9월 13일.

김희원·김재천. (2022). 《한국일보》. 〈어떻게 종전되든 러는 우크라이나 완전히 잃었다〉. 4월 1일.

남정호. (2022). 《중앙일보》. 〈미국, 대만 위기 시 주한미군 일방적 차출 가능〉. 10월 6일.

나흥식. (2022). 《조선일보》. 〈'참을 인' 세 번이면 살인도 피하는 이유, 화낼 때 나오는 호르몬 20초 뒤 사라져〉. 8월 25일.

노시창. (2019). 《VOA》. 〈농업경제학자, 조지 워싱턴 카버〉. 3월 8일.

문영일. (2022). 《중앙일보》. 〈서울의 빗물 배수 시간당 100mm 이상 돼야〉. 8월 16일.

민태기. (2022). 《조선일보》. 〈200년 전 과학자가 보여주는 위기 대처법〉. 9월 30일.

박돈규. (2022). 《조선일보》. 〈뒤늦게 열어본 '아버지'라는 블랙박스〉. 5월 7일.

박상현. (2022). 《조선일보》. 〈"한반도 남부 이미 아열대 기후… 하루 381㎜ 강우, 스콜도 기승"〉. 8월 15일.

박석무. (2014). 《월간중앙》. 〈정약전·약용 형제 혈루(血淚)의 정〉. 3월 17일.

박영진. (2015). 《조선일보》. 〈스페인 내전, 중일전쟁 등 전장 누비며 수많은 생명 구하다〉. 8월 20일.

박정호. (2021). 《중앙일보》. 〈이석영 · 회영 6형제가 남긴 뜻〉. 4월 1일.

박종인. (2022). 《조선일보》. 〈거기, 北村 골목길에 남은 거인의 발자국〉. 9월 7일.

박진배. (2022). 《조선일보》. 〈미국 인디언 유적지〉. 4월 28일.

박철환. (2013). 《나주신문》. 〈율정점이 어디라고?〉. 7월 1일.

박초롱. (2017). 《연합뉴스》. 〈서울 명문家 이회영 6형제 발자취로 돌아보는 독립운동〉. 8월 2일.

박현영. (2022). 《한국일보》. 〈미국 석학 "미국이 우크라이나 전쟁 원인 제공" 주장하는 이유〉. 5월 2일.

배영대. (2017). 《중앙선데이》. 〈황후 시해, 낭인 아닌 일본 육군 소위가 자행한 '전쟁범죄'〉. 8월 20일.

복거일. (2019). 《한국경제》. 〈가나야마 마사히데를 추모하며〉. 2월 11일.

손석우. (2022). 《조선일보》. 〈기후변화 영향으로 빈번해진 대규모 산불… 산림 보존, 복원 적극 나서야〉. 4월 6일.

손성진. (2021). 《서울신문》. 〈조선의 비통한 소리 들어라… 독립운동가 변호한 '일본의 쉰들러'〉. 7월 12일.

손현수. (2017). 《법률신문》. 〈재조명 받는 일제 강점기 '후세 다쓰지' 일본 변호사〉. 7월 12일.

송기진. (2004). 《대한민국 정책브리핑》. 〈일본인 변호사 후세씨에 건국훈장〉. 10월 13일.

신동열. (2022). 《한국경제》. 〈[신동열의 고사성어 읽기] 敎學相長(교학상장)〉. 2월 14일.

심규선. (2020). 《신동아》. 〈한 · 일 관계 막후 60년 – 최서면에게 듣다〉. 6월 2일.

심재우. (2018). 《중앙일보》. 〈내 뿌리 찾기 DNA 테스트해보니… 0.1% 아메리칸 인디언"〉. 3월 19일.

안수찬. (2013). 《한겨레》. 〈낮은 곳에 임하는 교황 프란치스코, 무슬림 · 여성 등에 사상 첫 '세족식'〉. 3월 29일.

오늘의 톡픽. (2022). 《중앙일보》. 〈"유엔(UN)은 새로운 현실에 더는 적합하지 않다"〉. 10월 18일.

오동룡·이근미. (2004). 《월간조선》. 2월호.

위문희. (2022). 《중앙일보》. 〈[분수대] 열대야〉. 7월 7일.

유권하. (2006). 《중앙일보》. 〈독일·프랑스 공동 역사교과서 분석〉. 7월 9일.

유홍림. (2021). 《중앙일보》. 〈타성에 젖은 한국 대학 일깨우는 미네르바 대학〉. 10월 25일.

윤석만. (2021). 《중앙일보》. 〈학교는 19세기, 학생은 21세기… AI 맞춤형 학습하자〉. 11월 3일.

윤영관. (2022). 《중앙선데이》. 〈우크라이나전, 가치외교 그리고 인도〉. 4월 9일~10일.

이규수. (2010). 《월간조선》. 〈후세 다쓰지(布施辰治), 조선을 위해 평생을 바친 '일본의 쉰들러'〉. 9월호.

이민우. (2017). 《시사저널》. 〈역사에서 잊힌 일본의 만행 관동대지진 조선인 학살〉. 8월 28일.

이상용. (2022). 《조선일보》. 〈국가 대표 MC 송해 형님… 오늘 國寶를 잃은 기분입니다〉. 6월 9일.

이용욱. (2022). 《경향신문》. 〈핀란드화(化)〉. 2월 9일.

이윤주. (2021). 《한국일보》. 〈"한국의 탄소배출량, 고작 3년치 남았다" IPCC 보고서의 경고〉. 8월 10일.

_____. (2022). 《한국일보》. 〈호사카 유지 "尹 정부서 일본과 관계 개선? 쉽지 않을 것"… 왜〉. 3월 31일.

이주홍. (2018). 《경향신문》. 〈이회영 선생 6형제의 삶, 그 거룩한 유산〉. 8월 12일.

이철민. (2022). 《조선일보》. 〈교황, 러시아 정교회 총대주교에게 "푸틴의 행동을 따르지 말라" 경고〉. 5월 6일.

이희용. (2019). 《연합뉴스》. 〈기억해야 할 외국인 독립유공자 70명〉. 8월 14일.

임병선. (2021). 《뉴스펭귄》. 〈미국과 중국이 내뿜은 이산화탄소, 누적 배출량 중 31.7%〉. 10월 6일.

임재준. (2020). 《중앙일보》. 〈레이건 대통령이 보여준 VIP 환자의 품격〉. 1

월 8일.

임종업. (2011). 《한겨레》. 〈을미사변의 진짜 이유〉. 6월 5일.

장복동. (2013). 《광주드림》. 〈'폐족'의 고난 속 학문을 꽃 피우다〉. 2월 12일.

장상인. (2019). 《월간조선》. 〈박열의 후원자 후세 다쓰지 변호사〉. 11월 5일.

장세정. (2015). 《중앙선데이》. 〈가나야마 부른 박정희 "한국 대사 역할 한 번 해주시오"〉. 8월 9일.

_____. (2020). 《중앙일보》. 〈100세 철학자 김형석 "살아보니 열매 맺는 60~90세 가장 소중"〉. 9월 28일.

장유정. (2022). 《조선일보》. 〈영원한 '딴따라'〉. 6월 16일.

장현구. (2017). 《연합뉴스》. 〈차별당한 미국 흑인을 위한 생존 여행 안내책 '그린북'〉. 3월 2일.

전수진. (2022). 《중앙선데이》. 〈"우크라 전쟁 수년간 이어져, 미국·중국이 승자될 것"〉. 10월 8일-9일.

정경민. (2011). 《중앙일보》. 〈'크레이지 호스' 전설의 부활〉. 9월 7일.

정광용. (2010). 《부산일보》. 〈국내 첫 전신선 개통〉. 9월 27일.

정시행. (2022). 《조선일보》. 〈교황 '속죄의 순례'… 캐나다 찾아 100년 전 아동 집단학살 사과〉. 7월 25일.

_____. (2022). 《조선일보》. 〈마크롱, 주먹 내려치며 "침묵하는 나라도 러 공모자"〉. 9월 22일.

_____. (2022). 《조선일보》. 〈'사과의 정석' 보여준 교황… 캐나다 원주민들 '사랑이 모든걸 이긴다' 환영〉. 7월 26일.

정아람. (2019). 《중앙일보》. 〈광복절에 건국훈장 애족장 받은 홍재하 선생은 누구?〉. 8월 15일.

정의길. (2021). 《한겨레》. 〈그리스 50도 폭염 속 곳곳 산불… "지구 종말 같은 광경"〉. 8월 8일.

_____. (2022). 《한겨레》. 〈"파키스탄 3분의 1, 물에 잠길 것"… 홍수 사태 '기후 재앙' 규정〉. 8월 29일.

정준기. (2019). 《한국일보》. 〈하토야마 전 일본 총리 "과거사 무한책임 있다"〉. 6월 12일.

정준영. (2005). 《신동아》. 〈항일투쟁 조선인 구원에 평생 바친 일본판 쉰들러' 후세(布施辰治) 변호사〉. 5월 6일.

정지섭. (2016). 《조선일보》. 〈獨·폴란드, 공동 역사 교과서 나왔다〉. 6월 23일.

정혜정. (2022). 《중앙일보》. 〈美대법원 신뢰도 1년 만에 60% → 38% 급락 … 낙태권 폐지 탓〉. 7월 21일.

정효진. (2022). 《조선일보》. 〈3세기 기독교 확산하며 커져… 한때 황제도 무릎 꿇었죠〉. 7월 13일.

_____. (2022). 《조선일보》. 〈미지의 땅 찾아 망망대해로… 200년간 이어진 바닷길 개척〉. 6월 22일.

정훈·여영준·조해인. (2021). 〈탄소국경조정 대응 산업지원 정책과제와 정책효과 예측 연구〉. 《국회미래연구원 연구보고서》.

조성호. (2022). 《조선일보》. 〈독일의 '식민주의 반성'… 나이지리아에 '왕의 머리' 등 문화재 1000점 반환〉. 7월 4일.

조승한. (2022). 《동아사이언스》. 〈세계 곳곳서 보고되는 꿀벌 집단 실종 사건 … 식량위기 생태계 붕괴 신호탄되나〉. 3월 18일.

조은아. (2022). 《동아일보》. 〈佛서 독립자금 대던 홍재하 지사 유해, 고국 품으로〉. 10월 17일.

주정완. (2013). 《중앙일보》. 〈애국지사 변론, 간토 학살 폭로… 일제가 두려워한 일본의 양심〉. 9월 14일.

채인택. (2022). 《중앙일보》. 〈독일·프랑스 전쟁 앙금 씻은 학생 교류, 한·일에도 통할까〉. 3월 16일.

채태병. (2022). 《머니투데이》. 〈"앉으려면 저 뒤에" 공무원들에 호통… 송해가 강조한 '공평' 가치〉. 6월 14일.

최보윤. (2022). 《조선일보》. 〈34년간 국민과 웃고 울어… 이젠 '천국~ 노래자랑' MC로〉. 6월 9일.

최우리. (2019). 《한겨레》. 〈헌재 "2015년 위안부 합의는 정치적 합의" 헌소 각하〉. 12월 27일.

최우리·이근영·김민제. (2022). 《한겨레》. 〈지구 '1.5도 상승' 지키려면… 2030년 탄소배출 43% 감축해야〉. 4월 4일.

최윤필. (2015). 《한국일보》. 〈운디드니 학살, 인디언 소탕해 서부개척 美의 '상처난 무릎'〉. 12월 29일.

_____. (2017). 《한국일보》. 〈조지 워싱턴 카버〉. 1월 5일.

최준호. (2019). 《중앙일보》. 〈침 뱉어 찾은 뿌리⋯ 경주 최씨 기자, 한·중·일 혼혈이었다〉. 11월 21일.

최현준. (2021). 《한겨레》. 〈할런드, 미 내무장관 인준⋯ 첫 원주민 장관 탄생〉. 3월 16일.

클라크, 조세린. (2022). 《중앙일보》. 〈물을 다스리는 지도자〉. 8월 18일.

편광현. (2022). 《중앙일보》. 〈산은 '마른 장작'이었다. 여의도 49개 태운 역대급 산불 원인〉. 3월 6일.

한경닷컴뉴스룸. (2013). 《한경》. 〈'살아있는 성인' 넬슨 만델라, 수많은 명언 남겨〉. 12월 6일.

한삼희. (2022). 《조선일보》. 〈괴물 태풍〉. 9월 5일.

한지숙. (2017). 《엠코인스토리》. 〈조지 워싱턴 카버, 신분의 한계를 넘어 기적을 일군 땅콩박사〉. 8월 9일.

허경주. (2022). 《한국일보》. 〈"합중국 아닌 분열국"⋯ 대법원이 촉발한 '두 개의 미국'〉. 7월 3일.

홍인철. (2022). 《연합뉴스》. 〈[100세 인간] ③ "어떤 노인으로 살 것인가"⋯ 4가지 노인의 유형〉. 8월 21일.

황지윤. (2021). 《조선일보》. 〈그리스 섭씨 46도, 30년 만의 폭염⋯ 대형 산불 잇따라〉. 8월 5일.

BBC 코리아. (2022). 〈로 대 웨이드: '낙태권 보장' 미국 대법원 판결 49년 만에 뒤집혀〉. 6월 25일.

EurekAlert. (2013). 〈Field Museum scientists estimate 16,000 tree species in the Amazon〉. 10월 17일.

영화 및 노래

〈그린북〉. (2019). 영화.

〈노예 12년〉. (2014). 영화.

〈두 교황〉. (2019). 영화.

〈밀정〉. (2016). 영화.

〈박열〉. (2017). 영화.

〈뿌리〉. (2016). 영화.

〈송해 1927〉. (2021). 다큐 영화.

〈자산어보〉. (2021). 영화.

〈체르노빌 1986〉. (2021). 영화.

〈Imagine〉. (1971). 노래.

〈42〉. (2013). 영화.

인터넷사이트

〈김범우〉. 한민족백과사전.

〈메사 버드국립공원〉. https://heritage.unesco.or.kr/

〈박열의사기념관〉. https://www.parkcyeol.com/

〈산불통계연보〉. 산림청.

〈아마존〉. https://www.worldwildlife.org/places/amazon

〈전신〉. 한국민족문화대백과사전.

〈조일잠정합동조관〉. 한국민족문화대백과사전.

〈가을꽃 향기의 으뜸 '은목서'〉. 천리포수목원.

기타

〈기후위기 대응을 위한 탄소중립·녹색성장 기본법(약칭: 탄소중립기본법)〉.
    법제처.

〈플레시 대 퍼거슨〉. 미국 연방대법원.

구길본. (2012). 〈산림 탄소흡수량 국가 표준 개발 소개〉. 대한민국 정책브
    리핑. 11월 14일.

대한민국 정책브리핑. (1998). 〈21세기 새로운 한·일 파트너십 공동선언〉.

10월 12일.

서울시 새소식. (2019). 〈「북촌, 민족문화 방파제」 기농 정세권 선생 기념 전시〉. 4월 10일.

잡스, 스티브. (2005). 〈스탠퍼드대 졸업식 연설문〉.

정부 관계부처 합동(2021). 〈2020 탄소중립 시나리오안〉.

헌법재판소(2017헌바127).

홍찬선. (2015). 《다산연구소》. 〈율정별리를 생각하니 가슴이 먹먹해집니다〉. 9월 2일.

염철현

고려대학교 교육학과를 졸업하고 동 대학원에서 교육행정 및 교육법 전공으로 박사학
위를 취득하고 현재 고려사이버대학교(www.cuk.edu) 인재개발학부 교수로 재직하고 있
다. 가르치는 자는 '먼저 읽는 자(first reader)'라는 신념으로 다양한 분야의 독서를 하고
이를 자신의 성찰로 연결시키려는 노력을 하고 있다. 주된 학술적 관심 분야는 역사,
문화, 인권, 리더십 등이며 대표적인 저역서는 《교육논쟁 20》, 《다문화교육개론》, 《차별
철폐정책의 기원과 발자취》, 《평생학습사회와 교육리더십》, 《학습예찬》, 《현대인의 인
문학》(세종도서), 《인문의 눈으로 세상을 보다》 등이 있다.
hyunkor@cuk.edu

인문의 마음으로 세상을 읽다

초판발행   2023년 1월 30일

지은이   염철현
펴낸이   노 현

편 집   전채린
표지디자인   이영경
제 작   고철민·조영환

펴낸곳   ㈜ 피와이메이트
            서울특별시 금천구 가산디지털2로 53 한라시그마밸리 210호(가산동)
            등록 2014. 2. 12. 제2018-000080호
전 화   02)733-6771
f a x   02)736-4818
e-mail   pys@pybook.co.kr
homepage   www.pybook.co.kr
ISBN   979-11-6519-330-0 94370
            979-11-6519-292-1(세트)

정 가   16,000원

박영스토리는 박영사와 함께하는 브랜드입니다.